斯维导图

注册会计师考试辅导用书·财务成本管理

斯尔教育　组编

斯维导图

電子工業出版社
Publishing House of Electronics Industry
北京·BEIJING

图书在版编目（CIP）数据

财务成本管理 / 斯尔教育组编. -- 北京 : 电子工业出版社, 2025. 2. -- (注册会计师考试辅导用书).
ISBN 978-7-121-49622-6

Ⅰ. F275.3

中国国家版本馆CIP数据核字第2025Q1N164号

责任编辑：张春雨
印　　刷：天津鸿景印刷有限公司
装　　订：天津鸿景印刷有限公司
出版发行：电子工业出版社
　　　　　北京市海淀区万寿路173信箱　　　　邮编：100036
开　　本：787×1092　1/16　　印张：8.5　　字数：346千字
版　　次：2025年2月第1版
印　　次：2025年2月第1次印刷
定　　价：50.00元

凡所购买电子工业出版社图书有缺损问题，请向购买书店调换。若书店售缺，请与本社发行部联系，联系及邮购电话：（010）88254888，88258888。

质量投诉请发邮件至zlts@phei.com.cn，盗版侵权举报请发邮件至dbqq@phei.com.cn。

本书咨询联系方式：faq@phei.com.cn。

使用指南

新增内容

变动内容

- 背诵和记忆内容
- 关键词句

提示性、拓展性内容

第一章 财务管理概述

（考 2 分）

财务管理概述

企业的组织形式和财务管理的主要内容

企业的组织形式

（1）三种典型的企业组织形式：个人独资企业、合伙企业、公司制企业

（2）对比

维度	个人独资企业	合伙企业	公司制企业
设立成本	较低	适中	较高
投资主体	1 名自然人	至少 2 名自然人、法人或其他组织	至少 1 名自然人或法人
代理问题	不存在	很少	存在
权益转让 / 外部融资	难	较难	容易
纳税义务	缴纳个人所得税	合伙人分别缴纳所得税	公司和股东双重课税
责任承担	业主承担无限责任	普通合伙人承担无限连带责任，有限合伙人承担有限责任	公司和所有者均承担有限责任
企业寿命	有限	合伙人卖出所持份额或死亡	无限存续

财务管理的主要内容

（1）长期投资：公司对经营性长期资产的直接投资

（2）长期筹资：公司筹集生产经营所需的长期资本

（3）营运资本管理：营运资本投资和营运资本筹资

财务管理的目标与利益相关者的要求

财务管理的目标

（1）股东财富最大化：用股东权益的市场增加值衡量（本书观点）

（2）当相同投入 + 相同时间 + 相同风险时，利润最大化 = 股东财富最大化

（3）当相同时间 + 相同投入 + 相同风险时，每股收益最大化 = 股东财富最大化

> 二者的投入不同：利润最大化中的投入指的是所获利润的资本投入；每股收益最大化的投入指的是每股股票的投入资本

（4）当投资资本不变时（在资本市场有效的情况下），股价最大化 = 股东财富最大化

（5）当投资资本不变 + 债务价值不变时，公司价值最大化 = 股东财富最大化

利益相关者的要求

（1）经营者的利益要求与协调

①利益要求
- a. 增加报酬
- b. 增加闲暇时间
- c. 避免风险

②经营者背离股东利益的表现
- a. 道德风险：偷懒逃避（不干事儿）
- b. 逆向选择：铺张浪费、以权谋私（干坏事儿）

③股东的应对措施
- a. 监督：完善公司治理结构、对财务报表进行审计、要求经营者定期披露信息
- b. 激励：使经营者分享企业增加的财富，给经营者以现金、股票期权奖励

（2）债权人的利益要求与协调

①利益要求：到期收回本金和利息

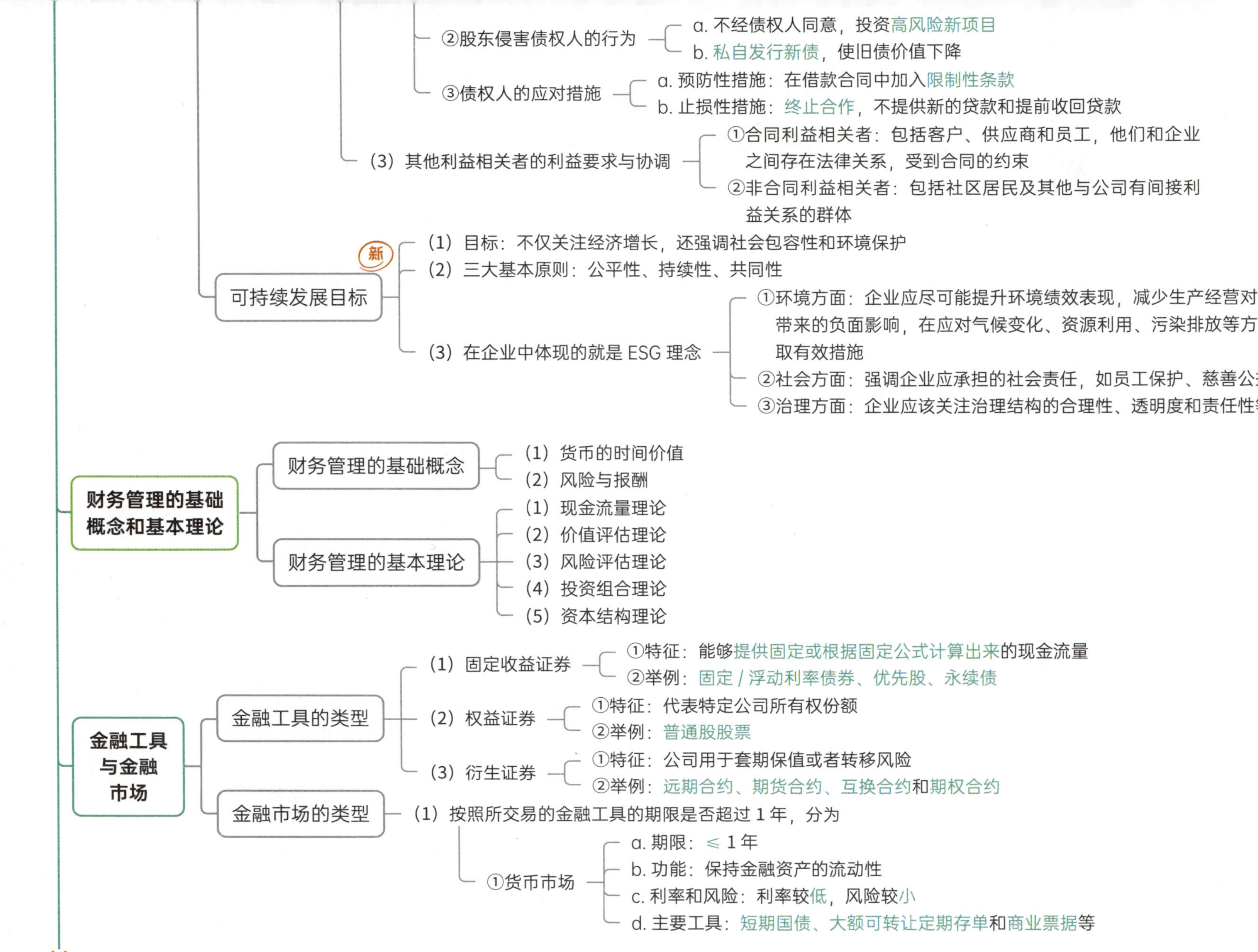

②股东侵害债权人的行为
a. 不经债权人同意，投资高风险新项目
b. 私自发行新债，使旧债价值下降
③债权人的应对措施
a. 预防性措施：在借款合同中加入限制性条款
b. 止损性措施：终止合作，不提供新的贷款和提前收回贷款
（3）其他利益相关者的利益要求与协调
①合同利益相关者：包括客户、供应商和员工，他们和企业之间存在法律关系，受到合同的约束
②非合同利益相关者：包括社区居民及其他与公司有间接利益关系的群体
可持续发展目标
新
（1）目标：不仅关注经济增长，还强调社会包容性和环境保护
（2）三大基本原则：公平性、持续性、共同性
（3）在企业中体现的就是 ESG 理念
①环境方面：企业应尽可能提升环境绩效表现，减少生产经营对环境带来的负面影响，在应对气候变化、资源利用、污染排放等方面采取有效措施
②社会方面：强调企业应承担的社会责任，如员工保护、慈善公益等
③治理方面：企业应该关注治理结构的合理性、透明度和责任性等
财务管理的基础概念和基本理论
财务管理的基础概念
（1）货币的时间价值
（2）风险与报酬
财务管理的基本理论
（1）现金流量理论
（2）价值评估理论
（3）风险评估理论
（4）投资组合理论
（5）资本结构理论
金融工具与金融市场
金融工具的类型
（1）固定收益证券
①特征：能够提供固定或根据固定公式计算出来的现金流量
②举例：固定 / 浮动利率债券、优先股、永续债
（2）权益证券
①特征：代表特定公司所有权份额
②举例：普通股股票
（3）衍生证券
①特征：公司用于套期保值或者转移风险
②举例：远期合约、期货合约、互换合约和期权合约
金融市场的类型
（1）按照所交易的金融工具的期限是否超过 1 年，分为
①货币市场
a. 期限：≤ 1 年
b. 功能：保持金融资产的流动性
c. 利率和风险：利率较低，风险较小
d. 主要工具：短期国债、大额可转让定期存单和商业票据等

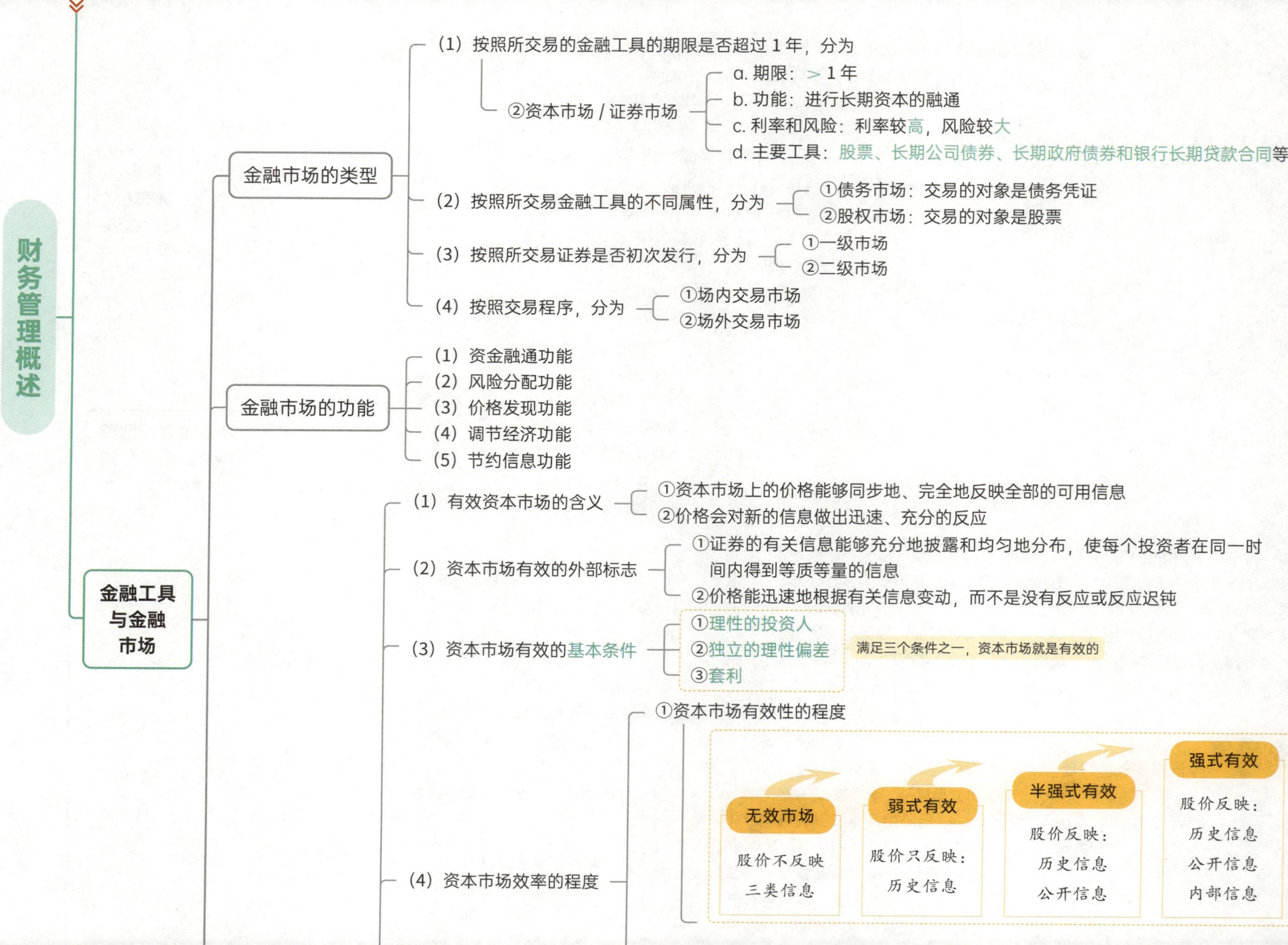
财务管理概述
金融工具与金融市场
金融市场的类型
（1）按照所交易的金融工具的期限是否超过 1 年，分为
②资本市场 / 证券市场
a. 期限：＞ 1 年
b. 功能：进行长期资本的融通
c. 利率和风险：利率较高，风险较大
d. 主要工具：股票、长期公司债券、长期政府债券和银行长期贷款合同等
（2）按照所交易金融工具的不同属性，分为
①债务市场：交易的对象是债务凭证
②股权市场：交易的对象是股票
（3）按照所交易证券是否初次发行，分为
①一级市场
②二级市场
（4）按照交易程序，分为
①场内交易市场
②场外交易市场
金融市场的功能
（1）资金融通功能
（2）风险分配功能
（3）价格发现功能
（4）调节经济功能
（5）节约信息功能
（1）有效资本市场的含义
①资本市场上的价格能够同步地、完全地反映全部的可用信息
②价格会对新的信息做出迅速、充分的反应
（2）资本市场有效的外部标志
①证券的有关信息能够充分地披露和均匀地分布，使每个投资者在同一时间内得到等质等量的信息
②价格能迅速地根据有关信息变动，而不是没有反应或反应迟钝
（3）资本市场有效的基本条件
①理性的投资人
②独立的理性偏差
③套利
满足三个条件之一，资本市场就是有效的
（4）资本市场效率的程度
①资本市场有效性的程度
无效市场
股价不反映三类信息
弱式有效
股价只反映：历史信息
半强式有效
股价反映：历史信息 公开信息
强式有效
股价反映：历史信息 公开信息 内部信息

资本市场效率

- ②在不同资本市场如何获得超额收益
  - a. 无效市场
    - 能否获得超额收益
      - ·历史信息（√）、公开信息（√）、内部信息（√）
      - ·技术分析（√），估值模型和基本面分析（√），内部交易（√）
  - b. 弱式有效
    - Ⅰ. 能否获得超额收益
      - ·历史信息（×）、公开信息（√）、内部信息（√）
      - ·技术分析（×），估值模型和基本面分析（√），内部交易（√）
    - Ⅱ. 检验方法
      - ·随机游走模型；过滤检验
  - c. 半强式有效
    - Ⅰ. 能否获得超额收益
      - ·历史信息（×）、公开信息（×）、内部信息（√）
      - ·技术分析（×），估值模型和基本面分析（×），内部交易（√）
    - Ⅱ. 检验方法
      - ·事件研究法；投资基金表现研究法
  - d. 强式有效
    - Ⅰ. 能否获得超额收益
      - ·历史信息（×）、公开信息（×）、内部信息（×）
      - ·技术分析（×），估值模型和基本面分析（×），内部交易（×）
    - Ⅱ. 检验方法
      - ·内幕信息获得者参与交易时能否获得超额收益
- (5) 有效资本市场对财务管理的意义
  - ①管理者不能通过改变会计方法提升股票价值
  - ②管理者不能通过金融机构投机获利
  - ③关注自己公司的股价是有益的

第二章 财务报表分析和财务预测

（考 8 分）

财务报表分析和财务预测

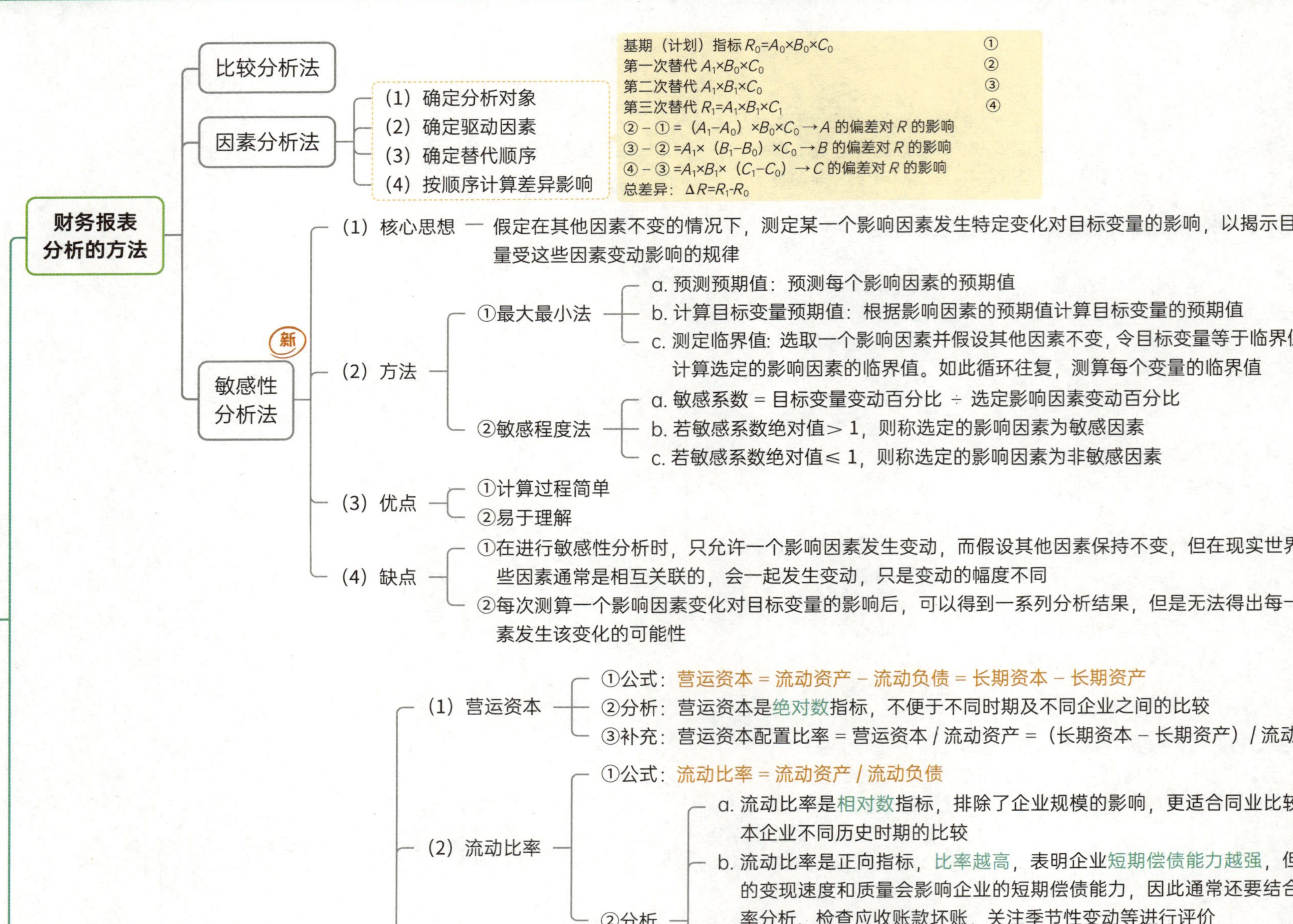

- 财务报表分析的方法
  - 比较分析法
  - 因素分析法
    - （1）确定分析对象
    - （2）确定驱动因素
    - （3）确定替代顺序
    - （4）按顺序计算差异影响

基期（计划）指标 $R_0=A_0\times B_0\times C_0$ ①
第一次替代 $A_1\times B_0\times C_0$ ②
第二次替代 $A_1\times B_1\times C_0$ ③
第三次替代 $R_1=A_1\times B_1\times C_1$ ④
② − ① = $(A_1-A_0)\times B_0\times C_0$ → A 的偏差对 R 的影响
③ − ② = $A_1\times(B_1-B_0)\times C_0$ → B 的偏差对 R 的影响
④ − ③ = $A_1\times B_1\times(C_1-C_0)$ → C 的偏差对 R 的影响
总差异：$\Delta R=R_1-R_0$

  - 敏感性分析法（新）
    - （1）核心思想 — 假定在其他因素不变的情况下，测定某一个影响因素发生特定变化对目标变量的影响，以揭示目标变量受这些因素变动影响的规律
    - （2）方法
      - ①最大最小法
        - a. 预测预期值：预测每个影响因素的预期值
        - b. 计算目标变量预期值：根据影响因素的预期值计算目标变量的预期值
        - c. 测定临界值：选取一个影响因素并假设其他因素不变，令目标变量等于临界值，计算选定的影响因素的临界值。如此循环往复，测算每个变量的临界值
      - ②敏感程度法
        - a. 敏感系数 = 目标变量变动百分比 ÷ 选定影响因素变动百分比
        - b. 若敏感系数绝对值 > 1，则称选定的影响因素为敏感因素
        - c. 若敏感系数绝对值 ≤ 1，则称选定的影响因素为非敏感因素
    - （3）优点
      - ①计算过程简单
      - ②易于理解
    - （4）缺点
      - ①在进行敏感性分析时，只允许一个影响因素发生变动，而假设其他因素保持不变，但在现实世界中这些因素通常是相互关联的，会一起发生变动，只是变动的幅度不同
      - ②每次测算一个影响因素变化对目标变量的影响后，可以得到一系列分析结果，但是无法得出每一个因素发生该变化的可能性
- （1）营运资本
  - ①公式：营运资本 = 流动资产 − 流动负债 = 长期资本 − 长期资产
  - ②分析：营运资本是绝对数指标，不便于不同时期及不同企业之间的比较
  - ③补充：营运资本配置比率 = 营运资本 / 流动资产 = （长期资本 − 长期资产）/ 流动资产
- （2）流动比率
  - ①公式：流动比率 = 流动资产 / 流动负债
  - ②分析
    - a. 流动比率是相对数指标，排除了企业规模的影响，更适合同业比较以及本企业不同历史时期的比较
    - b. 流动比率是正向指标，比率越高，表明企业短期偿债能力越强，但资产的变现速度和质量会影响企业的短期偿债能力，因此通常还要结合周转率分析、检查应收账款坏账，关注季节性变动等进行评价

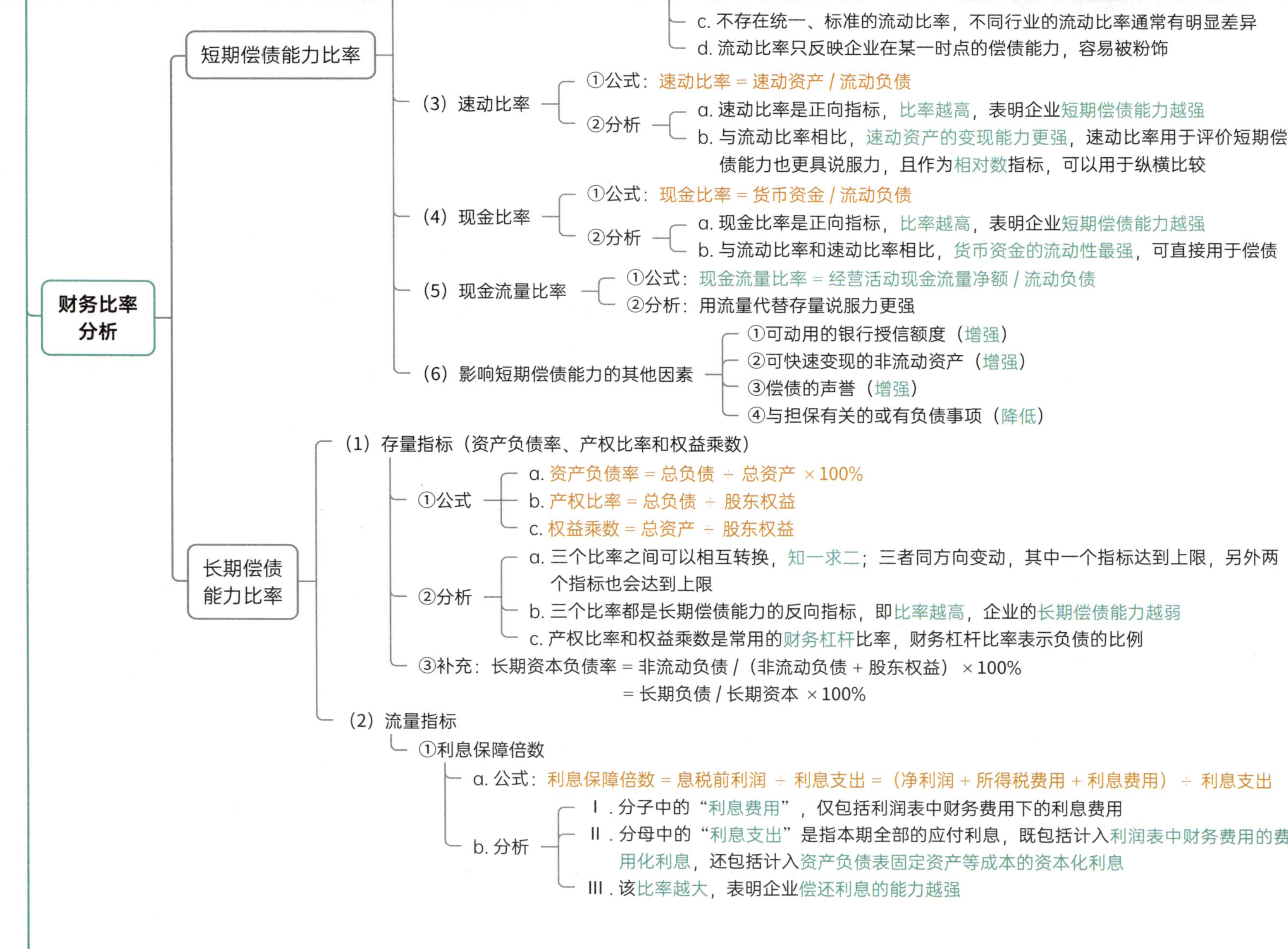
财务比率分析
短期偿债能力比率
c. 不存在统一、标准的流动比率，不同行业的流动比率通常有明显差异
d. 流动比率只反映企业在某一时点的偿债能力，容易被粉饰
（3）速动比率
①公式：速动比率 = 速动资产 / 流动负债
②分析
a. 速动比率是正向指标，比率越高，表明企业短期偿债能力越强
b. 与流动比率相比，速动资产的变现能力更强，速动比率用于评价短期偿债能力也更具说服力，且作为相对数指标，可以用于纵横比较
（4）现金比率
①公式：现金比率 = 货币资金 / 流动负债
②分析
a. 现金比率是正向指标，比率越高，表明企业短期偿债能力越强
b. 与流动比率和速动比率相比，货币资金的流动性最强，可直接用于偿债
（5）现金流量比率
①公式：现金流量比率 = 经营活动现金流量净额 / 流动负债
②分析：用流量代替存量说服力更强
（6）影响短期偿债能力的其他因素
①可动用的银行授信额度（增强）
②可快速变现的非流动资产（增强）
③偿债的声誉（增强）
④与担保有关的或有负债事项（降低）
长期偿债能力比率
（1）存量指标（资产负债率、产权比率和权益乘数）
①公式
a. 资产负债率 = 总负债 ÷ 总资产 × 100%
b. 产权比率 = 总负债 ÷ 股东权益
c. 权益乘数 = 总资产 ÷ 股东权益
②分析
a. 三个比率之间可以相互转换，知一求二；三者同方向变动，其中一个指标达到上限，另外两个指标也会达到上限
b. 三个比率都是长期偿债能力的反向指标，即比率越高，企业的长期偿债能力越弱
c. 产权比率和权益乘数是常用的财务杠杆比率，财务杠杆比率表示负债的比例
③补充：长期资本负债率 = 非流动负债 /（非流动负债 + 股东权益）× 100%
= 长期负债 / 长期资本 × 100%
（2）流量指标
①利息保障倍数
a. 公式：利息保障倍数 = 息税前利润 ÷ 利息支出 =（净利润 + 所得税费用 + 利息费用）÷ 利息支出
b. 分析
Ⅰ. 分子中的“利息费用”，仅包括利润表中财务费用下的利息费用
Ⅱ. 分母中的“利息支出”是指本期全部的应付利息，既包括计入利润表中财务费用的费用化利息，还包括计入资产负债表固定资产等成本的资本化利息
Ⅲ. 该比率越大，表明企业偿还利息的能力越强

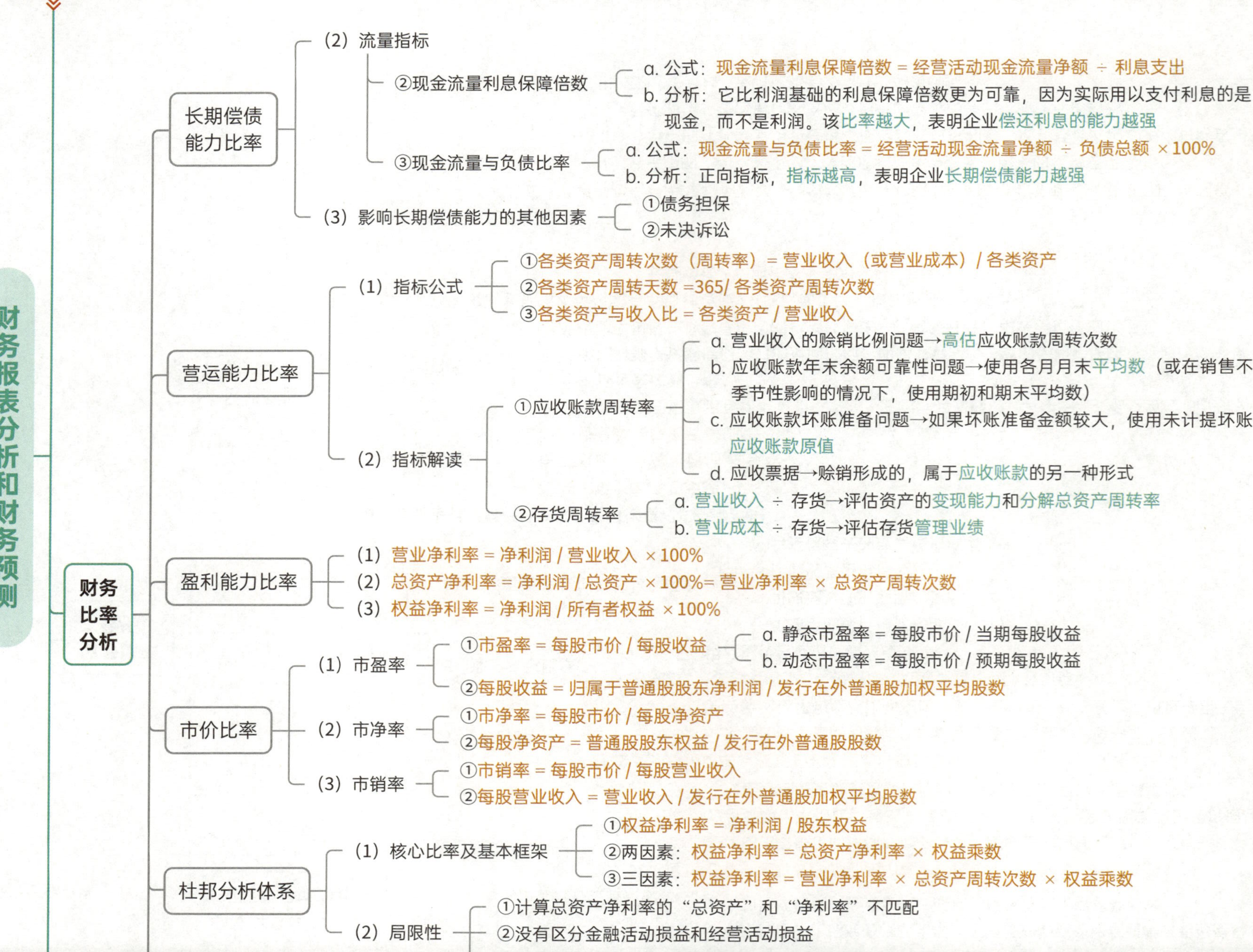
财务报表分析和财务预测
财务比率分析
长期偿债能力比率
(2) 流量指标
②现金流量利息保障倍数
a. 公式：现金流量利息保障倍数 = 经营活动现金流量净额 ÷ 利息支出
b. 分析：它比利润基础的利息保障倍数更为可靠，因为实际用以支付利息的是现金，而不是利润。该比率越大，表明企业偿还利息的能力越强
③现金流量与负债比率
a. 公式：现金流量与负债比率 = 经营活动现金流量净额 ÷ 负债总额 ×100%
b. 分析：正向指标，指标越高，表明企业长期偿债能力越强
(3) 影响长期偿债能力的其他因素
①债务担保
②未决诉讼
营运能力比率
(1) 指标公式
①各类资产周转次数（周转率）= 营业收入（或营业成本）/ 各类资产
②各类资产周转天数 =365/ 各类资产周转次数
③各类资产与收入比 = 各类资产 / 营业收入
(2) 指标解读
①应收账款周转率
a. 营业收入的赊销比例问题→高估应收账款周转次数
b. 应收账款年末余额可靠性问题→使用各月月末平均数（或在销售不受季节性影响的情况下，使用期初和期末平均数）
c. 应收账款坏账准备问题→如果坏账准备金额较大，使用未计提坏账的应收账款原值
d. 应收票据→赊销形成的，属于应收账款的另一种形式
②存货周转率
a. 营业收入 ÷ 存货→评估资产的变现能力和分解总资产周转率
b. 营业成本 ÷ 存货→评估存货管理业绩
盈利能力比率
(1) 营业净利率 = 净利润 / 营业收入 ×100%
(2) 总资产净利率 = 净利润 / 总资产 ×100%= 营业净利率 × 总资产周转次数
(3) 权益净利率 = 净利润 / 所有者权益 ×100%
市价比率
(1) 市盈率
①市盈率 = 每股市价 / 每股收益
a. 静态市盈率 = 每股市价 / 当期每股收益
b. 动态市盈率 = 每股市价 / 预期每股收益
②每股收益 = 归属于普通股股东净利润 / 发行在外普通股加权平均股数
(2) 市净率
①市净率 = 每股市价 / 每股净资产
②每股净资产 = 普通股股东权益 / 发行在外普通股股数
(3) 市销率
①市销率 = 每股市价 / 每股营业收入
②每股营业收入 = 营业收入 / 发行在外普通股加权平均股数
杜邦分析体系
(1) 核心比率及基本框架
①权益净利率 = 净利润 / 股东权益
②两因素：权益净利率 = 总资产净利率 × 权益乘数
③三因素：权益净利率 = 营业净利率 × 总资产周转次数 × 权益乘数
(2) 局限性
①计算总资产净利率的“总资产”和“净利率”不匹配
②没有区分金融活动损益和经营活动损益

- ③没有区分金融资产和经营资产
- ④没有区分金融负债和经营负债

管理用财务报表体系

(1) 管理用资产负债表

- ①编制过程
  - a. 区分经营资产和金融资产
    - 金融资产，包括交易性金融资产、其他应收款（应收利息）、债权投资、其他债权投资、其他权益工具投资等
  - b. 区分经营负债和金融负债
    - 金融负债，包括短期 / 长期借款、交易性金融负债、其他应付款（应付利息 / 应付股利）、应付债券、优先股等
  - c. 具体过程

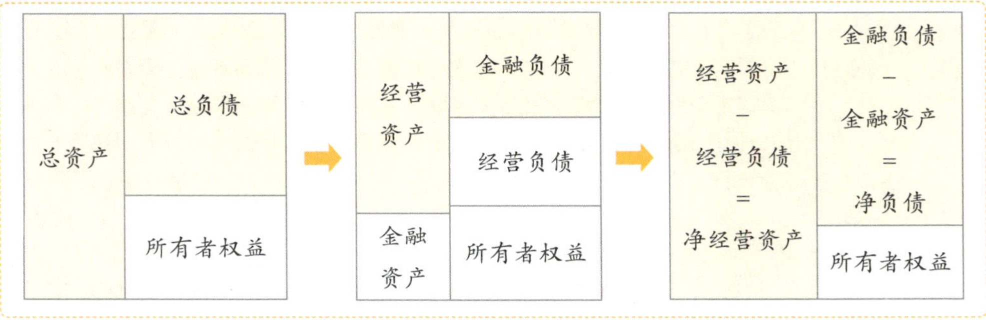

- ②基本等式
  - a. 资产 = 经营资产 + 金融资产
  - b. 负债 = 经营负债 + 金融负债
  - c. 净经营资产 = 经营资产 − 经营负债 = 经营营运资本 + 净经营性长期资产
  - d. 净金融负债 = 金融负债 − 金融资产 = 净负债
  - e. 净经营资产 = 净负债 + 股东权益 = 净投资资本
- ③注意
  - a. 货币资金的三种处理方式（经营资产、金融资产、经营资产 + 金融资产）
  - b. 长期股权投资属于经营性资产，产生的应收股利属于经营资产
  - c. 短期权益性投资产生的应收股利属于金融资产
  - d. 应付股利和应付利息属于金融负债
  - e. 站在普通股股东角度看，优先股属于金融负债

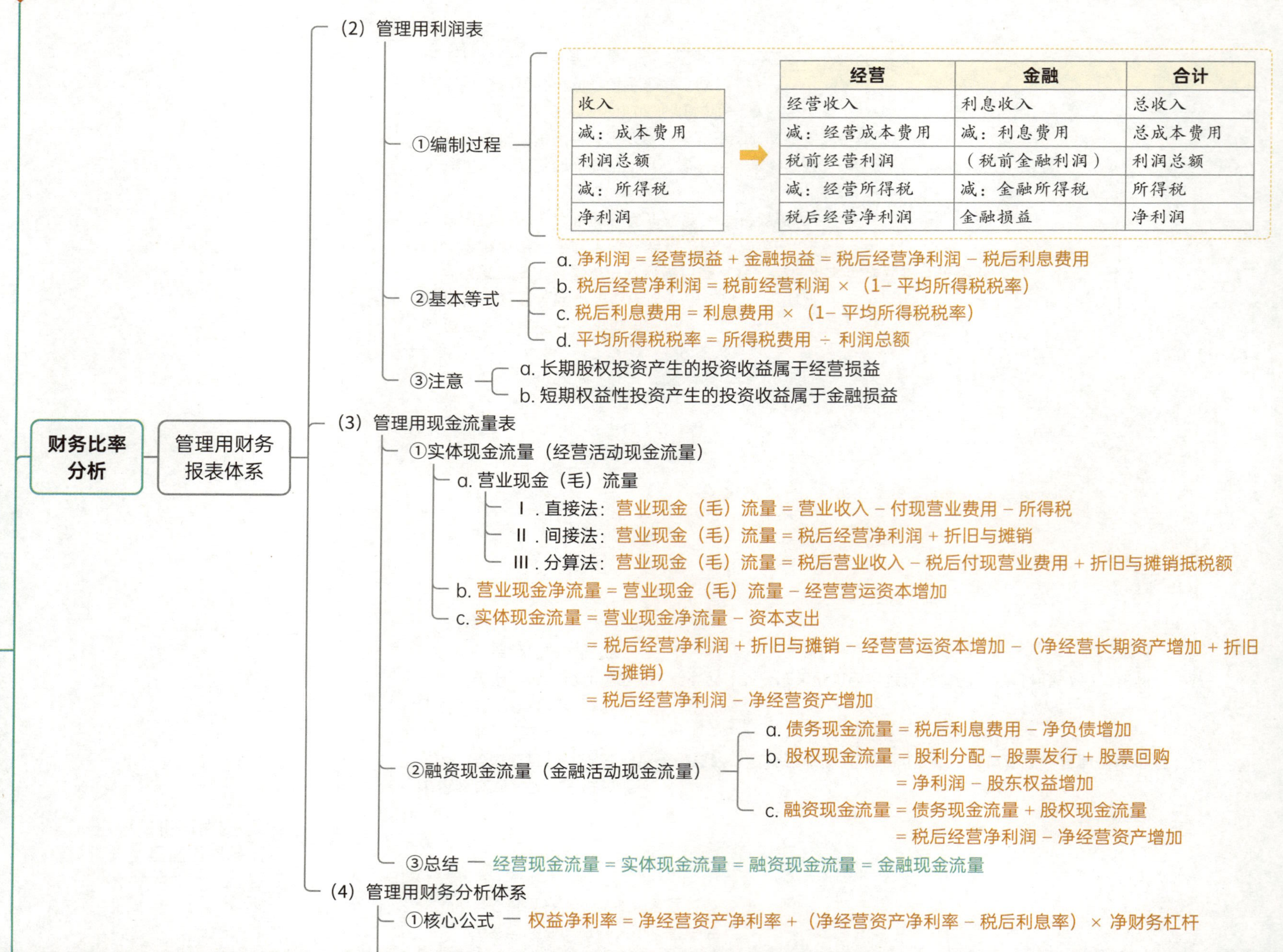

财务报表分析和财务预测

财务比率分析

管理用财务报表体系

(2) 管理用利润表

①编制过程

收入
减：成本费用
利润总额
减：所得税
净利润

→

经营	金融	合计
经营收入	利息收入	总收入
减：经营成本费用	减：利息费用	总成本费用
税前经营利润	（税前金融利润）	利润总额
减：经营所得税	减：金融所得税	所得税
税后经营净利润	金融损益	净利润

②基本等式

- a. 净利润 = 经营损益 + 金融损益 = 税后经营净利润 − 税后利息费用
- b. 税后经营净利润 = 税前经营利润 × （1− 平均所得税税率）
- c. 税后利息费用 = 利息费用 × （1− 平均所得税税率）
- d. 平均所得税税率 = 所得税费用 ÷ 利润总额

③注意

- a. 长期股权投资产生的投资收益属于经营损益
- b. 短期权益性投资产生的投资收益属于金融损益

(3) 管理用现金流量表

①实体现金流量（经营活动现金流量）

- a. 营业现金（毛）流量
  - Ⅰ. 直接法：营业现金（毛）流量 = 营业收入 − 付现营业费用 − 所得税
  - Ⅱ. 间接法：营业现金（毛）流量 = 税后经营净利润 + 折旧与摊销
  - Ⅲ. 分算法：营业现金（毛）流量 = 税后营业收入 − 税后付现营业费用 + 折旧与摊销抵税额
- b. 营业现金净流量 = 营业现金（毛）流量 − 经营营运资本增加
- c. 实体现金流量 = 营业现金净流量 − 资本支出
  = 税后经营净利润 + 折旧与摊销 − 经营营运资本增加 − （净经营长期资产增加 + 折旧与摊销）
  = 税后经营净利润 − 净经营资产增加

②融资现金流量（金融活动现金流量）

- a. 债务现金流量 = 税后利息费用 − 净负债增加
- b. 股权现金流量 = 股利分配 − 股票发行 + 股票回购
  = 净利润 − 股东权益增加
- c. 融资现金流量 = 债务现金流量 + 股权现金流量
  = 税后经营净利润 − 净经营资产增加

③总结 — 经营现金流量 = 实体现金流量 = 融资现金流量 = 金融现金流量

(4) 管理用财务分析体系

①核心公式 — 权益净利率 = 净经营资产净利率 + （净经营资产净利率 − 税后利息率） × 净财务杠杆

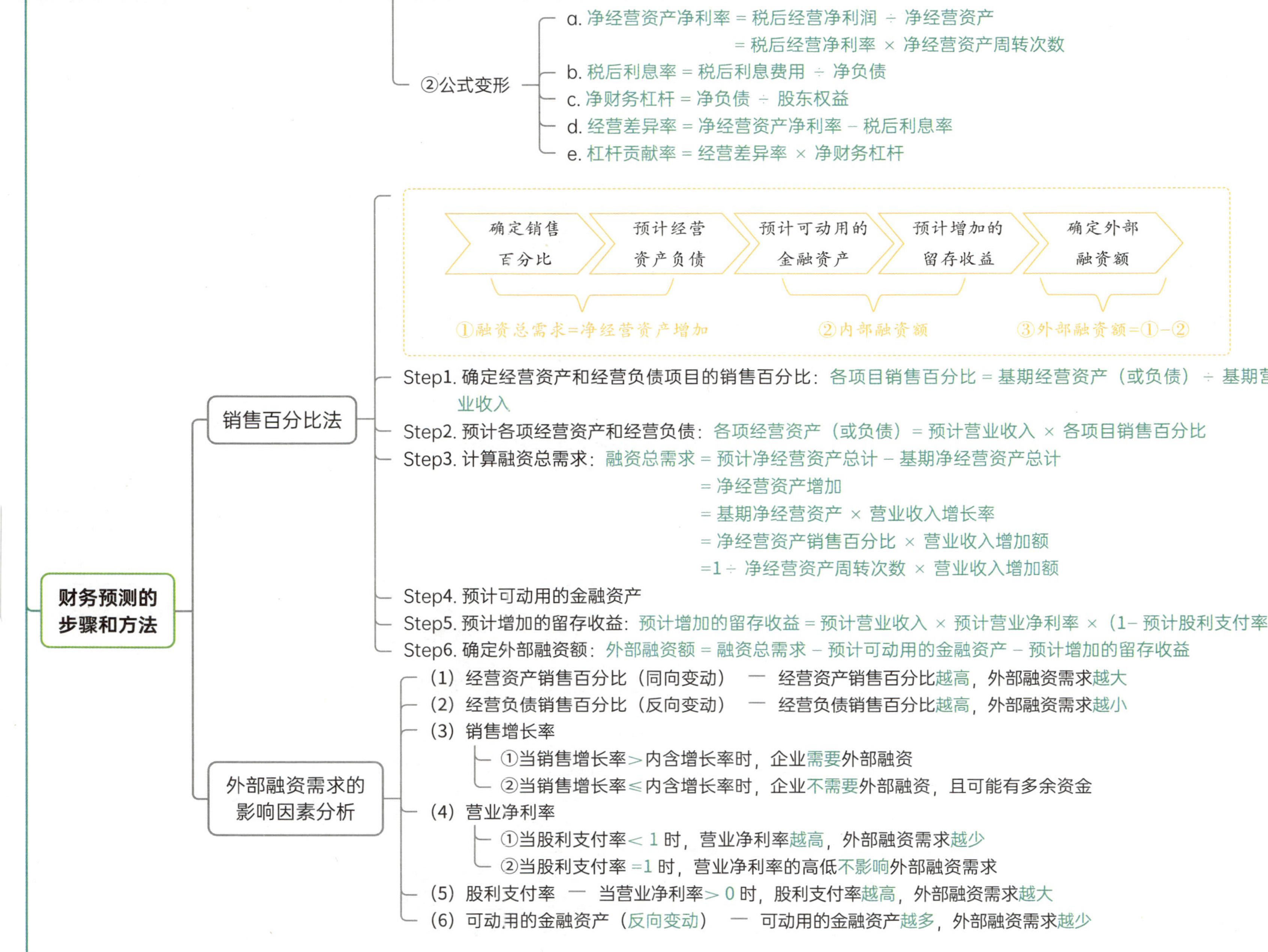
②公式变形
a. 净经营资产净利率 = 税后经营净利润 ÷ 净经营资产
= 税后经营净利率 × 净经营资产周转次数
b. 税后利息率 = 税后利息费用 ÷ 净负债
c. 净财务杠杆 = 净负债 ÷ 股东权益
d. 经营差异率 = 净经营资产净利率 − 税后利息率
e. 杠杆贡献率 = 经营差异率 × 净财务杠杆
财务预测的步骤和方法
销售百分比法
确定销售百分比
预计经营资产负债
预计可动用的金融资产
预计增加的留存收益
确定外部融资额
①融资总需求=净经营资产增加
②内部融资额
③外部融资额=①−②
Step1. 确定经营资产和经营负债项目的销售百分比：各项目销售百分比 = 基期经营资产（或负债） ÷ 基期营业收入
Step2. 预计各项经营资产和经营负债：各项经营资产（或负债） = 预计营业收入 × 各项目销售百分比
Step3. 计算融资总需求：融资总需求 = 预计净经营资产总计 − 基期净经营资产总计
= 净经营资产增加
= 基期净经营资产 × 营业收入增长率
= 净经营资产销售百分比 × 营业收入增加额
=1 ÷ 净经营资产周转次数 × 营业收入增加额
Step4. 预计可动用的金融资产
Step5. 预计增加的留存收益：预计增加的留存收益 = 预计营业收入 × 预计营业净利率 ×（1− 预计股利支付率）
Step6. 确定外部融资额：外部融资额 = 融资总需求 − 预计可动用的金融资产 − 预计增加的留存收益
外部融资需求的影响因素分析
(1) 经营资产销售百分比（同向变动） — 经营资产销售百分比越高，外部融资需求越大
(2) 经营负债销售百分比（反向变动） — 经营负债销售百分比越高，外部融资需求越小
(3) 销售增长率
①当销售增长率>内含增长率时，企业需要外部融资
②当销售增长率≤内含增长率时，企业不需要外部融资，且可能有多余资金
(4) 营业净利率
①当股利支付率< 1 时，营业净利率越高，外部融资需求越少
②当股利支付率 =1 时，营业净利率的高低不影响外部融资需求
(5) 股利支付率 — 当营业净利率> 0 时，股利支付率越高，外部融资需求越大
(6) 可动用的金融资产（反向变动） — 可动用的金融资产越多，外部融资需求越少

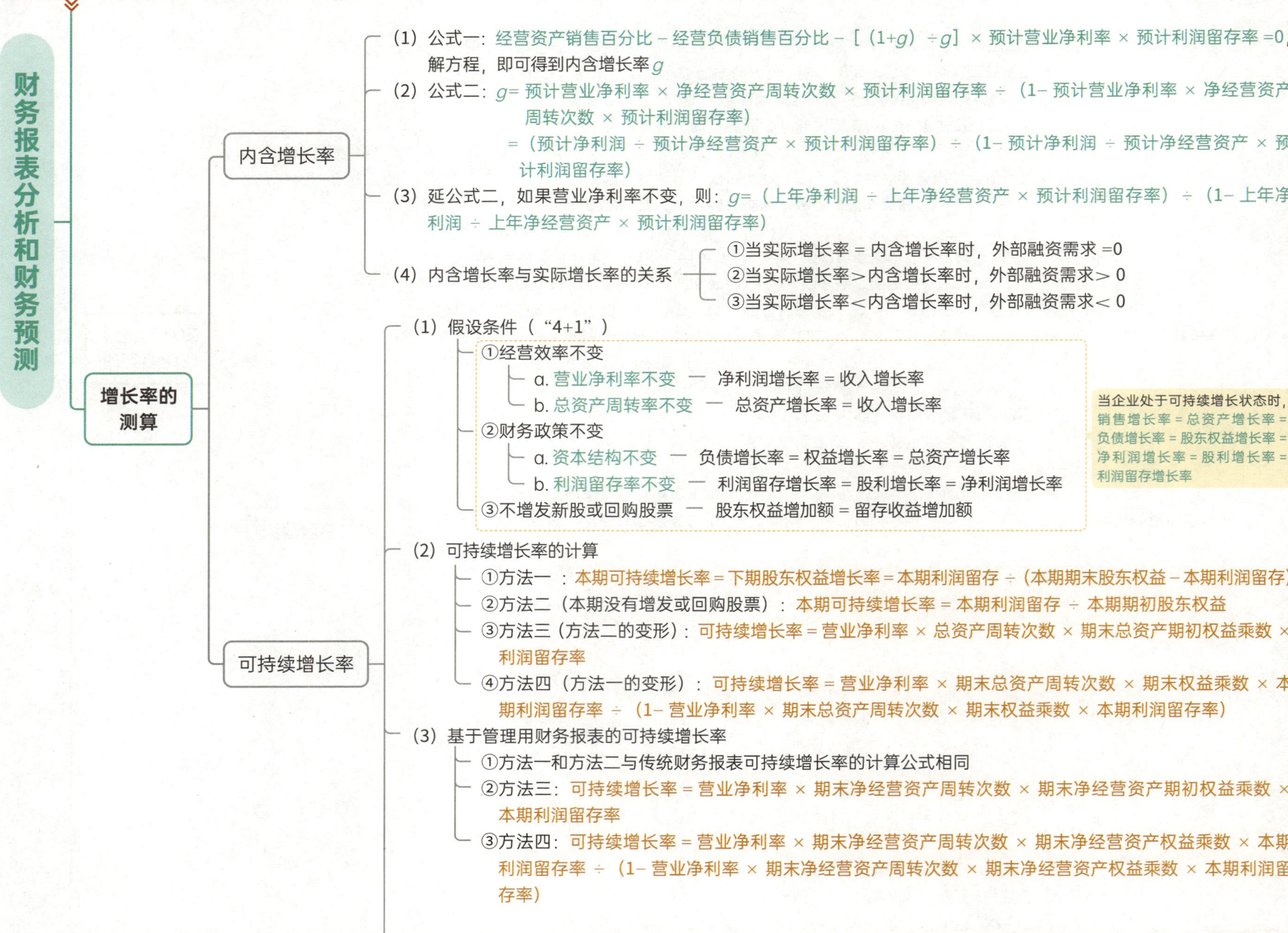
财务报表分析和财务预测
增长率的测算
内含增长率
(1) 公式一：经营资产销售百分比－经营负债销售百分比－［(1+g) ÷g］× 预计营业净利率 × 预计利润留存率 =0，解方程，即可得到内含增长率 g
(2) 公式二：g= 预计营业净利率 × 净经营资产周转次数 × 预计利润留存率 ÷（1－预计营业净利率 × 净经营资产周转次数 × 预计利润留存率）
=（预计净利润 ÷ 预计净经营资产 × 预计利润留存率）÷（1－预计净利润 ÷ 预计净经营资产 × 预计利润留存率）
(3) 延公式二，如果营业净利率不变，则：g=（上年净利润 ÷ 上年净经营资产 × 预计利润留存率）÷（1－上年净利润 ÷ 上年净经营资产 × 预计利润留存率）
(4) 内含增长率与实际增长率的关系
①当实际增长率 = 内含增长率时，外部融资需求 =0
②当实际增长率 > 内含增长率时，外部融资需求 > 0
③当实际增长率 < 内含增长率时，外部融资需求 < 0
可持续增长率
(1) 假设条件（“4+1”）
①经营效率不变
a. 营业净利率不变 — 净利润增长率 = 收入增长率
b. 总资产周转率不变 — 总资产增长率 = 收入增长率
②财务政策不变
a. 资本结构不变 — 负债增长率 = 权益增长率 = 总资产增长率
b. 利润留存率不变 — 利润留存增长率 = 股利增长率 = 净利润增长率
③不增发新股或回购股票 — 股东权益增加额 = 留存收益增加额
当企业处于可持续增长状态时，销售增长率 = 总资产增长率 = 负债增长率 = 股东权益增长率 = 净利润增长率 = 股利增长率 = 利润留存增长率
(2) 可持续增长率的计算
①方法一：本期可持续增长率 = 下期股东权益增长率 = 本期利润留存 ÷（本期期末股东权益－本期利润留存）
②方法二（本期没有增发或回购股票）：本期可持续增长率 = 本期利润留存 ÷ 本期期初股东权益
③方法三（方法二的变形）：可持续增长率 = 营业净利率 × 总资产周转次数 × 期末总资产期初权益乘数 × 利润留存率
④方法四（方法一的变形）：可持续增长率 = 营业净利率 × 期末总资产周转次数 × 期末权益乘数 × 本期利润留存率 ÷（1－营业净利率 × 期末总资产周转次数 × 期末权益乘数 × 本期利润留存率）
(3) 基于管理用财务报表的可持续增长率
①方法一和方法二与传统财务报表可持续增长率的计算公式相同
②方法三：可持续增长率 = 营业净利率 × 期末净经营资产周转次数 × 期末净经营资产期初权益乘数 × 本期利润留存率
③方法四：可持续增长率 = 营业净利率 × 期末净经营资产周转次数 × 期末净经营资产权益乘数 × 本期利润留存率 ÷（1－营业净利率 × 期末净经营资产周转次数 × 期末净经营资产权益乘数 × 本期利润留存率）

(4) 可持续增长率与实际增长率的关系

- ①经营效率和财务政策不变，且不增发新股或回购股票→下年实际增长率 = 本年可持续增长率 = 下年可持续增长率
- ② 4 个财务比率中 1 个或多个提高，且不增发新股或回购股票→下年实际增长率>本年可持续增长率，下年可持续增长率>本年持续增长率
- ③ 4 个财务比率中 1 个或多个下降，且不增发新股或回购股票→下年实际增长率<本年可持续增长率，下年可持续增长率<本年可持续增长率
- ④ 4 个财务比率已达到极限→只有增发新股，才能提高销售增长率

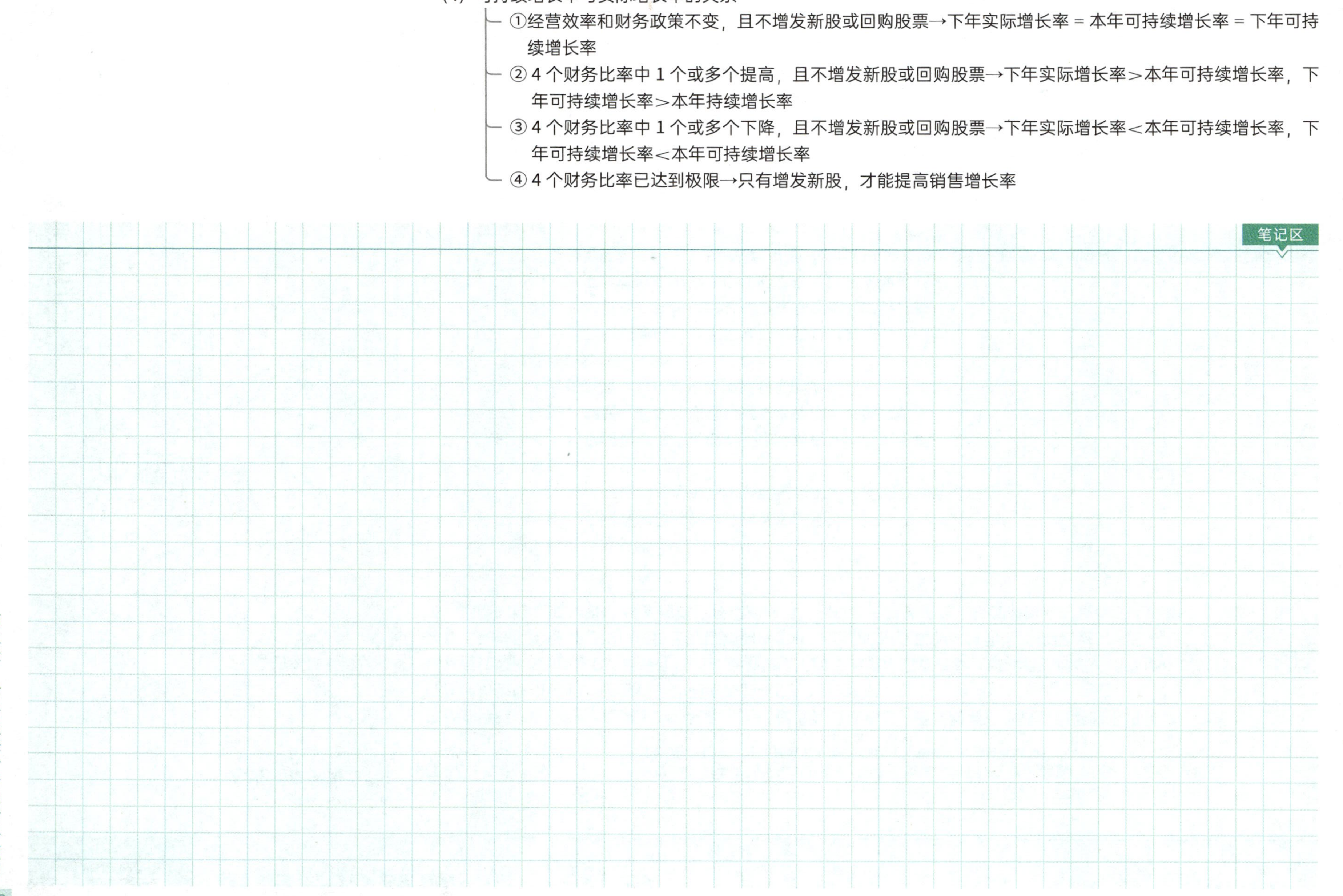

第三章 价值评估基础 （考6分）

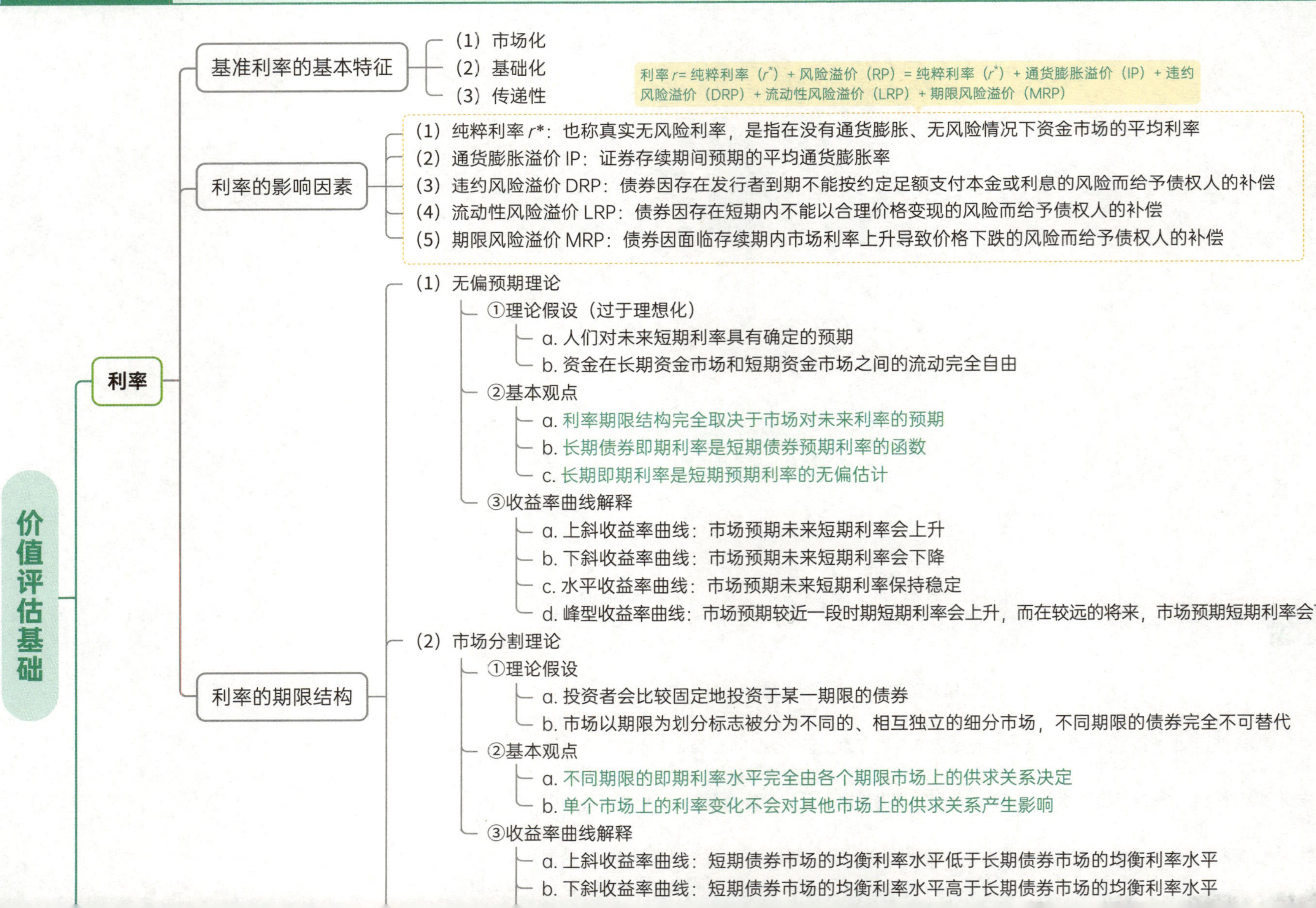

- c. 水平收益率曲线：各个期限市场的均衡利率水平持平
- d. 峰型收益率曲线：中期债券市场的均衡利率水平最高

（3）流动性溢价理论

①理论假设
- a. 投资者为了减少风险，偏好于流动性好的短期债券，因此，长期债券要给予投资者一定的流动性溢价
- b. 不同期限的债券虽然不像无偏预期理论所述的那样是完全替代品，但也不像市场分割理论说的那样完全不可替代

②基本观点
- 长期即期利率是未来短期预期利率平均值加上一定的流动性风险溢价

③收益率曲线解释
- a. 上斜收益率曲线：市场预期未来短期利率既可能上升，也可能不变，还可能下降
- b. 下斜收益率曲线：市场预期未来短期利率将会下降
- c. 水平收益率曲线：市场预期未来短期利率将会下降
- d. 峰型收益率曲线：市场预期较近一段时期短期利率可能上升、也可能不变，还可能下降；而在较远的将来，市场预期未来短期利率会下降

货币时间价值

复利终值和现值

（1）复利终值：$F=P\times(1+i)^{n}$

（2）复利现值：$P=F\times(1+i)^{-n}$

（3）报价利率和有效年利率
- ①报价利率：银行等金融机构为利息报价时提供的年利率，也叫名义利率、票面利率等
- ②计息期利率：计息期利率 = 报价利率 ÷ 每年复利次数
- ③有效年利率：有效年利率 = $(1+\text{计息期利率})^{\text{每年复利次数}}-1$

年金终值和现值

项目		公式
普通年金	终值	$F=A\times(F/A, i, n)$
	现值	$P=A\times(P/A, i, n)$
预付年金	终值	$F=A\times[(F/A, i, n+1)-1]=A\times(F/A, i, n)\times(1+i)$
	现值	$P=A\times[(P/A, i, n-1)+1]=A\times(P/A, i, n)\times(1+i)$
递延年金	终值	$F=A\times(F/A, i, n)$（n 为连续收付次数）
	现值	（1）$P=A\times(P/A, i, m+n)-A\times(P/A, i, m)$（$m$ 为递延期数，n 为连续收付次数）。 （2）$P=A\times(P/A, i, n)\times(P/F, i, m)$
永续年金	终值	无
	现值	$P=A/i$

价值评估基础

风险与报酬

风险与报酬的含义

- (1) 报酬
  - ①含义：投资收益率或期望报酬率
  - ②衡量指标：预期值 $\overline{K}$
- (2) 风险
  - ①含义：指实际结果偏离预期结果的程度与可能性，体现的是结果的不确定性，危险（负面效应）与机会（正面效应）并存
  - ②衡量指标
    - a. 方差 σ^2
      - 它是离差平方的平均数，属于绝对数指标，可比性较差，只有当预期值相同时，才可以用于比较，方差越大，风险越大
    - b. 标准差 σ
      - 它是方差的平方根，属于绝对数指标，可比性较差，只有当预期值相同时，才可以用于比较，标准差越大，风险越大
    - c. 变异系数（标准离差率）= 标准差 / 预期值
      - 变异系数是衡量整体风险的相对数指标，适用于期望值不同项目的风险比较。变异系数越大，则风险越大；反之，则风险越小

投资组合的风险与报酬

- (1) 期望报酬率：各单项资产期望报酬率的加权平均数
- (2) 标准差：不是单个证券标准差的简单加权平均，不仅取决于组合内各证券的风险，还取决于各个证券之间的关系（协方差）
- (3) 充分投资组合的风险，只受证券之间协方差的影响，而与各证券本身的方差无关
- (4) 投资于两种证券的机会集
  - 图示

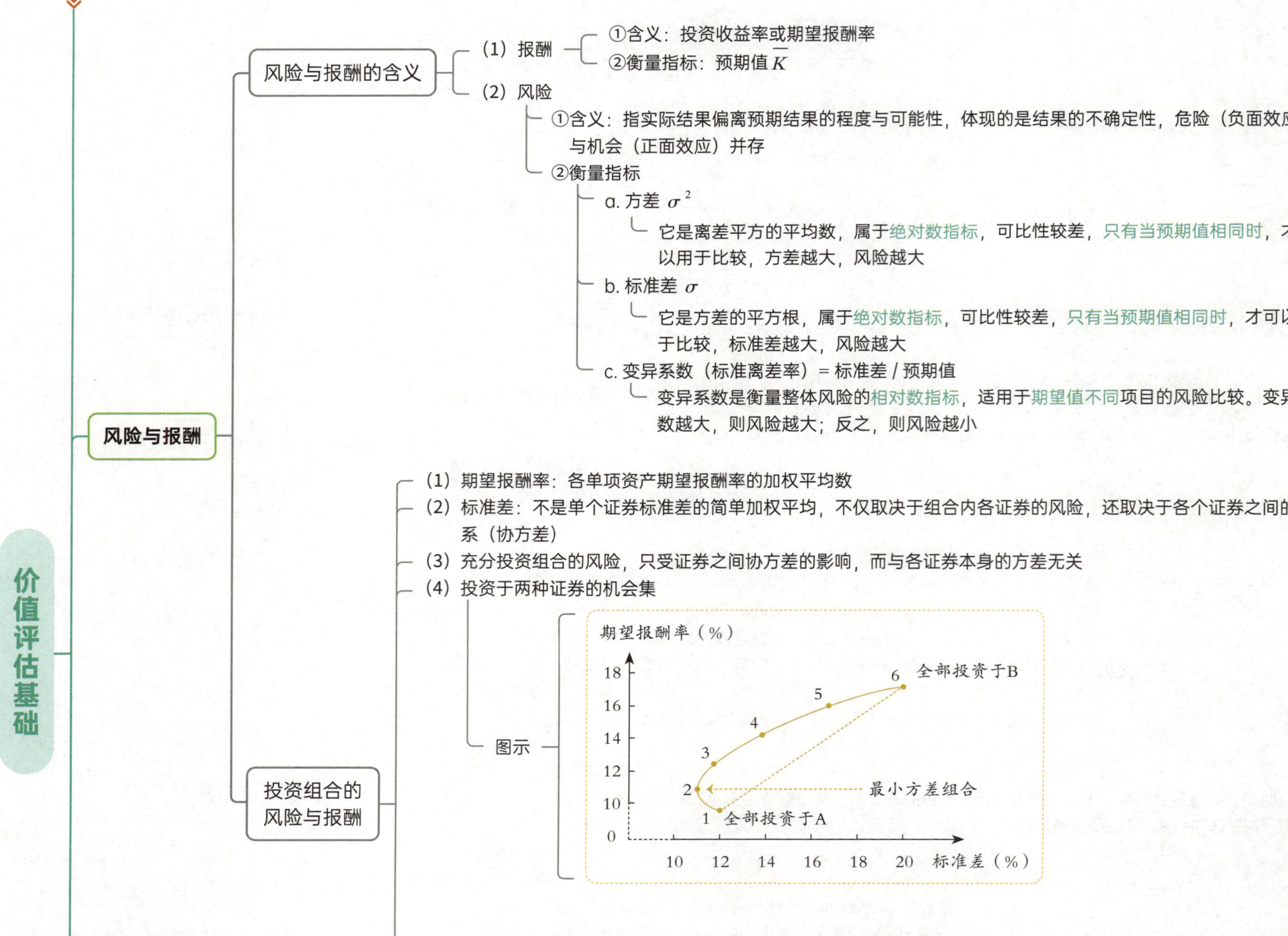

（5）相关性对风险的影响

①图示

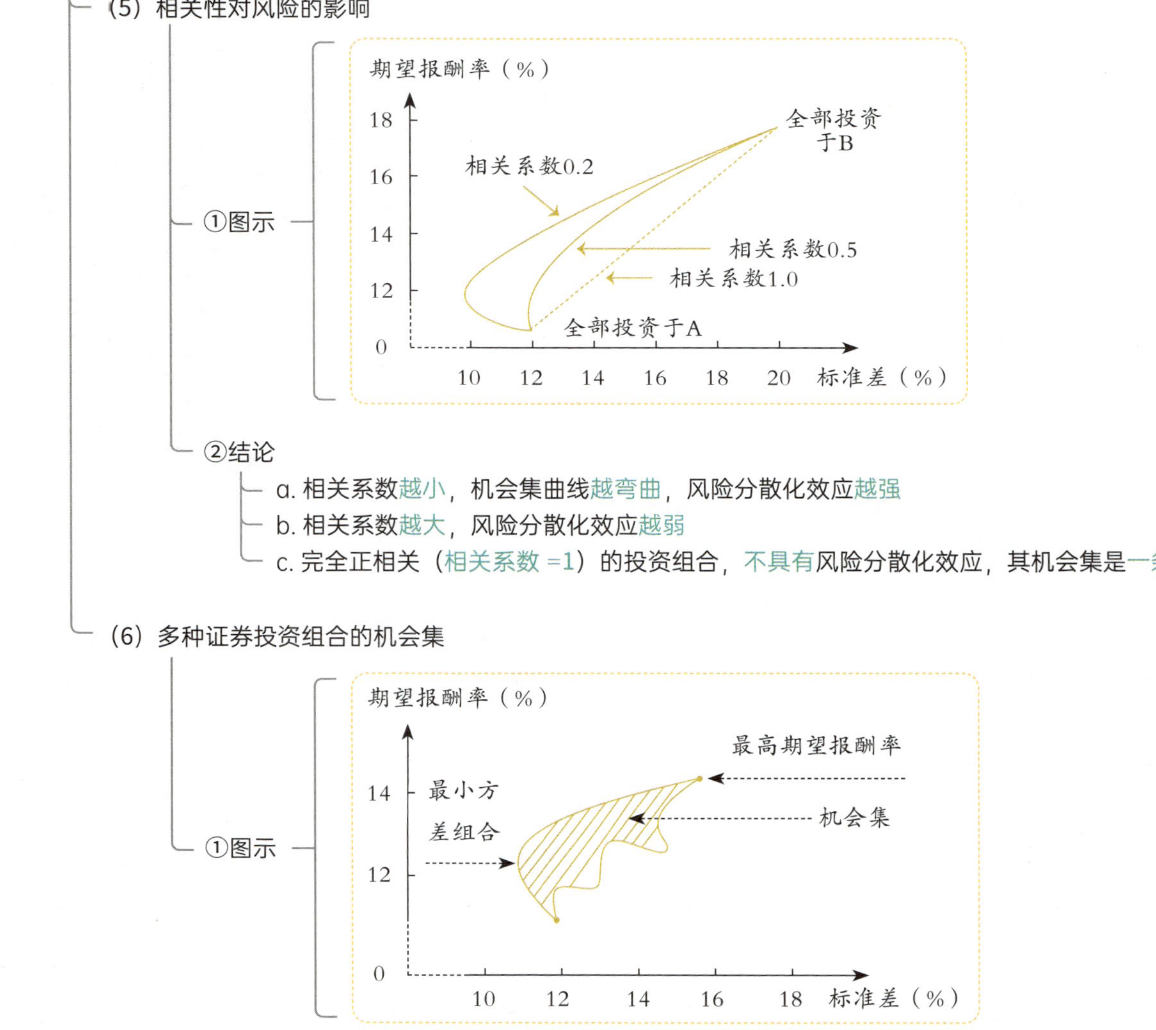

②结论

- a. 相关系数越小，机会集曲线越弯曲，风险分散化效应越强
- b. 相关系数越大，风险分散化效应越弱
- c. 完全正相关（相关系数 =1）的投资组合，不具有风险分散化效应，其机会集是一条直线

（6）多种证券投资组合的机会集

①图示

价值评估基础

风险与报酬

投资组合的风险与报酬

(6) 多种证券投资组合的机会集

②结论

- a. 机会集外缘最左端的点（最小方差组合点），具有最低的风险
- b. 机会集外缘的顶部，从最小方差组合点起到最高期望报酬率点止为有效集；机会集中的其余组合点均位于有效集的右下方（风险高、收益低），为无效集
- c. 如果投资组合是无效的，可以通过改变投资比例转换为有效组合，以提高收益而不增加风险，或降低风险而不降低收益，或既提高收益又降低风险
- d. 有效集以外的组合与有效边界上的组合相比，有三种情况
  - Ⅰ. 较低的期望报酬率和相同的标准差
  - Ⅱ. 相同的期望报酬率和较高的标准差
  - Ⅲ. 较低的期望报酬率和较高的标准差

(7) 风险的种类

- ①系统风险：不可分散风险，即充分市场组合也无法消除系统风险
- ②非系统风险：可分散风险，能通过资产组合消除，通过多样化的分散投资可以抵消特有风险

(8) 资本市场线

①图示

从无风险资产的收益率开始，做有效边界的切线，切点为 M，该直线被称为资本市场线

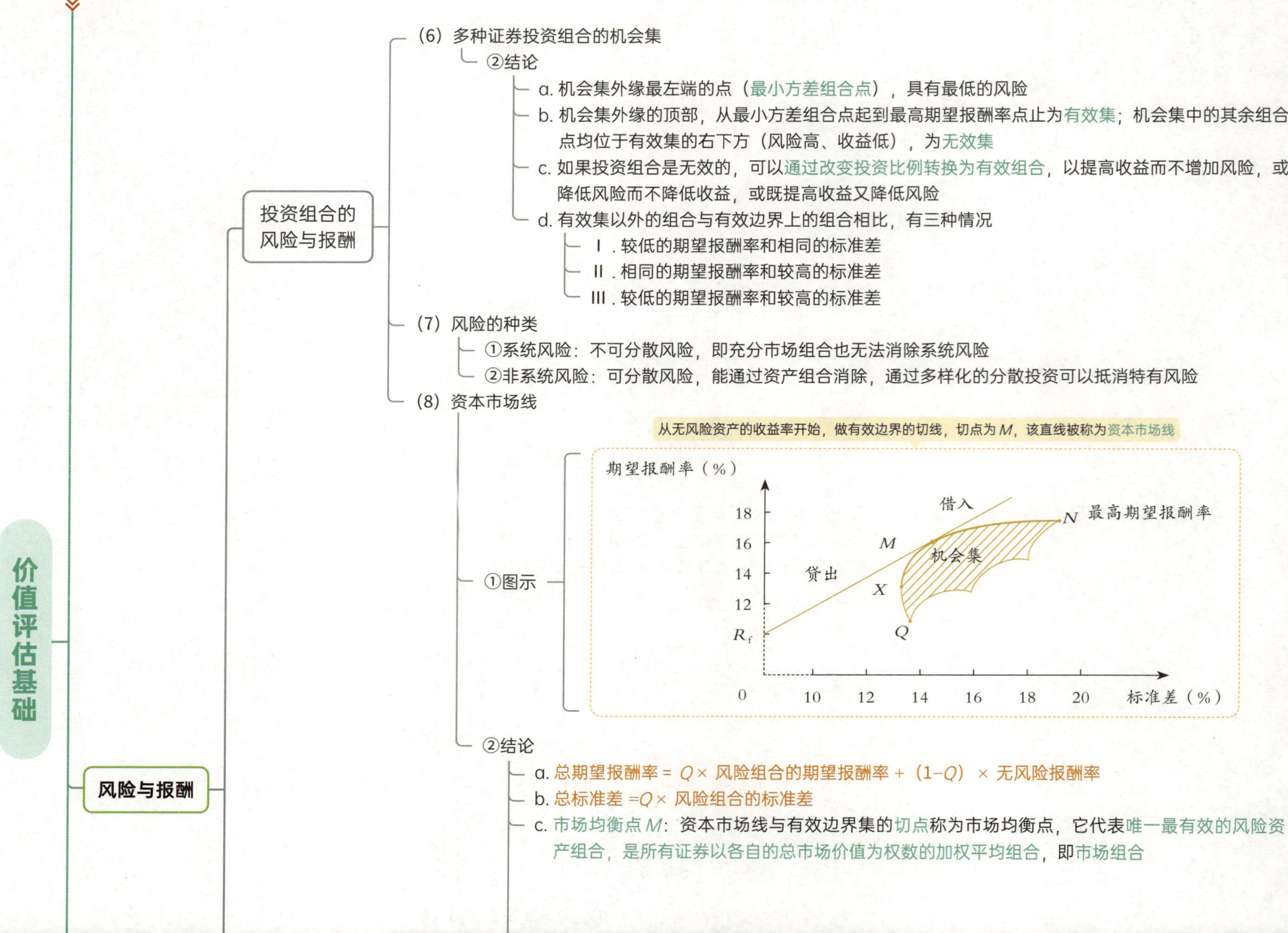

②结论

- a. 总期望报酬率 = $Q\times$ 风险组合的期望报酬率 +（1−Q）× 无风险报酬率
- b. 总标准差 =$Q\times$ 风险组合的标准差
- c. 市场均衡点 M：资本市场线与有效边界集的切点称为市场均衡点，它代表唯一最有效的风险资产组合，是所有证券以各自的总市场价值为权数的加权平均组合，即市场组合

d. 组合中资产构成情况

- Ⅰ. 资本市场线上任一点揭示出持有不同比例的无风险资产和市场组合情况下风险与预期报酬率之间的关系
- Ⅱ. 在 M 点左侧，是同时持有无风险资产和风险资产组合的情况，风险较低
- Ⅲ. 在 M 点右侧，仅持有市场组合，并且会借入资金进一步投资于市场组合 M

e. 分离定理：最佳风险资产组合的确定独立于投资者的风险偏好，它取决于各种可能风险组合的期望报酬率和标准差

投资者的风险偏好仅影响他们在无风险资产和市场组合之间的投资比重，即只影响投资者的投资组合最终落在资本市场线上的什么位置，并不影响 M 点本身的位置

资本资产定价模型

（1）系统风险的度量

①一项资产

a. 衡量指标：$\beta_J=\dfrac{cov(K_J,K_M)}{\sigma_M^2}=\dfrac{r_{JM}\sigma_J\sigma_M}{\sigma_M^2}=r_{JM}\left(\dfrac{\sigma_J}{\sigma_M}\right)$

b. 影响因素：该股票与市场的相关性、该股票自身的标准差、市场的标准差

②投资组合

衡量指标：被组合的各证券 β 值的加权平均数，其中市场组合相对于它自己的贝塔系数是 1

（2）资本资产定价模型

①公式：$R_i=R_f+\beta(R_m-R_f)$

②如何区分 R_m 和 (R_m-R_f)

指标	常见表述	理解要点
R_m	证券市场收益率、平均风险股票收益率、市场平均收益率、市场组合收益率	收益率形容的是整体股票市场的平均收益率
(R_m-R_f)	市场（平均）风险溢酬（溢价、补偿率、附加率）、风险收益率、风险价格	收益率形容的是市场当中风险的收益率，强调的是在无风险收益率基础之上多出来的那部分

（3）证券市场线

①图示

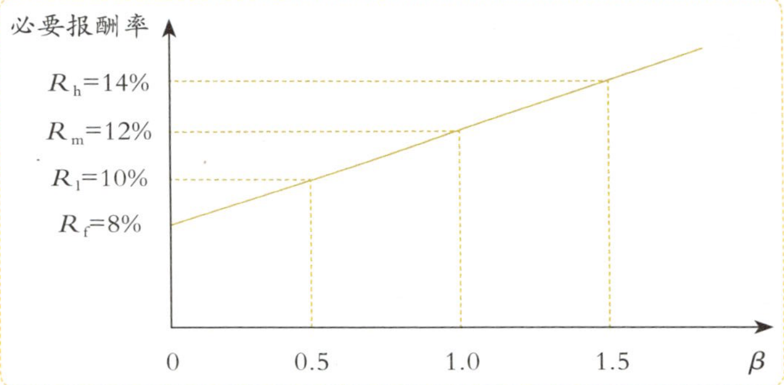

必要报酬率
$R_h=14\%$
$R_m=12\%$
$R_1=10\%$
$R_f=8\%$
0　0.5　1.0　1.5　β

价值评估基础

风险与报酬

资本资产定价模型

(3) 证券市场线

②与资本市场线的区别：

项目	资本市场线	证券市场线
含义	风险资产和无风险资产构成的投资组合期望收益与风险之间的关系	市场均衡条件下单项资产或资产组合期望收益与风险之间的关系
理论模型基础	有效边界模型	资本资产定价模型
适用性	仅适用于有效组合	普遍适用于各单项资产或资产组合
用途	根据期望收益确定投资组合比例	利用必要报酬率进行股票估值
坐标轴	横轴：标准差。 纵轴：期望报酬率。 总风险与报酬的权衡关系	横轴：贝塔系数。 纵轴：必要报酬率。 系统风险与报酬的权衡关系
截距	无风险收益率 R_f	无风险收益率 R_f
斜率	单位风险市场价格 $(R_m-R_f)/\sigma_m$	市场风险溢价 (R_m-R_f)
风险偏好影响	风险偏好仅影响借入或贷出的资金量，不影响最佳风险资产组合	对风险越厌恶，对风险资产要求的风险补偿越大，证券市场线斜率越大

笔记区

第四章 资本成本 （考6分）

资本成本

资本成本的概念、应用和影响因素

- 概念
  - （1）公司的资本成本，指公司各种资本要素（债务、优先股、普通股等）成本的加权平均数
    - ①公司取得资本使用权的代价
    - ②公司投资者的必要报酬率
    - ③不同资本来源的资本成本不同
    - ④不同公司的资本成本不同
  - （2）投资项目的资本成本，指项目本身所需投资资本的机会成本
- 影响因素
  - （1）外部因素
    - ①无风险利率
    - ②市场风险溢价
    - ③税率
  - （2）内部因素
    - ①资本结构
    - ②投资政策

债务资本成本的概念

- （1）债务资本成本的特征（与权益筹资相比）
  - ①债务筹资产生合同义务
  - ②债权人本息的请求权优先于股东股利的请求权
  - ③提供债务资本的投资者，没有权利获得高于合同约定利息之外的任何收益
- （2）债务资本成本的区分
  - ①债务的历史成本和未来成本
    - a. 作为投资决策和企业价值评估依据的资本成本，只能是未来借入新债务的成本
    - b. 现有债务的历史成本，对于未来的决策来说是不相关的沉没成本
  - ②债务的承诺收益与期望收益（期望收益≤承诺收益）
    - a. 期望收益是投资者未来各种可能收益的加权平均值，是考虑了违约风险的情况下投资者预期可以获得的收益
    - b. 对于筹资者来说，在不考虑筹资费用的情况下，债权人的期望收益率是其债务的真实成本
    - c. 在实务中，往往把债务的承诺收益率作为债务资本成本。从理论上看是不对的，但在实务中经常是可以接受的
    - d. 如果筹资公司处于财务困境或者财务状况不佳（如：垃圾债券），应区分承诺收益和期望收益
  - ③长期债务成本和短期债务成本
    - a. 加权平均资本成本主要用于资本预算，涉及的是长期债务

- b. 公司被迫采用短期债务筹资并将其不断续约，这种债务实质上是一种长期债务

债务资本成本的估计

- 税前债务资本成本的估计
  - (1) 到期收益率法
    - ①适用条件：公司目前有上市发行的长期债券
    - ②计算方法
      - a. 债券按年付息：到期收益率是使“债券未来现金流量（本金 + 利息）现值 = 债券当前市价”的折现率
      - b. 债券每年付息 m 次
        - Step1：设计息期折现率为 r_d，用内插法计算使“债券未来现金流量现值 = 债券当前市价”的计息期折现率
        - Step2：债务税前资本成本 = 有效年利率 = $(1+r_d)^m-1$
  - (2) 可比公司法

    > 可比公司的特征：
    > a. 应当与目标公司处于同一行业，具有类似的商业模式
    > b. 最好两者的规模、负债比率和财务状况也比较类似

    - ①适用条件：虽然没有上市债券，但可以找到一个有可上市交易债券的可比公司
    - ②计算方法：计算可比公司长期债券的到期收益率，作为本公司的长期债务资本成本
  - (3) 风险调整法
    - ①适用条件：既没有上市债券，也找不到可比公司，但有企业的信用评级资料
    - ②计算方法：税前债务资本成本 = 无风险收益率 + 企业的信用风险补偿率
      - a. 无风险收益率的选择
        - 应选择与公司债券到期日相同或相近的政府债券到期收益率
      - b. 计算企业信用风险补偿率
        - Step1. 找上市公司债券：选择若干与本公司信用级别相同的上市公司债券，并分别计算其到期收益率
        - Step2. 找长期政府债券：选择并计算与这些上市公司债券到期日相同或相近的长期政府债券的到期收益率（无风险利率）
        - Step3. 算平均差额：计算上述两个到期收益率差额（信用风险补偿率）的平均值，作为本公司的信用风险补偿率
  - (4) 财务比率法
    - ①适用条件：没有上市债券，找不到可比公司，没有信用评级资料
    - ②计算方法：根据目标公司的关键财务比率可以大体判断该公司的信用级别，并据此使用风险调整法确定其债务资本成本
- 税后债务资本成本的估计
  - 税后债务资本成本 = 税前债务资本成本 × （1－所得税税率）

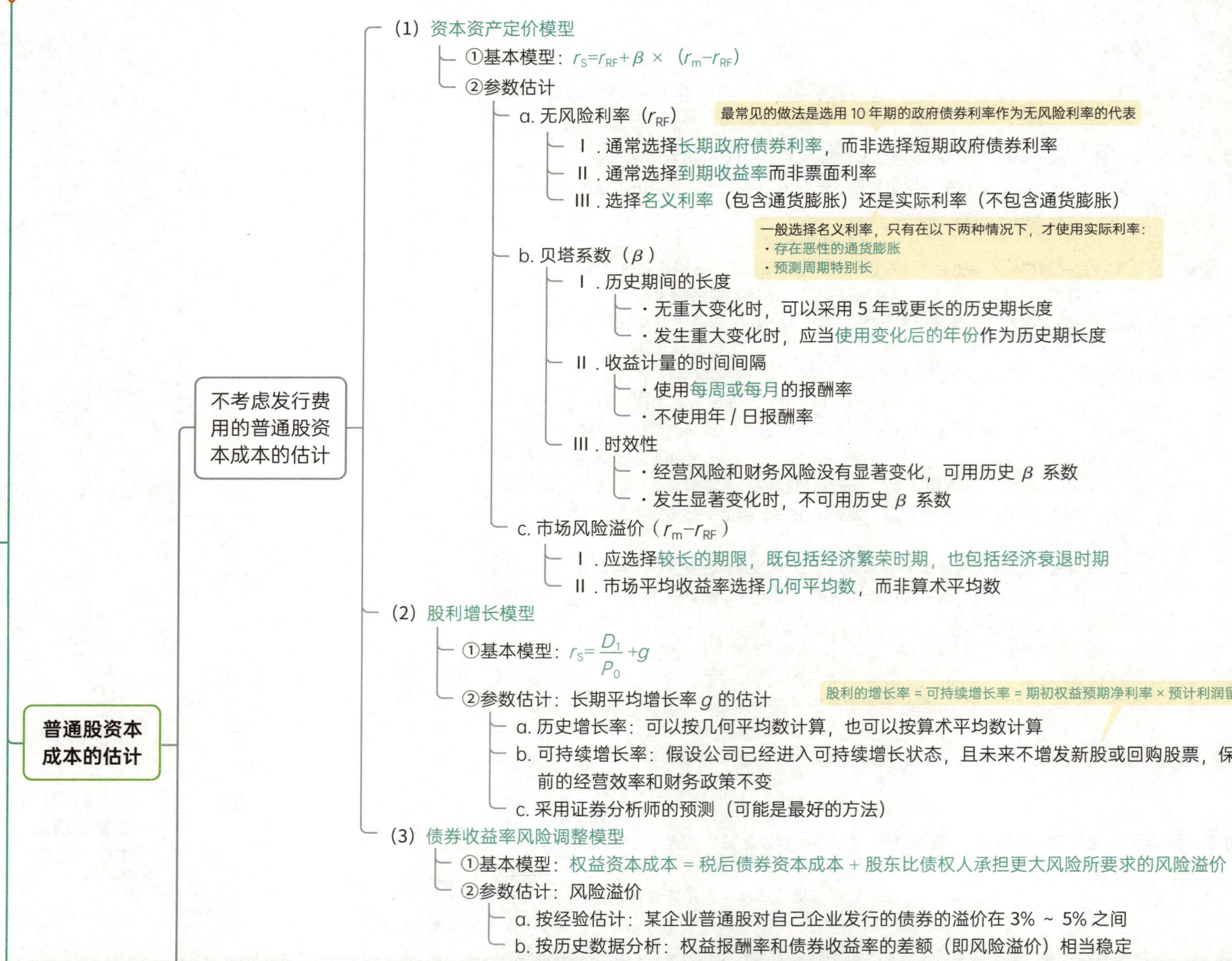
资本成本
普通股资本成本的估计
不考虑发行费用的普通股资本成本的估计
(1) 资本资产定价模型
①基本模型：$r_S=r_{RF}+\beta\times(r_m-r_{RF})$
②参数估计
a. 无风险利率（r_{RF}）
最常见的做法是选用 10 年期的政府债券利率作为无风险利率的代表
Ⅰ. 通常选择长期政府债券利率，而非选择短期政府债券利率
Ⅱ. 通常选择到期收益率而非票面利率
Ⅲ. 选择名义利率（包含通货膨胀）还是实际利率（不包含通货膨胀）
一般选择名义利率，只有在以下两种情况下，才使用实际利率：
· 存在恶性的通货膨胀
· 预测周期特别长
b. 贝塔系数（β）
Ⅰ. 历史期间的长度
· 无重大变化时，可以采用 5 年或更长的历史期长度
· 发生重大变化时，应当使用变化后的年份作为历史期长度
Ⅱ. 收益计量的时间间隔
· 使用每周或每月的报酬率
· 不使用年 / 日报酬率
Ⅲ. 时效性
· 经营风险和财务风险没有显著变化，可用历史 β 系数
· 发生显著变化时，不可用历史 β 系数
c. 市场风险溢价（r_m-r_{RF}）
Ⅰ. 应选择较长的期限，既包括经济繁荣时期，也包括经济衰退时期
Ⅱ. 市场平均收益率选择几何平均数，而非算术平均数
(2) 股利增长模型
①基本模型：$r_S=\frac{D_1}{P_0}+g$
②参数估计：长期平均增长率 g 的估计
股利的增长率 = 可持续增长率 = 期初权益预期净利率 × 预计利润留存率
a. 历史增长率：可以按几何平均数计算，也可以按算术平均数计算
b. 可持续增长率：假设公司已经进入可持续增长状态，且未来不增发新股或回购股票，保持当前的经营效率和财务政策不变
c. 采用证券分析师的预测（可能是最好的方法）
(3) 债券收益率风险调整模型
①基本模型：权益资本成本 = 税后债券资本成本 + 股东比债权人承担更大风险所要求的风险溢价
②参数估计：风险溢价
a. 按经验估计：某企业普通股对自己企业发行的债券的溢价在 3% ~ 5% 之间
b. 按历史数据分析：权益报酬率和债券收益率的差额（即风险溢价）相当稳定

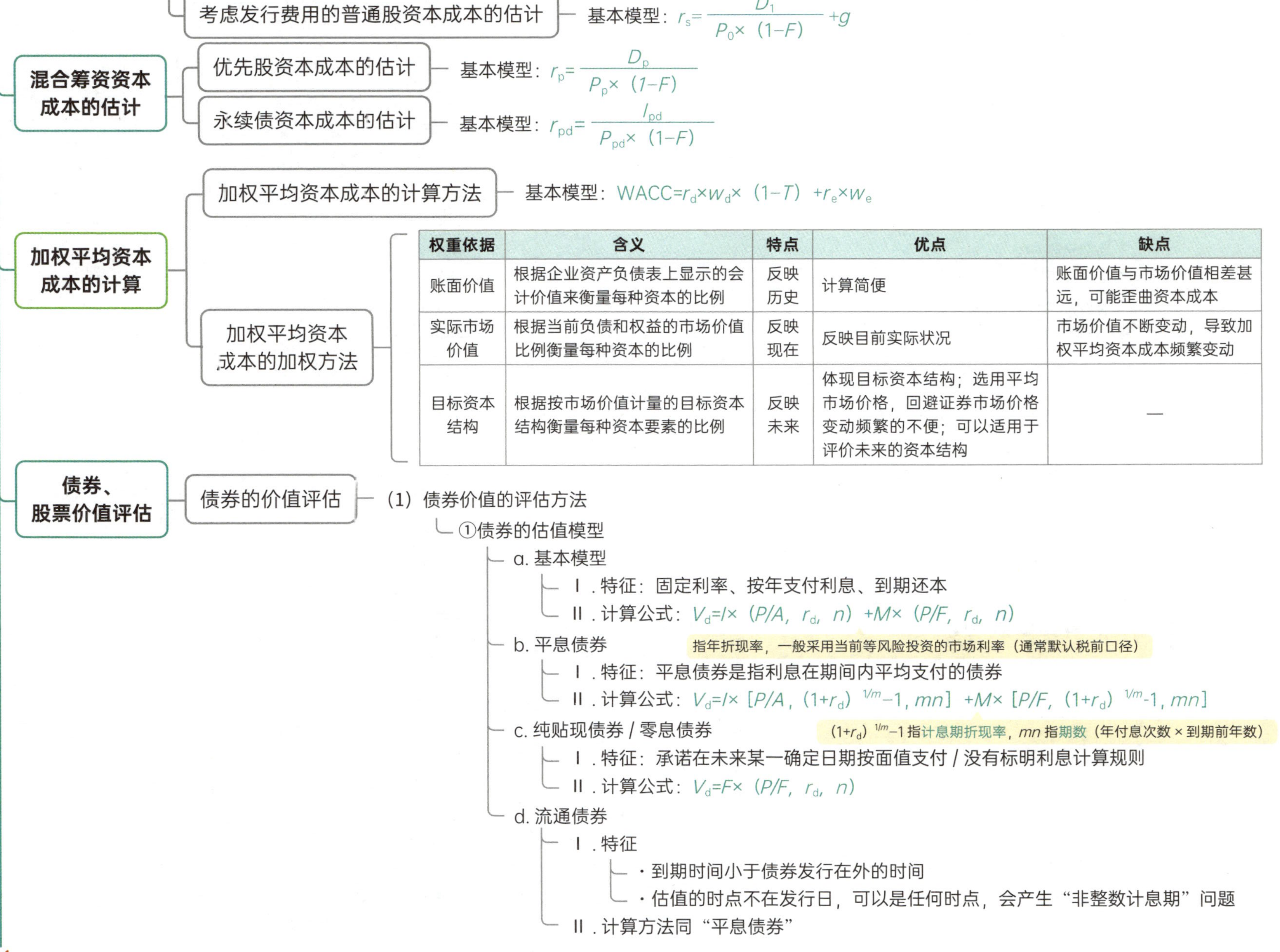

- 混合筹资资本成本的估计
  - 考虑发行费用的普通股资本成本的估计 — 基本模型：$r_s=\frac{D_1}{P_0\times(1-F)}+g$
  - 优先股资本成本的估计 — 基本模型：$r_p=\frac{D_p}{P_p\times(1-F)}$
  - 永续债资本成本的估计 — 基本模型：$r_{pd}=\frac{I_{pd}}{P_{pd}\times(1-F)}$
- 加权平均资本成本的计算
  - 加权平均资本成本的计算方法 — 基本模型：$WACC=r_d\times w_d\times(1-T)+r_e\times w_e$
  - 加权平均资本成本的加权方法

权重依据	含义	特点	优点	缺点
账面价值	根据企业资产负债表上显示的会计价值来衡量每种资本的比例	反映历史	计算简便	账面价值与市场价值相差甚远，可能歪曲资本成本
实际市场价值	根据当前负债和权益的市场价值比例衡量每种资本的比例	反映现在	反映目前实际状况	市场价值不断变动，导致加权平均资本成本频繁变动
目标资本结构	根据按市场价值计量的目标资本结构衡量每种资本要素的比例	反映未来	体现目标资本结构；选用平均市场价格，回避证券市场价格变动频繁的不便；可以适用于评价未来的资本结构	—

- 债券、股票价值评估
  - 债券的价值评估
    - （1）债券价值的评估方法
      - ①债券的估值模型
        - a. 基本模型
          - Ⅰ．特征：固定利率、按年支付利息、到期还本
          - Ⅱ．计算公式：$V_d=I\times(P/A,\ r_d,\ n)+M\times(P/F,\ r_d,\ n)$

            指年折现率，一般采用当前等风险投资的市场利率（通常默认税前口径）
        - b. 平息债券
          - Ⅰ．特征：平息债券是指利息在期间内平均支付的债券
          - Ⅱ．计算公式：$V_d=I\times[P/A,\ (1+r_d)^{1/m}-1,\ mn]+M\times[P/F,\ (1+r_d)^{1/m}-1,\ mn]$

            $(1+r_d)^{1/m}-1$ 指计息期折现率，mn 指期数（年付息次数×到期前年数）
        - c. 纯贴现债券 / 零息债券
          - Ⅰ．特征：承诺在未来某一确定日期按面值支付 / 没有标明利息计算规则
          - Ⅱ．计算公式：$V_d=F\times(P/F,\ r_d,\ n)$
        - d. 流通债券
          - Ⅰ．特征
            - · 到期时间小于债券发行在外的时间
            - · 估值的时点不在发行日，可以是任何时点，会产生“非整数计息期”问题
          - Ⅱ．计算方法同“平息债券”

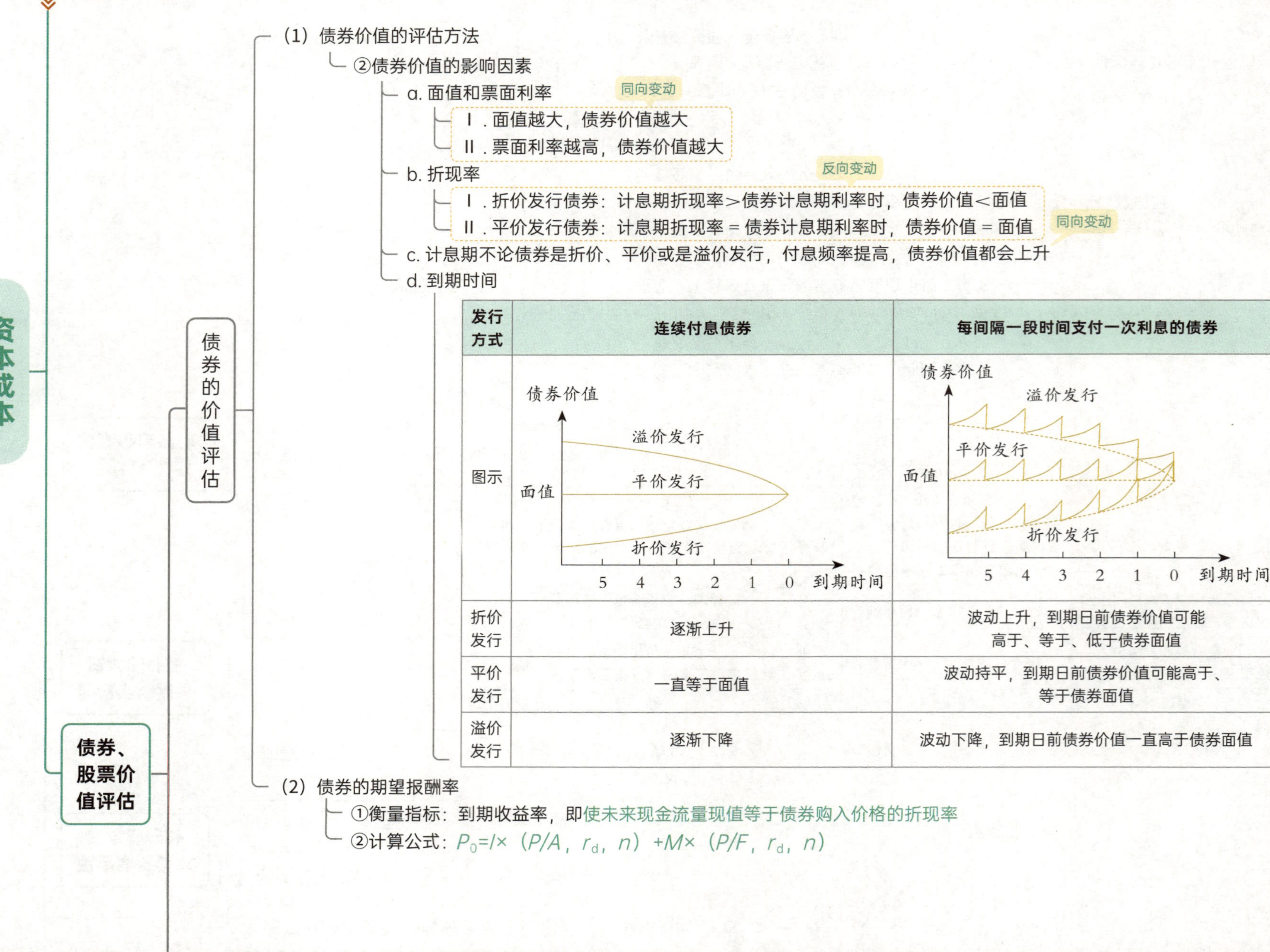

资本成本

债券、股票价值评估

债券的价值评估

（1）债券价值的评估方法

②债券价值的影响因素

a. 面值和票面利率（同向变动）

Ⅰ. 面值越大，债券价值越大

Ⅱ. 票面利率越高，债券价值越大

b. 折现率（反向变动）

Ⅰ. 折价发行债券：计息期折现率＞债券计息期利率时，债券价值＜面值

Ⅱ. 平价发行债券：计息期折现率 = 债券计息期利率时，债券价值 = 面值

c. 计息期不论债券是折价、平价或是溢价发行，付息频率提高，债券价值都会上升（同向变动）

d. 到期时间

发行方式	连续付息债券	每间隔一段时间支付一次利息的债券
图示	债券价值 面值 溢价发行 平价发行 折价发行 5 4 3 2 1 0 到期时间	债券价值 面值 溢价发行 平价发行 折价发行 5 4 3 2 1 0 到期时间
折价发行	逐渐上升	波动上升，到期日前债券价值可能高于、等于、低于债券面值
平价发行	一直等于面值	波动持平，到期日前债券价值可能高于、等于债券面值
溢价发行	逐渐下降	波动下降，到期日前债券价值一直高于债券面值

（2）债券的期望报酬率

①衡量指标：到期收益率，即使未来现金流量现值等于债券购入价格的折现率

②计算公式：$P_0=I\times(P/A, r_d, n)+M\times(P/F, r_d, n)$

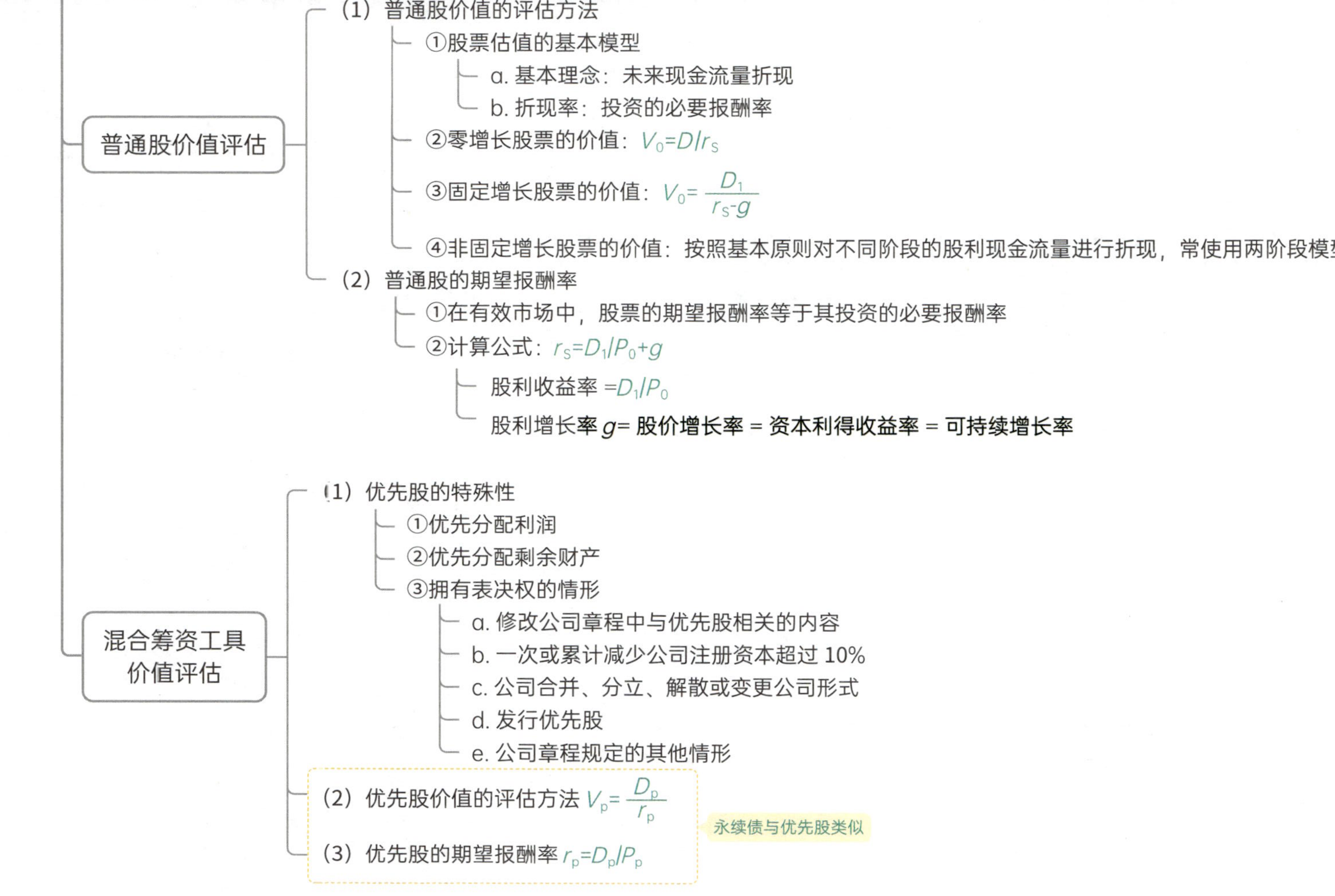

普通股价值评估
（1）普通股价值的评估方法
①股票估值的基本模型
a. 基本理念：未来现金流量折现
b. 折现率：投资的必要报酬率
②零增长股票的价值：$V_0=D/r_S$
③固定增长股票的价值：$V_0=\frac{D_1}{r_S-g}$
④非固定增长股票的价值：按照基本原则对不同阶段的股利现金流量进行折现，常使用两阶段模型
（2）普通股的期望报酬率
①在有效市场中，股票的期望报酬率等于其投资的必要报酬率
②计算公式：$r_S=D_1/P_0+g$
股利收益率 $=D_1/P_0$
股利增长率 g= **股价增长率 = 资本利得收益率 = 可持续增长率**
混合筹资工具价值评估
（1）优先股的特殊性
①优先分配利润
②优先分配剩余财产
③拥有表决权的情形
a. 修改公司章程中与优先股相关的内容
b. 一次或累计减少公司注册资本超过 10%
c. 公司合并、分立、解散或变更公司形式
d. 发行优先股
e. 公司章程规定的其他情形
（2）优先股价值的评估方法 $V_p=\frac{D_p}{r_p}$
（3）优先股的期望报酬率 $r_p=D_p/P_p$
永续债与优先股类似

第五章 投资项目资本预算

（考 10 分）

投资项目的评价方法

独立项目的评价方法

(1) 净现值法
- ①计算：净现值 = 未来现金净流量现值 − 原始投资额现值
- ②决策：净现值＞ 0 时，投资报酬率＞（项目）资本成本，应予采纳
- ③评价
  - a. 优点
    - Ⅰ. 表明投资项目的预期收益率（内含报酬率）与必要收益率（资本成本）之间的关系
    - Ⅱ. 表明投资项目带给投资者的财富增量
  - b. 缺点
    - Ⅰ. 绝对数指标，在比较期限、投资额不同的项目时有一定的局限性
    - Ⅱ. 寿命期不等的互斥项目，通常也无法直接比较净现值→使用共同年限法或等额年金法

(2) 现值指数法
- ①计算：现值指数 = 未来现金净流量现值 ÷ 原始投资额现值
- ②决策：现值指数＞ 1，表明投资报酬率＞（项目）资本成本，应予采纳
- ③评价
  - a. 优点：相对数指标，反映投资的效率，现值指数消除了投资规模的差异
  - b. 缺点：没有消除项目期限的差异

(3) 内含报酬率法
- ①计算：利用内插法，计算使项目“净现值 =0”的折现率
- ②决策：内含报酬率＞（项目）资本成本或要求的最低报酬率，应予采纳
- ③评价
  - a. 优点：相对数指标，可比性较强，且无须事先估计资本成本
  - b. 缺点：项目期内现金净流量正负交替，会出现多重内含报酬率的情况
    - Ⅰ. 可能出现多解或无解的情况，以致结论无效或无法得出结论
    - Ⅱ. 假设项目现金流入的再投资报酬率与项目内含报酬率相同，不符合实际情况
  - c. 弥补缺点的方法：以项目资本成本为折现率分别计算现金流出的现值和现金流入的终值，然后再内插计算该终值与现值的内含报酬率，计算结果即为修订的内含报酬率。如果修订的内含报酬率高于项目资本成本，则该独立项目可行

在评价某一项目是否可行时，这三种评价方法结论一致，即净现值 > 0，则现值指数 > 1，内含报酬率 > 资本成本

(4) 回收期法
- ①计算
  - a. 静态回收期 = 累计现金净流量最后一次为负值的年份 + 该年年末尚未收回投资额 / 下一年现金净流量
  - b. 动态回收期 = 累计现金净流量现值最后一次为负值的年份 + 该年年末尚未收回投资额现值 / 下一年现金净流量现值

投资项目资本预算

- ②决策：回收期<期望回收期，可以采纳
- ③评价
  - a. 优点
    - Ⅰ. 计算简便
    - Ⅱ. 容易为决策人所正确理解
    - Ⅲ. 可大体上衡量项目的流动性和风险
  - b. 缺点
    - Ⅰ. 静态回收期法，忽略了时间价值
    - Ⅱ. 两种方法都没有考虑回收期以后的现金流，也就是没有衡量盈利性
    - Ⅲ. 容易促使公司接受短期项目，放弃战略性长期项目

(5) 会计报酬率法
- ①计算：会计报酬率 = 年平均税后经营净利润 / 资本占用 ×100%

  资本占用的两种定义：
  a. 资本占用 = 原始投资额
  b. 平均资本占用 = （原始投资额 + 投资净残值）/2
- ②评价
  - a. 优点
    - Ⅰ. 一种衡量盈利性的简单方法，概念易于理解，数据来自财务报告，容易取得
    - Ⅱ. 考虑了整个项目寿命期的全部利润
    - Ⅲ. 揭示了采纳一个项目后财务报表将如何变化，便于项目的后续评价
  - b. 缺点
    - Ⅰ. 使用账面利润而非现金流量，忽视了折旧对现金流量的影响
    - Ⅱ. 忽视了税后经营净利润的时间分布对于项目经济价值的影响（货币时间价值因素）

互斥项目的优选问题

评价指标出现矛盾的可能原因：一是投资额不同；二是时间分布不同；三是项目期限不同

(1) 投资额不同
- 以净现值法的结论为优先，因为股东需要实实在在的报酬，而不是报酬的比率

(2) 时间分布不同
- 对于互斥项目，如果投资额相同、项目期限相同，但时间分布不同，应当净现值法优先，因为它可以给股东带来更多的财富

(3) 项目期限不同
- ①共同年限法：假设投资项目可以在终止时进行重置，通过重置使两个项目达到相同的年限，然后比较其净现值
- ②等额年金法
  - Step1：计算两项目的净现值
  - Step2：计算净现值的等额年金额

    在资本成本相同时，等额年金大的项目永续净现值肯定大，根据等额年金大小就可以直接判断项目的优劣
  - Step3：假设项目可以无限重置（并且每次重置都在该项目的终止期），等额年金的资本化就是项目的净现值

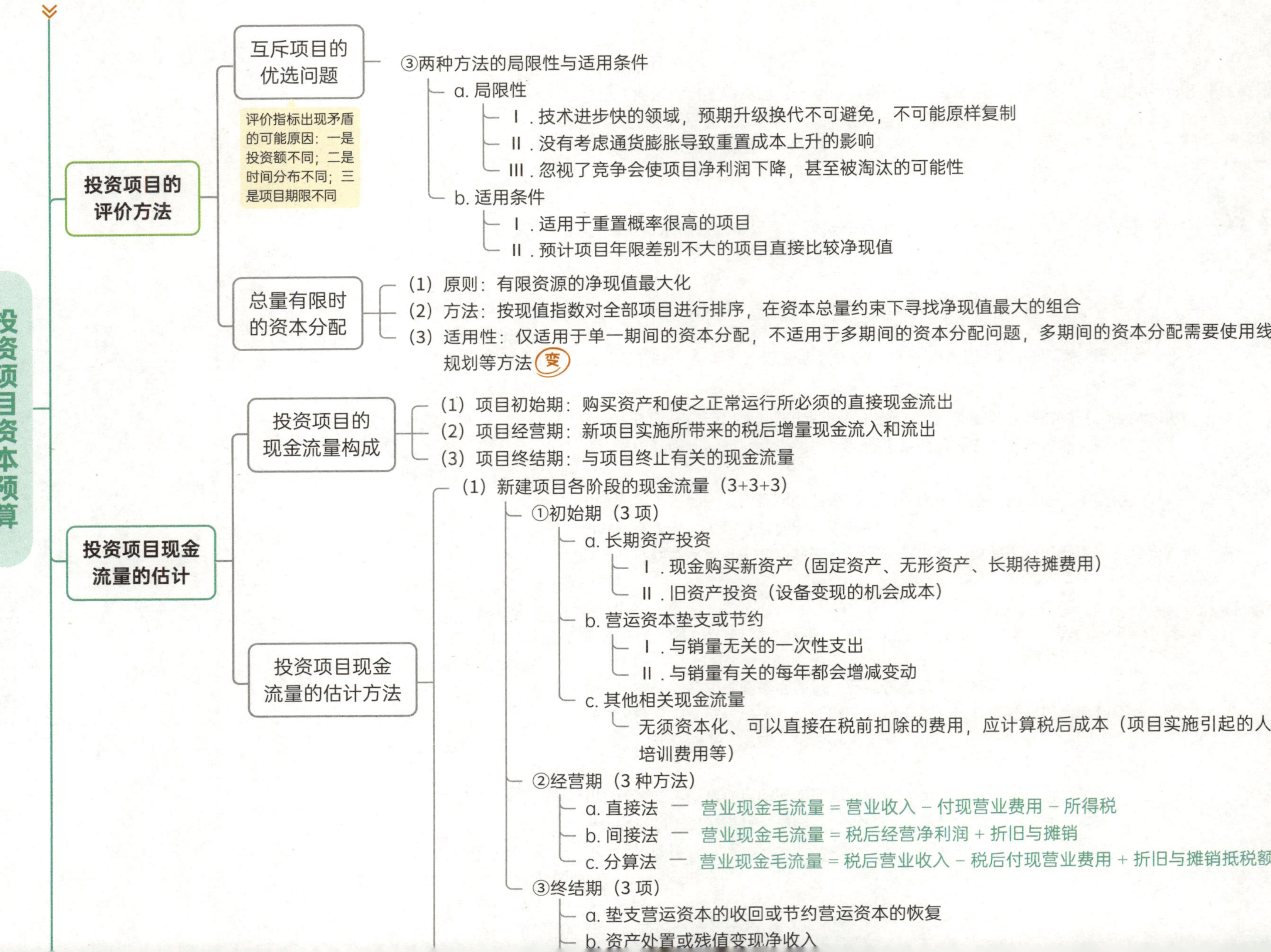
投资项目资本预算
投资项目的评价方法
互斥项目的优选问题
评价指标出现矛盾的可能原因：一是投资额不同；二是时间分布不同；三是项目期限不同
③两种方法的局限性与适用条件
a. 局限性
Ⅰ. 技术进步快的领域，预期升级换代不可避免，不可能原样复制
Ⅱ. 没有考虑通货膨胀导致重置成本上升的影响
Ⅲ. 忽视了竞争会使项目净利润下降，甚至被淘汰的可能性
b. 适用条件
Ⅰ. 适用于重置概率很高的项目
Ⅱ. 预计项目年限差别不大的项目直接比较净现值
总量有限时的资本分配
（1）原则：有限资源的净现值最大化
（2）方法：按现值指数对全部项目进行排序，在资本总量约束下寻找净现值最大的组合
（3）适用性：仅适用于单一期间的资本分配，不适用于多期间的资本分配问题，多期间的资本分配需要使用线性规划等方法
变
投资项目现金流量的估计
投资项目的现金流量构成
（1）项目初始期：购买资产和使之正常运行所必须的直接现金流出
（2）项目经营期：新项目实施所带来的税后增量现金流入和流出
（3）项目终结期：与项目终止有关的现金流量
投资项目现金流量的估计方法
（1）新建项目各阶段的现金流量（3+3+3）
①初始期（3 项）
a. 长期资产投资
Ⅰ. 现金购买新资产（固定资产、无形资产、长期待摊费用）
Ⅱ. 旧资产投资（设备变现的机会成本）
b. 营运资本垫支或节约
Ⅰ. 与销量无关的一次性支出
Ⅱ. 与销量有关的每年都会增减变动
c. 其他相关现金流量
无须资本化、可以直接在税前扣除的费用，应计算税后成本（项目实施引起的人员培训费用等）
②经营期（3 种方法）
a. 直接法 — 营业现金毛流量 = 营业收入 − 付现营业费用 − 所得税
b. 间接法 — 营业现金毛流量 = 税后经营净利润 + 折旧与摊销
c. 分算法 — 营业现金毛流量 = 税后营业收入 − 税后付现营业费用 + 折旧与摊销抵税额
③终结期（3 项）
a. 垫支营运资本的收回或节约营运资本的恢复
b. 资产处置或残值变现净收入

- c. 资产处置或残值变现净损益对现金净流量的影响 =（账面价值 − 变现净收入）× 所得税税率
- （2）更新项目各阶段的现金流量
  - ①继续使用旧设备（2+3+2）
    - a. 期初（2 项）
      - Ⅰ. 丧失资产变现收入
      - Ⅱ. 丧失变现利得纳税 / 损失抵税
    - b. 寿命期（3 项）
      - Ⅰ. 税后付现运行成本
      - Ⅱ. 税后修理成本
      - Ⅲ. 折旧抵税收益
    - c. 期末（2 项）
      - Ⅰ. 残值变现收入
      - Ⅱ. 变现利得纳税 / 处置损失抵税
  - ②更新改造（3+2+3）
    - a. 期初（3 项）
      - Ⅰ. 新设备投资
      - Ⅱ. 营运资本垫支或节约
      - Ⅲ. 其他相关现金流量
    - b. 寿命期（2 项）
      - Ⅰ. 税后付现运行成本
      - Ⅱ. 折旧抵税收益
    - c. 期末（3 项）
      - Ⅰ. 残值变现收入
      - Ⅱ. 变现利得纳税 / 处置损失抵税
      - Ⅲ. 收回垫支的营运资本或恢复节约的营运资本

笔记区

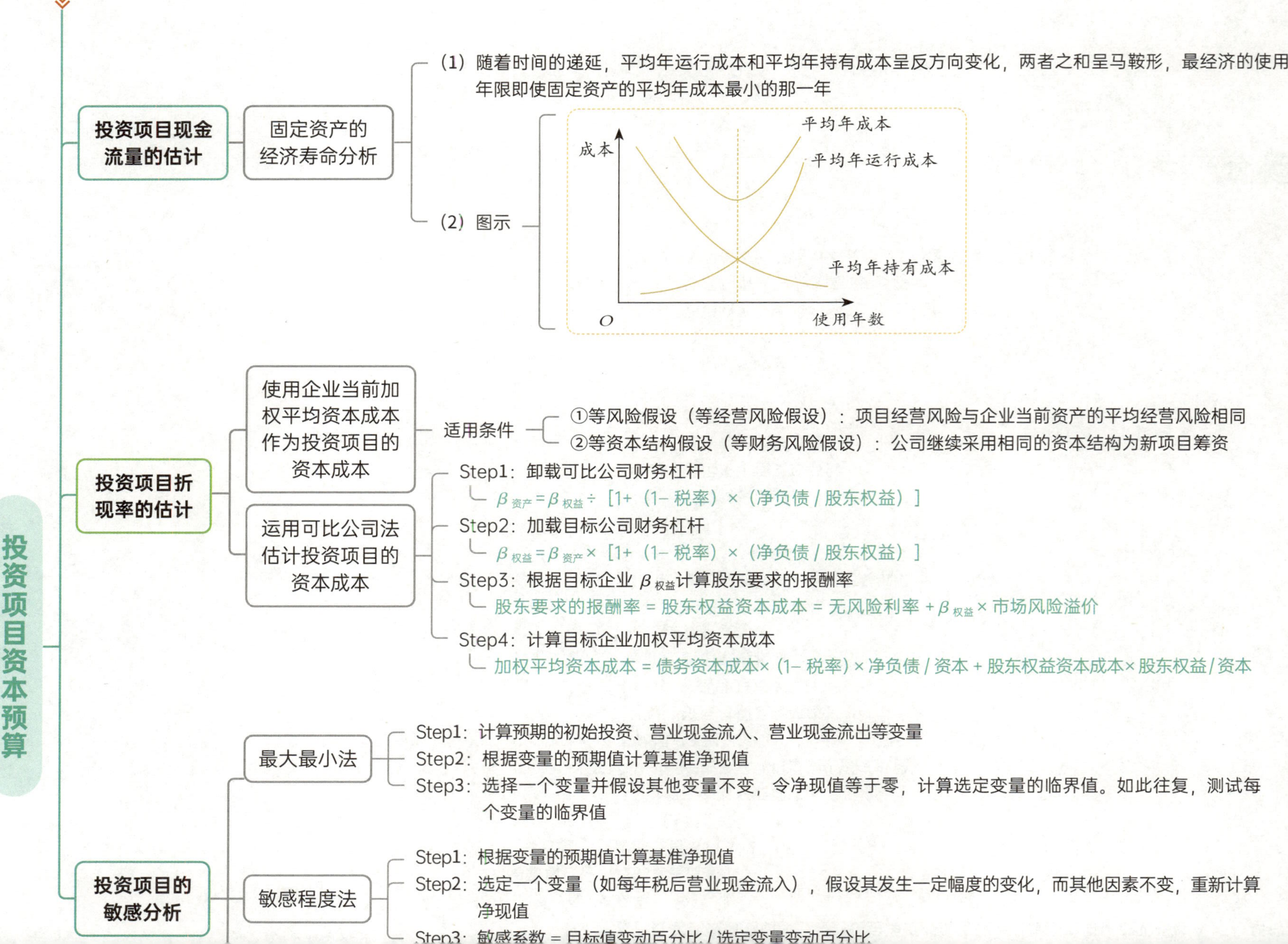

投资项目资本预算

投资项目现金流量的估计

固定资产的经济寿命分析

- （1）随着时间的递延，平均年运行成本和平均年持有成本呈反方向变化，两者之和呈马鞍形，最经济的使用年限即使固定资产的平均年成本最小的那一年
- （2）图示

投资项目折现率的估计

使用企业当前加权平均资本成本作为投资项目的资本成本

- 适用条件
  - ①等风险假设（等经营风险假设）：项目经营风险与企业当前资产的平均经营风险相同
  - ②等资本结构假设（等财务风险假设）：公司继续采用相同的资本结构为新项目筹资

运用可比公司法估计投资项目的资本成本

- Step1：卸载可比公司财务杠杆
  - $\beta_{资产}=\beta_{权益}\div$［1+（1－税率）×（净负债／股东权益）］
- Step2：加载目标公司财务杠杆
  - $\beta_{权益}=\beta_{资产}\times$［1+（1－税率）×（净负债／股东权益）］
- Step3：根据目标企业 $\beta_{权益}$ 计算股东要求的报酬率
  - 股东要求的报酬率 = 股东权益资本成本 = 无风险利率 + $\beta_{权益}$ × 市场风险溢价
- Step4：计算目标企业加权平均资本成本
  - 加权平均资本成本 = 债务资本成本×（1－税率）× 净负债／资本 + 股东权益资本成本×股东权益／资本

投资项目的敏感分析

最大最小法

- Step1：计算预期的初始投资、营业现金流入、营业现金流出等变量
- Step2：根据变量的预期值计算基准净现值
- Step3：选择一个变量并假设其他变量不变，令净现值等于零，计算选定变量的临界值。如此往复，测试每个变量的临界值

敏感程度法

- Step1：根据变量的预期值计算基准净现值
- Step2：选定一个变量（如每年税后营业现金流入），假设其发生一定幅度的变化，而其他因素不变，重新计算净现值
- Step3：敏感系数 = 目标值变动百分比／选定变量变动百分比

敏感分析的局限性

(1) 由于变量通常是联动变化的，因此敏感分析所要求的控制变量法不现实

(2) 每次测算一个变量变化对净现值的影响，可以提供一系列分析结果，但是无法给出每个数值发生的可能性

笔记区

第六章 期权价值评估

（考7分）

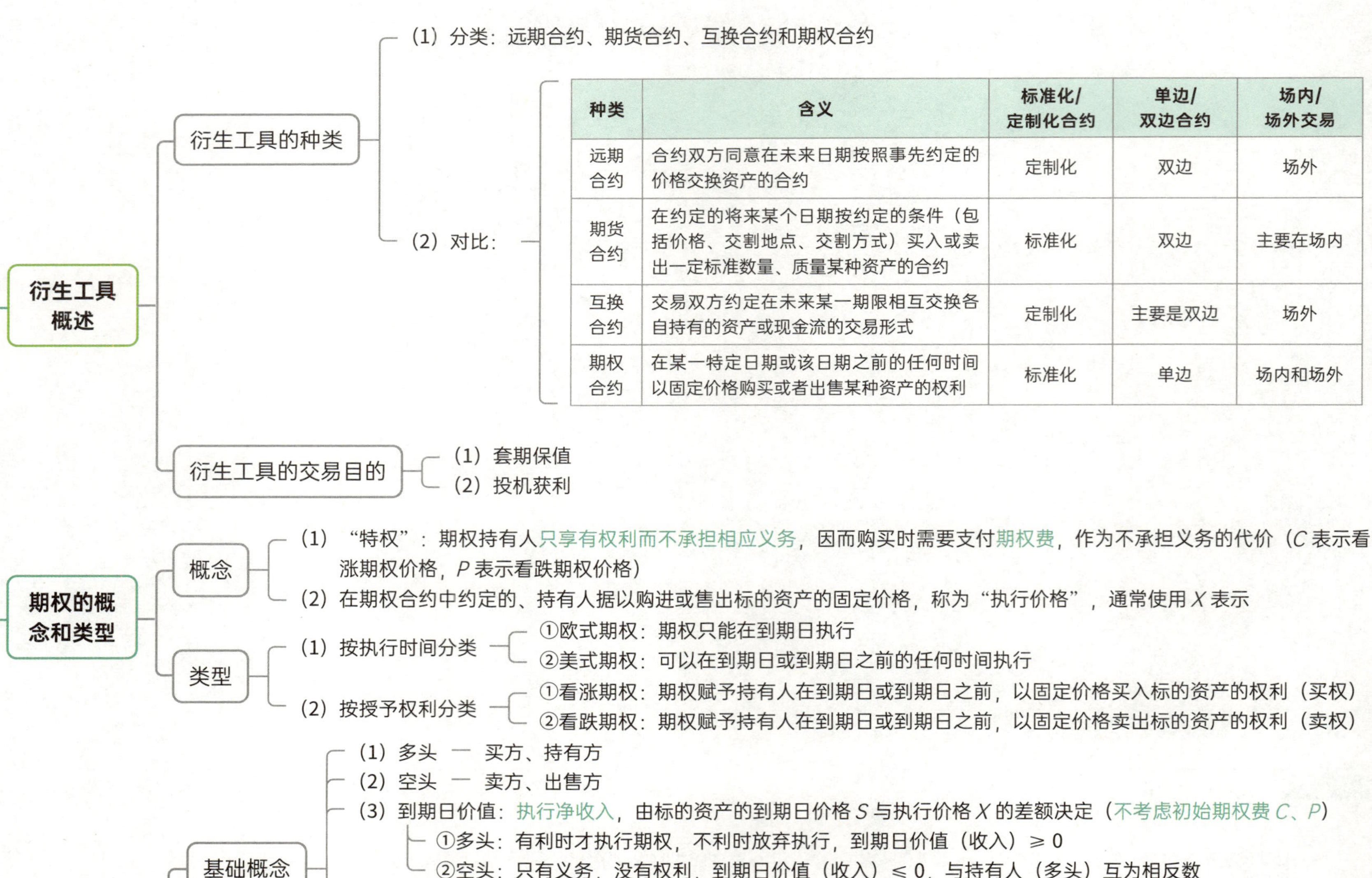

期权价值评估

衍生工具概述

衍生工具的种类

（1）分类：远期合约、期货合约、互换合约和期权合约

（2）对比：

种类	含义	标准化/定制化合约	单边/双边合约	场内/场外交易
远期合约	合约双方同意在未来日期按照事先约定的价格交换资产的合约	定制化	双边	场外
期货合约	在约定的将来某个日期按约定的条件（包括价格、交割地点、交割方式）买入或卖出一定标准数量、质量某种资产的合约	标准化	双边	主要在场内
互换合约	交易双方约定在未来某一期限相互交换各自持有的资产或现金流的交易形式	定制化	主要是双边	场外
期权合约	在某一特定日期或该日期之前的任何时间以固定价格购买或者出售某种资产的权利	标准化	单边	场内和场外

衍生工具的交易目的

（1）套期保值

（2）投机获利

期权的概念和类型

概念

（1）“特权”：期权持有人只享有权利而不承担相应义务，因而购买时需要支付期权费，作为不承担义务的代价（C 表示看涨期权价格，P 表示看跌期权价格）

（2）在期权合约中约定的、持有人据以购进或售出标的资产的固定价格，称为“执行价格”，通常使用 X 表示

类型

（1）按执行时间分类

- ①欧式期权：期权只能在到期日执行
- ②美式期权：可以在到期日或到期日之前的任何时间执行

（2）按授予权利分类

- ①看涨期权：期权赋予持有人在到期日或到期日之前，以固定价格买入标的资产的权利（买权）
- ②看跌期权：期权赋予持有人在到期日或到期日之前，以固定价格卖出标的资产的权利（卖权）

基础概念

（1）多头 — 买方、持有方

（2）空头 — 卖方、出售方

（3）到期日价值：执行净收入，由标的资产的到期日价格 S 与执行价格 X 的差额决定（不考虑初始期权费 C、P）

- ①多头：有利时才执行期权，不利时放弃执行，到期日价值（收入）$\geqslant 0$
- ②空头：只有义务，没有权利，到期日价值（收入）$\leqslant 0$，与持有人（多头）互为相反数

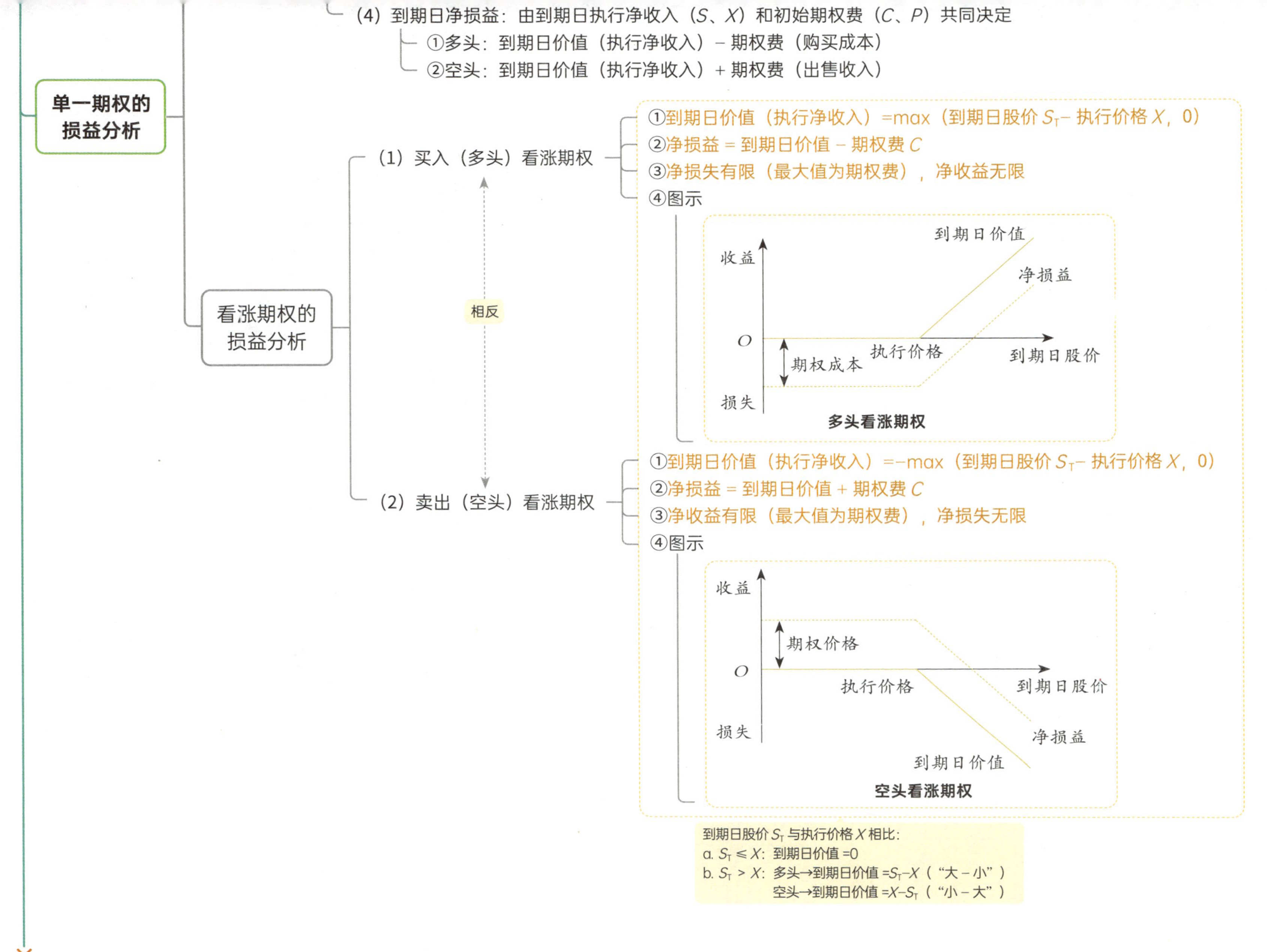
(4) 到期日净损益：由到期日执行净收入（S、X）和初始期权费（C、P）共同决定
①多头：到期日价值（执行净收入）－期权费（购买成本）
②空头：到期日价值（执行净收入）＋期权费（出售收入）
单一期权的损益分析
看涨期权的损益分析
(1) 买入（多头）看涨期权
①到期日价值（执行净收入）=max（到期日股价 S_T－执行价格 X，0）
②净损益 = 到期日价值 － 期权费 C
③净损失有限（最大值为期权费），净收益无限
④图示
收益
到期日价值
净损益
O
期权成本
执行价格
到期日股价
损失
多头看涨期权
相反
(2) 卖出（空头）看涨期权
①到期日价值（执行净收入）=－max（到期日股价 S_T－执行价格 X，0）
②净损益 = 到期日价值 + 期权费 C
③净收益有限（最大值为期权费），净损失无限
④图示
收益
期权价格
O
执行价格
到期日股价
损失
净损益
到期日价值
空头看涨期权
到期日股价 S_T 与执行价格 X 相比：
a. $S_T \leq X$：到期日价值 =0
b. $S_T > X$：多头→到期日价值 =S_T-X（“大－小”）
空头→到期日价值 =$X-S_T$（“小－大”）

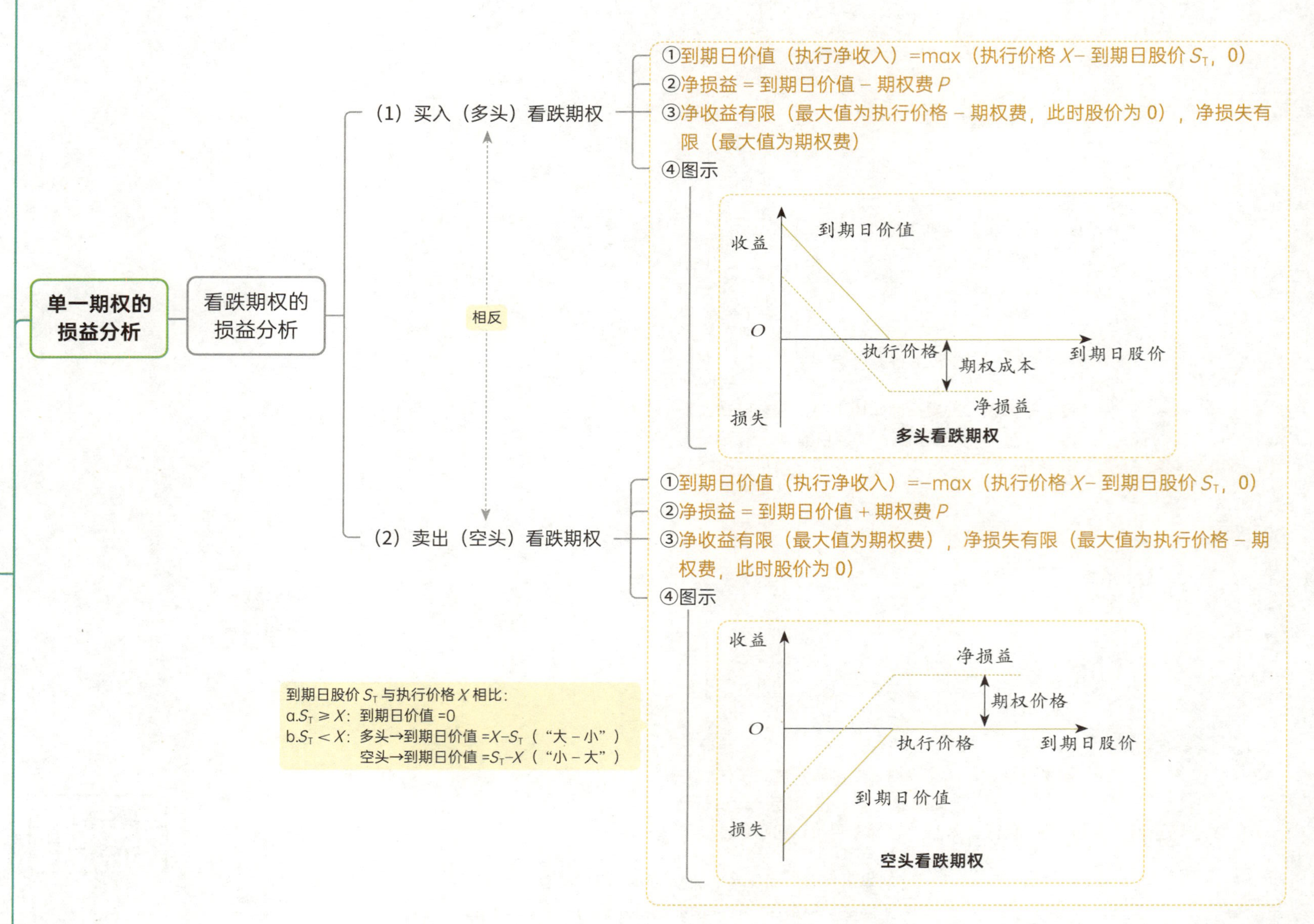
期权价值评估
单一期权的损益分析
看跌期权的损益分析
(1) 买入(多头)看跌期权
①到期日价值(执行净收入)=max(执行价格 X− 到期日股价 S_T, 0)
②净损益 = 到期日价值 − 期权费 P
③净收益有限(最大值为执行价格 − 期权费,此时股价为 0),净损失有限(最大值为期权费)
④图示
收益
到期日价值
O
执行价格
期权成本
到期日股价
净损益
损失
多头看跌期权
相反
(2) 卖出(空头)看跌期权
①到期日价值(执行净收入)=−max(执行价格 X− 到期日股价 S_T, 0)
②净损益 = 到期日价值 + 期权费 P
③净收益有限(最大值为期权费),净损失有限(最大值为执行价格 − 期权费,此时股价为 0)
④图示
收益
净损益
期权价格
O
执行价格
到期日股价
到期日价值
损失
空头看跌期权
到期日股价 S_T 与执行价格 X 相比:
a.$S_T \geq X$:到期日价值 =0
b.$S_T < X$:多头→到期日价值 =$X-S_T$(“大 − 小”)
空头→到期日价值 =S_T-X(“小 − 大”)

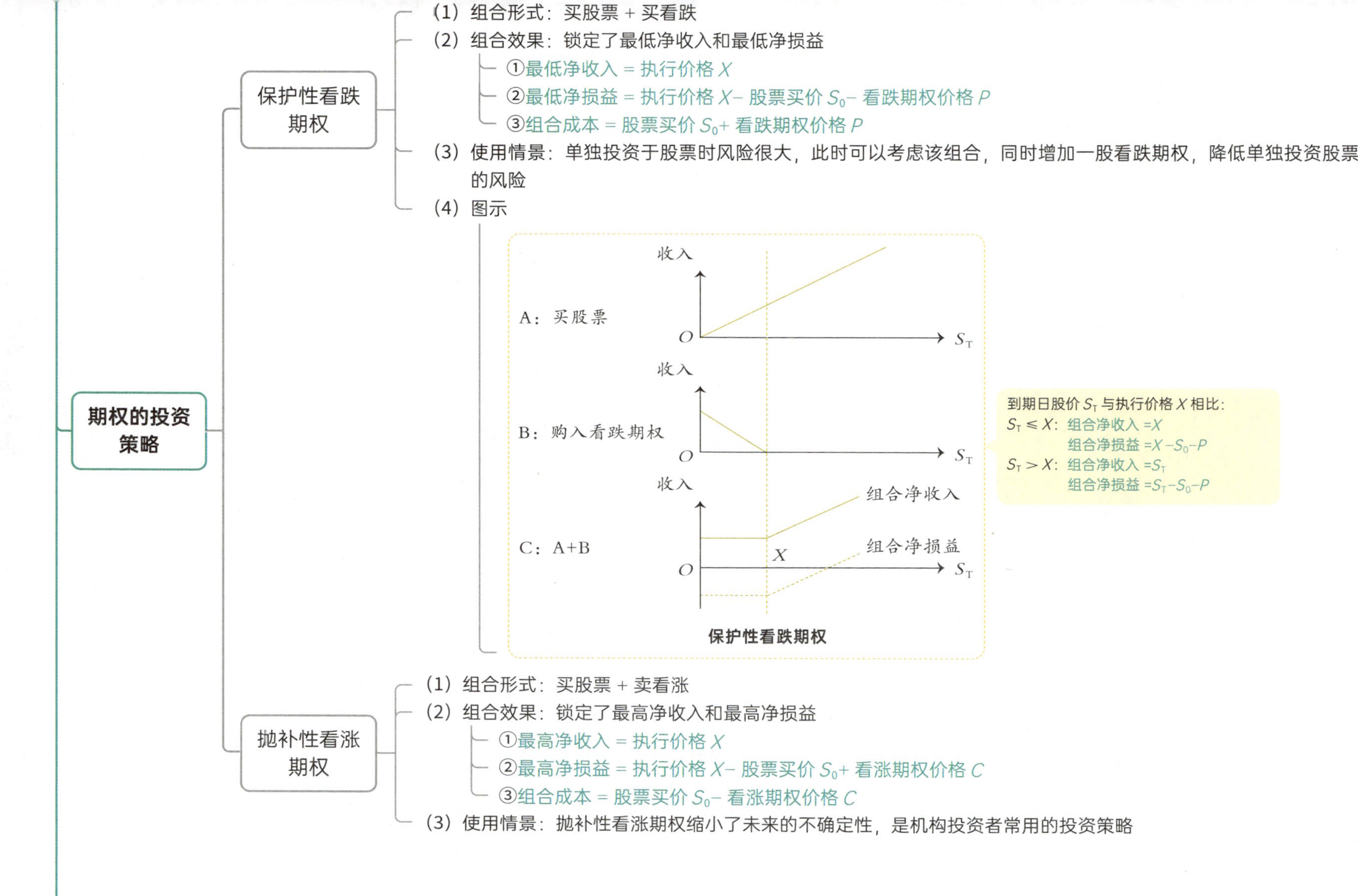

期权的投资策略
保护性看跌期权
（1）组合形式：买股票 + 买看跌
（2）组合效果：锁定了最低净收入和最低净损益
①最低净收入 = 执行价格 X
②最低净损益 = 执行价格 X − 股票买价 S_0 − 看跌期权价格 P
③组合成本 = 股票买价 S_0 + 看跌期权价格 P
（3）使用情景：单独投资于股票时风险很大，此时可以考虑该组合，同时增加一股看跌期权，降低单独投资股票的风险
（4）图示
A：买股票
B：购入看跌期权
C：A+B
收入
O
S_T
X
组合净收入
组合净损益
保护性看跌期权
到期日股价 S_T 与执行价格 X 相比：
$S_T \leqslant X$：组合净收入 $=X$
组合净损益 $=X-S_0-P$
$S_T > X$：组合净收入 $=S_T$
组合净损益 $=S_T-S_0-P$
抛补性看涨期权
（1）组合形式：买股票 + 卖看涨
（2）组合效果：锁定了最高净收入和最高净损益
①最高净收入 = 执行价格 X
②最高净损益 = 执行价格 X − 股票买价 S_0 + 看涨期权价格 C
③组合成本 = 股票买价 S_0 − 看涨期权价格 C
（3）使用情景：抛补性看涨期权缩小了未来的不确定性，是机构投资者常用的投资策略

期权价值评估

期权的投资策略

抛补性看涨期权

（4）图示

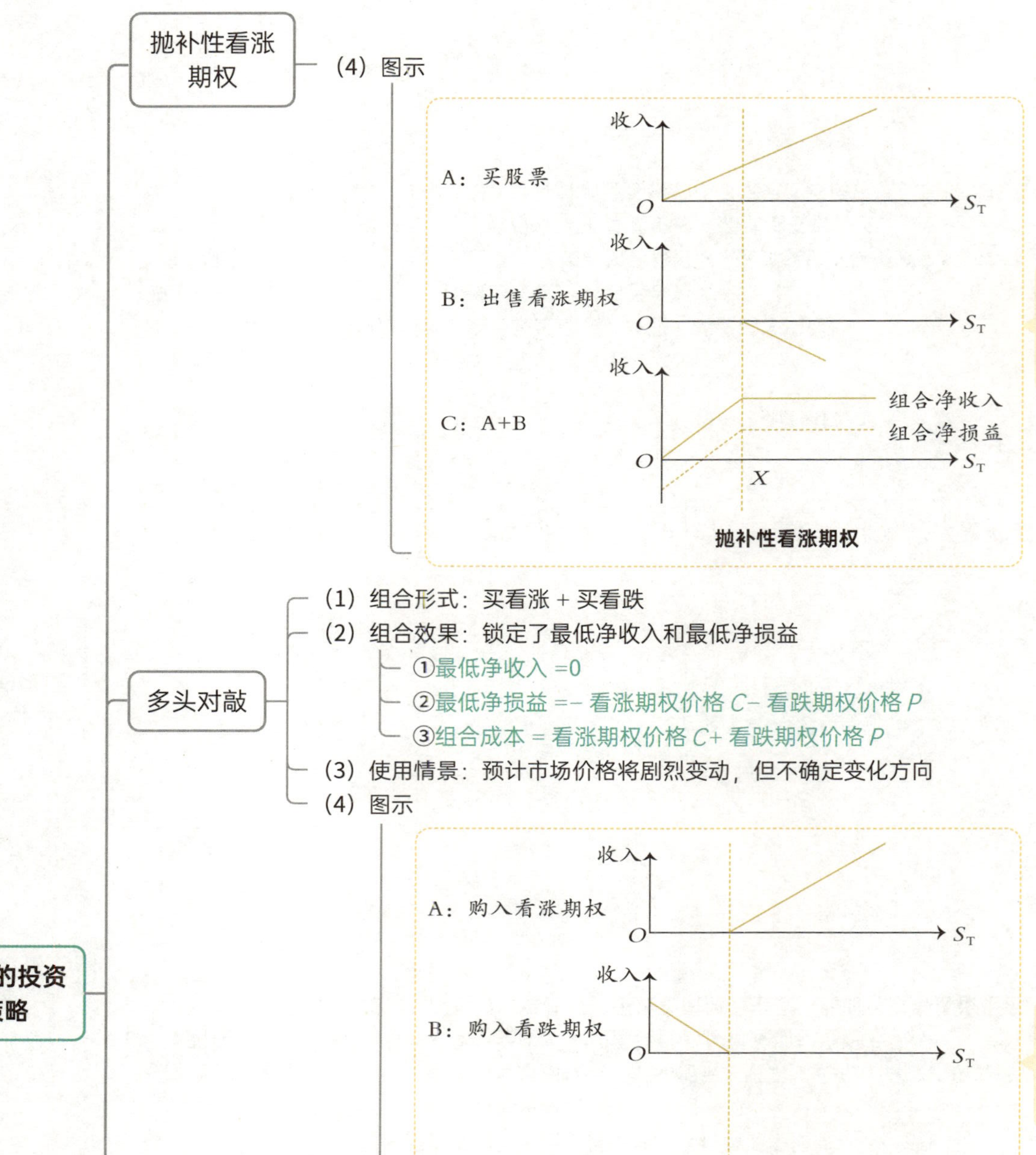

到期日股价 S_T 与执行价格 X 相比：

$S_T \leqslant X$：组合净收入 $=S_T$

组合净损益 $=S_T-S_0+C$

$S_T > X$：组合净收入 $=X$

组合净损益 $=X-S_0+C$

多头对敲

（1）组合形式：买看涨＋买看跌

（2）组合效果：锁定了最低净收入和最低净损益

①最低净收入 =0

②最低净损益 =－看涨期权价格 C－看跌期权价格 P

③组合成本 = 看涨期权价格 C+ 看跌期权价格 P

（3）使用情景：预计市场价格将剧烈变动，但不确定变化方向

（4）图示

到期日股价 S_T 与执行价格 X 相比：

$S_T \leqslant X$：组合净收入 $=X-S_T$（“大－小”）

组合净损益 $=X-S_T-P-C$

$S_T > X$：组合净收入 $=S_T-X$（“大－小”）

组合净损益 $=S_T-X-P-C$

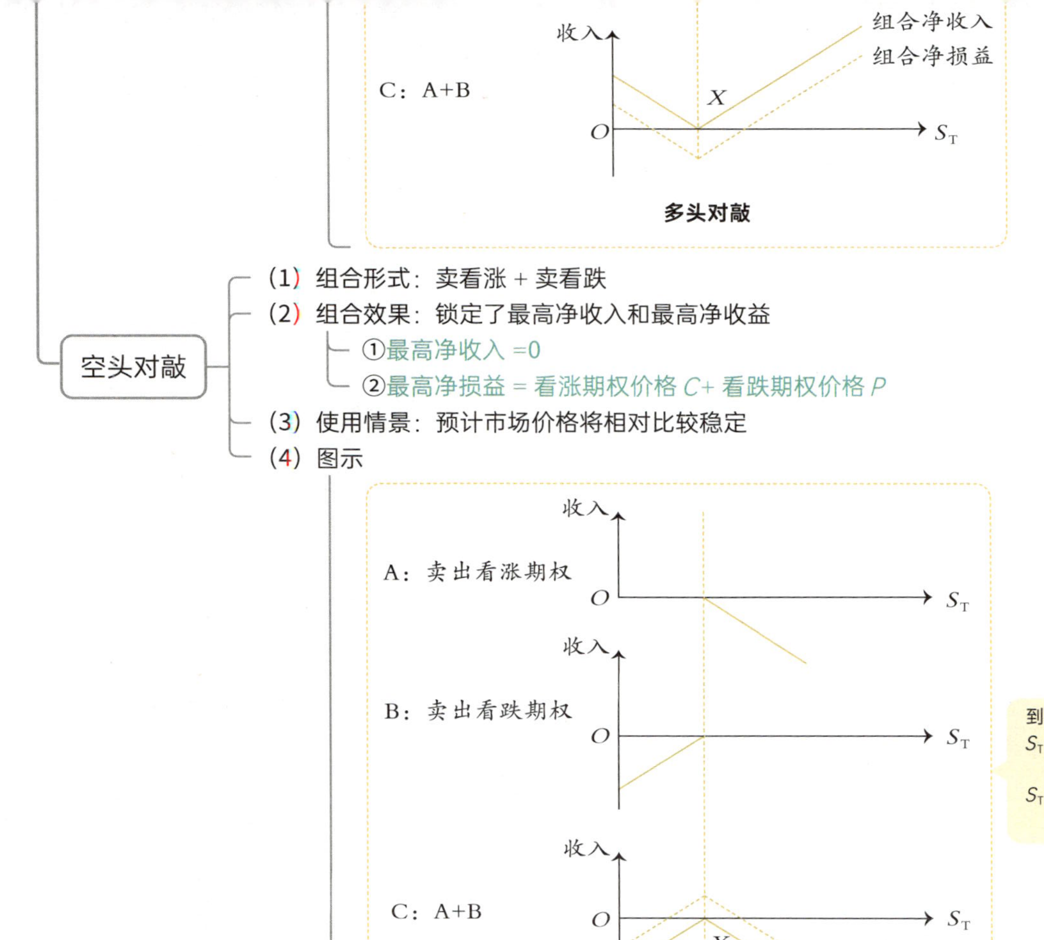

空头对敲

（1）组合形式：卖看涨 + 卖看跌

（2）组合效果：锁定了最高净收入和最高净收益

- ①最高净收入 =0
- ②最高净损益 = 看涨期权价格 C+ 看跌期权价格 P

（3）使用情景：预计市场价格将相对比较稳定

（4）图示

到期日股价 S_T 与执行价格 X 相比：

$S_T \leq X$：组合净收入 $=S_T-X$（"小 – 大"）
组合净损益 $=S_T-X+P+C$

$S_T > X$：组合净收入 $=X-S_T$（"小 – 大"）
组合净损益 $=X-S_T+P+C$

期权价值评估

金融期权价值的影响因素

金融期权价值构成

（1）内在价值：期权立即执行产生的经济价值，由标的资产的现行市价 S 与执行价格 X 决定

①看涨期权

- a. 现行市价 $S >$ 执行价格 X，则内在价值 $=S-X$（实值状态）
- b. 现行市价 $S=$ 执行价格 X，则内在价值 $=0$（平价状态）
- c. 现行市价 $S <$ 执行价格 X，则内在价值 $=0$（虚值状态）

②看跌期权

- a. 现行市价 $S <$ 执行价格 X，则内在价值 $=X-S$（实值状态）
- b. 现行市价 $S=$ 执行价格 X，则内在价值 $=0$（平价状态）
- c. 现行市价 $S >$ 执行价格 X，则内在价值 $=0$（虚值状态）

（2）时间溢价：期权价值超过内在价值的部分，即时间溢价 = 期权价值 − 内在价值，一般在到期日前，时间溢价 > 0

① “等待的价值”：期权买方寄希望于标的股价的变化可以增加期权的价值

② “波动的价值”：未来存在不确定性而产生的价值，不确定性越强，期权时间价值越大

期权价值的影响因素

影响因素	影响方向	
	看涨期权	看跌期权
股票市价	同向	反向
期权有效期内预计发放的红利	反向	同向
执行价格	反向	同向
无风险利率	同向	反向
到期期限	美式：同向	美式：同向
	欧式：不确定	欧式：不确定
股价波动率	同向	同向

基础概念

（1）S_0 表示当前股票价格，S_u 表示上升后的股票价格，S_d 表示下降后的股票价格，则：

①上行乘数：$u=S_u/S_0=1+$ 股价上升百分比

②下行乘数：$d=S_d/S_0=1-$ 股价下降百分比（或 1+ 股价下降百分比，但此时下降百分比在数值上应为负数）

（2）同一只股票未来某一日期的上行乘数 $u\times$ 下行乘数 $d=1$

复制原理和套期保值原理

（1）基本思想与含义

①复制原理：构造一个“股票 + 借款”的投资组合，使得投资人借款买股票的到期收益与期权的到期日价值相同，则创建该组合的成本反映的就是待评估期权的价值

②套期保值原理：运用复制原理时，需要明确如何确定组合中股票数量 H 和借款数额 B，股票数量 H 被称为套期保值率

金融期权价值的评估方法

(2) 计算步骤

- Step1：确定股价
  - a. $S_u=u\times S_0$
  - b. $S_d=d\times S_0$
- Step2：确定看涨期权的到期日价值（执行净收入）
  - a. $C_u=\max(0, S_u-X)$
  - b. $C_d=\max(0, S_d-X)$
- Step3：建立对冲组合。设组合中包含 H 股股票和 B 元借款，则该组合的到期净收入应与期权的到期日价值相同，即：

  $C_u=H\times S_u-B\times(1+r)$ ①

  $C_d=H\times S_d-B\times(1+r)$ ②

  ①式－②式，可得 $H=(C_u-C_d)/(S_u-S_d)$，即期权价值差 ΔC/股票价格差 ΔS

  根据②式，可得 $B=(H\times S_d-C_d)/(1+r)$
- Step4：看涨期权的价格＝组合投资成本＝购买股票支出－借款 $=H\times S_0-B$

风险中性原理

(1) 原理

- ①期望报酬率＝无风险利率 $r=P_u\times$ 股价上升百分比 $+P_d\times$ 股价下降百分比
- ②上行概率 P_u＋下行概率 $P_d=1$

注意：股价下降百分比在数值上应为负数

(2) 计算步骤

- Step1：确定股价
  - a. $S_u=u\times S_0$
  - b. $S_d=d\times S_0$
- Step2：确定看涨期权的到期日价值（执行净收入）
  - a. $C_u=\max(0, S_u-X)$
  - b. $C_d=\max(0, S_d-X)$
- Step3：计算上行概率和下行概率
  - 由 $r=P_u\times$ 股价上升百分比＋$(1-P_u)\times$ 股价下降百分比，可得：

    $P_u=(1+r-d)/(u-d)$

    $P_d=1-P_u=(u-1-r)/(u-d)$
- Step4：计算期权执行日的期望值 $=P_u\times C_u+P_d\times C_d$
- Step5：折现，期权的现值＝期权价格 $C_0=(P_u\times C_u+P_d\times C_d)/(1+r)$

期权价值评估

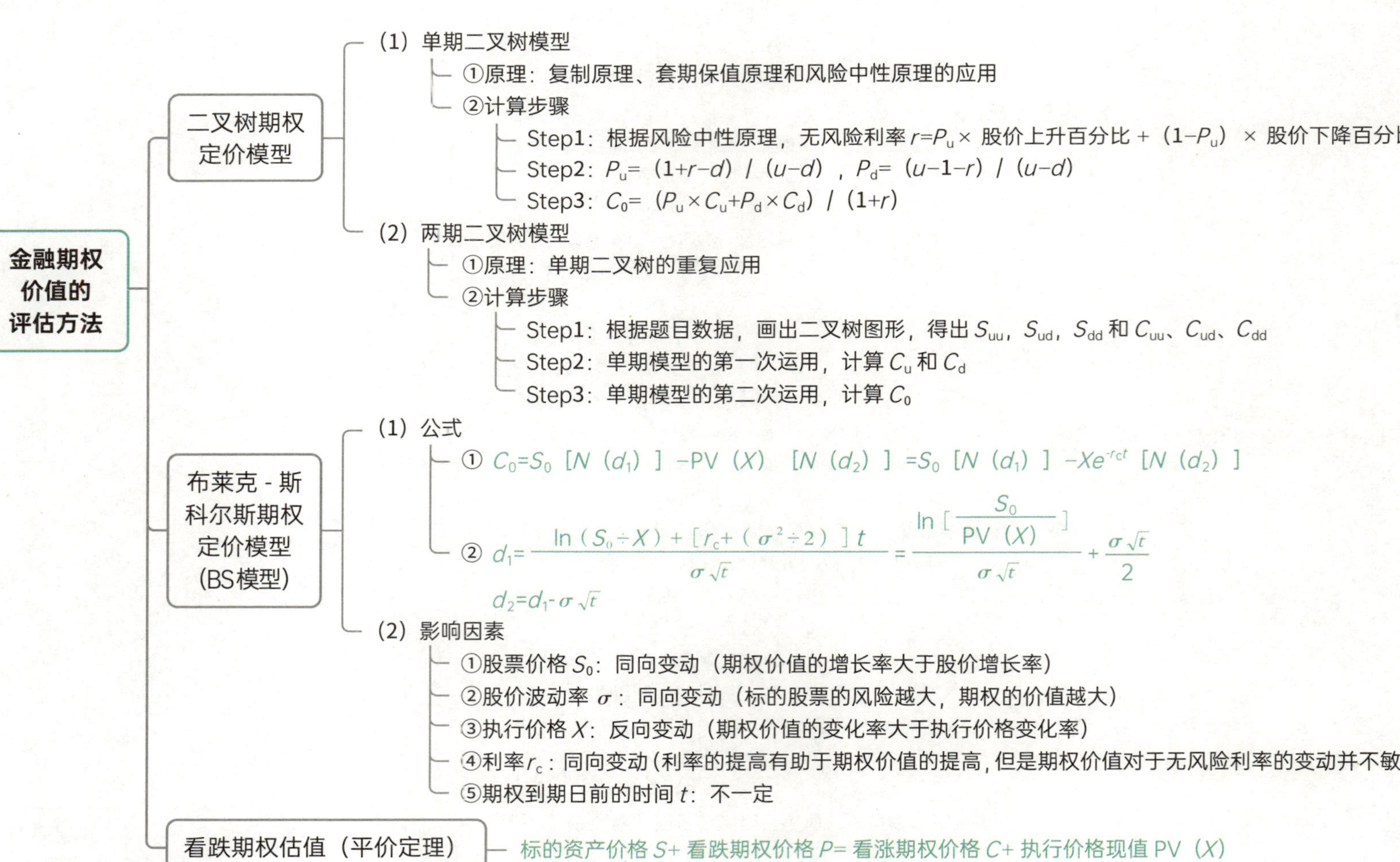
金融期权价值的评估方法
二叉树期权定价模型
(1) 单期二叉树模型
①原理：复制原理、套期保值原理和风险中性原理的应用
②计算步骤
Step1：根据风险中性原理，无风险利率 $r=P_u\times$ 股价上升百分比 + $(1-P_u)\times$ 股价下降百分比
Step2：$P_u=(1+r-d)/(u-d)$，$P_d=(u-1-r)/(u-d)$
Step3：$C_0=(P_u\times C_u+P_d\times C_d)/(1+r)$
(2) 两期二叉树模型
①原理：单期二叉树的重复应用
②计算步骤
Step1：根据题目数据，画出二叉树图形，得出 S_{uu}，S_{ud}，S_{dd} 和 C_{uu}、C_{ud}、C_{dd}
Step2：单期模型的第一次运用，计算 C_u 和 C_d
Step3：单期模型的第二次运用，计算 C_0
布莱克 - 斯科尔斯期权定价模型 (BS模型)
(1) 公式
① $C_0=S_0[N(d_1)]-PV(X)[N(d_2)]=S_0[N(d_1)]-Xe^{-r_ct}[N(d_2)]$
② $d_1=\frac{\ln(S_0\div X)+[r_c+(\sigma^2\div 2)]t}{\sigma\sqrt{t}}=\frac{\ln[\frac{S_0}{PV(X)}]}{\sigma\sqrt{t}}+\frac{\sigma\sqrt{t}}{2}$
$d_2=d_1-\sigma\sqrt{t}$
(2) 影响因素
①股票价格 S_0：同向变动（期权价值的增长率大于股价增长率）
②股价波动率 σ：同向变动（标的股票的风险越大，期权的价值越大）
③执行价格 X：反向变动（期权价值的变化率大于执行价格变化率）
④利率 r_c：同向变动（利率的提高有助于期权价值的提高，但是期权价值对于无风险利率的变动并不敏感）
⑤期权到期日前的时间 t：不一定
看跌期权估值（平价定理）
标的资产价格 S+ 看跌期权价格 P= 看涨期权价格 C+ 执行价格现值 PV（X）

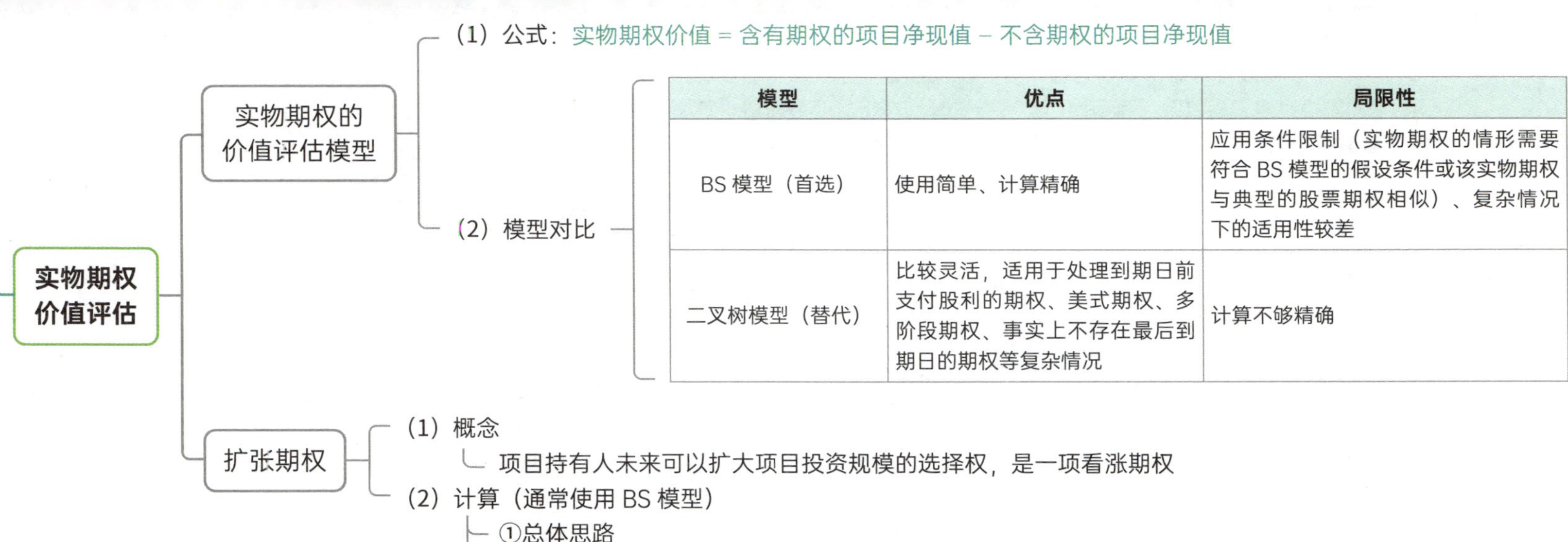

实物期权价值评估

实物期权的价值评估模型

（1）公式：实物期权价值 = 含有期权的项目净现值 − 不含期权的项目净现值

（2）模型对比

模型	优点	局限性
BS 模型（首选）	使用简单、计算精确	应用条件限制（实物期权的情形需要符合 BS 模型的假设条件或该实物期权与典型的股票期权相似）、复杂情况下的适用性较差
二叉树模型（替代）	比较灵活，适用于处理到期日前支付股利的期权、美式期权、多阶段期权、事实上不存在最后到期日的期权等复杂情况	计算不够精确

扩张期权

（1）概念

项目持有人未来可以扩大项目投资规模的选择权，是一项看涨期权

（2）计算（通常使用 BS 模型）

①总体思路

- Step1：计算不含期权的项目净现值
- Step2：利用 BS 模型计算扩张期权价值，关键在于分别确定 S_0、PV（X）和 N（d）
- Step3：计算含有期权的项目净现值，含有期权的项目净现值 = 不含期权的项目净现值 + 扩张期权价值

② S_0 的计算　S_0 是第二期项目未来现金流量的现值，而不是计算的净现值

在确定第二期项目未来现金流量的现值 S_0 时，由于投资项目是有风险的，未来现金流量具有不确定性，S_0 的折现率应使用考虑风险的投资人要求的必要报酬率

③ PV（X）的计算

在确定第二期项目投资额的现值 PV（X）时，由于项目所需要的投资额是确定的现金流量，在第二期开始前并未投入风险项目，PV（X）的折现率应使用无风险报酬率

④ N（d）的计算

根据 d 求 N（d）的数值时，可以查“正态分布下的累计概率［N（d）］”表。由于表格的数据是不连续的，N（d）的计算有时需要使用内插法求得更准确的数值。当 d 为负值时，对应的 N（d）=1−N（−d）

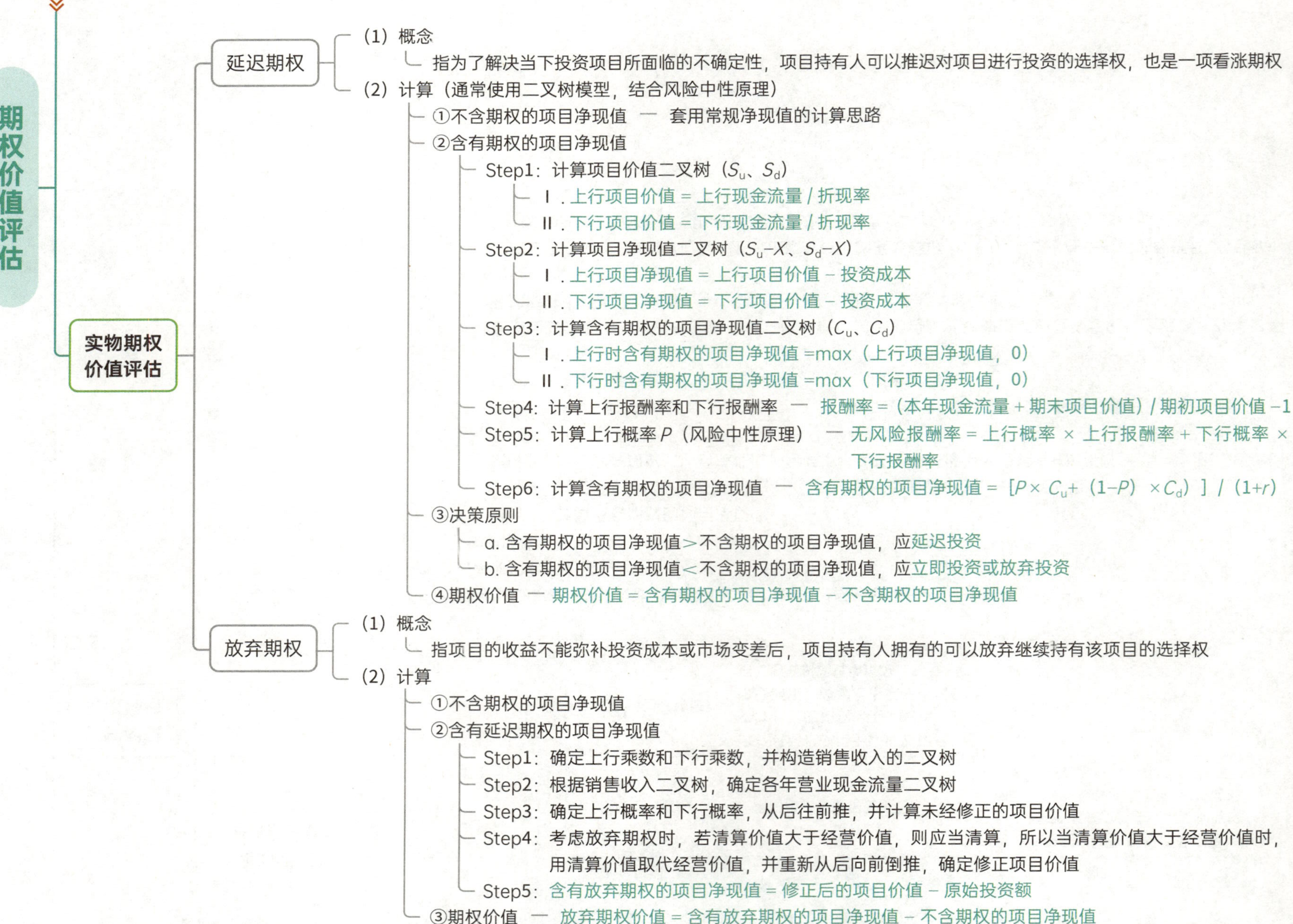
期权价值评估
实物期权价值评估
延迟期权
(1) 概念
指为了解决当下投资项目所面临的不确定性，项目持有人可以推迟对项目进行投资的选择权，也是一项看涨期权
(2) 计算（通常使用二叉树模型，结合风险中性原理）
①不含期权的项目净现值 — 套用常规净现值的计算思路
②含有期权的项目净现值
Step1：计算项目价值二叉树（S_u、S_d）
Ⅰ．上行项目价值 = 上行现金流量 / 折现率
Ⅱ．下行项目价值 = 下行现金流量 / 折现率
Step2：计算项目净现值二叉树（S_u-X、S_d-X）
Ⅰ．上行项目净现值 = 上行项目价值 − 投资成本
Ⅱ．下行项目净现值 = 下行项目价值 − 投资成本
Step3：计算含有期权的项目净现值二叉树（C_u、C_d）
Ⅰ．上行时含有期权的项目净现值 =max（上行项目净现值，0）
Ⅱ．下行时含有期权的项目净现值 =max（下行项目净现值，0）
Step4：计算上行报酬率和下行报酬率 — 报酬率 =（本年现金流量 + 期末项目价值）/ 期初项目价值 −1
Step5：计算上行概率 P（风险中性原理） — 无风险报酬率 = 上行概率 × 上行报酬率 + 下行概率 × 下行报酬率
Step6：计算含有期权的项目净现值 — 含有期权的项目净现值 = $[P\times C_u+(1-P)\times C_d]/(1+r)$
③决策原则
a. 含有期权的项目净现值 > 不含期权的项目净现值，应延迟投资
b. 含有期权的项目净现值 < 不含期权的项目净现值，应立即投资或放弃投资
④期权价值 — 期权价值 = 含有期权的项目净现值 − 不含期权的项目净现值
放弃期权
(1) 概念
指项目的收益不能弥补投资成本或市场变差后，项目持有人拥有的可以放弃继续持有该项目的选择权
(2) 计算
①不含期权的项目净现值
②含有延迟期权的项目净现值
Step1：确定上行乘数和下行乘数，并构造销售收入的二叉树
Step2：根据销售收入二叉树，确定各年营业现金流量二叉树
Step3：确定上行概率和下行概率，从后往前推，并计算未经修正的项目价值
Step4：考虑放弃期权时，若清算价值大于经营价值，则应当清算，所以当清算价值大于经营价值时，用清算价值取代经营价值，并重新从后向前倒推，确定修正项目价值
Step5：含有放弃期权的项目净现值 = 修正后的项目价值 − 原始投资额
③期权价值 — 放弃期权价值 = 含有放弃期权的项目净现值 − 不含期权的项目净现值

笔记区

第七章 企业价值评估 （考8分）

企业价值评估

企业价值评估的对象

企业的整体价值

（1）整体不是各部分的简单相加

（2）整体价值来源于要素的结合方式

（3）部分只有在整体中才能体现出其价值

企业的经济价值

（1）含义：一项资产的公平市场价值，通常用该资产所产生的未来现金流量的现值来计量（不是会计价值，也不是现时市场价值）

（2）不同价值指标及区别

- ①会计价值：账面价值，多采用历史成本，没有关注未来
- ②现时市场价值：按现时市场价格计量的资产价值，可能公平，也可能不公平
- ③公平市场价值：公允价值，指市场参与者在计量日发生的有序交易中，出售一项资产所能收到或者转移一项负债所需支付的价格，通常用未来现金流量现值进行计量

企业整体经济价值的类别

（1）实体价值与股权价值

- ①实体价值：企业全部资产的总体价值，企业实体价值 = 股权价值 + 净负债价值
- ②股权价值：股权的公平市场价值，而非所有者权益的会计价值（账面价值）

（2）持续经营价值与清算价值

- ①持续经营价值：由营业所产生的未来现金流量的现值
- ②清算价值：停止经营，出售资产产生的现金流

企业的公平市场价值，应当是二者中较高者

（3）少数股权价值与控股权价值

- ①少数股权价值
  - a. 股票市场上交易的是少数股权，我们看到的股价，通常只是少数已经交易的股票价格，它们衡量的是少数股权的价值
  - b. 少数股权市场：交易的是少数股权代表的未来现金流量
- ②控股权价值
  - a. 买入企业的控股权，投资者获得改变企业生产经营方式的充分自由，或许还能增加企业的价值
  - b. 获得控股权，不仅意味着取得了未来现金流量的索取权，而且同时也获得了改组企业的特权
  - c. 控股权市场：交易的是企业控股权代表的未来现金流量
- ③控股权溢价 = V（新的）$-V$（当前）
  - a. 从少数股权投资者来看，V（当前）是企业股票的公平市场价值。它是现有管理和战略条件下企业能够给股票投资人带来的现金流量现值
  - b. 对于谋求控股权的投资者来说，V（新的）是企业股票的公平市场价值。它是企业进行重组，

- c. 新的价值与当前价值的差额称为控股权溢价，它是由于转变控股权而增加的价值
- ④企业股权价值≠少数股权价值 + 控股权价值
  - a. 少数股权价值与控股权价值，均属于企业股权价值，只是所站角度不同，导致企业股权价值有不同的体现方式
  - b. 从少数股权投资者来看，企业股权价值 = 少数股权价值
  - c. 从谋求控制权的投资者来看，企业股权价值 = 控股权价值

企业价值评估的方法 — 现金流量折现模型

- (1) 基础模型：×× 价值 = $\sum_{t=1}^{n}\frac{××现金流量_t}{(1+资本成本)^t}$
  - ①现金流量
    - a. 股利现金流量
    - b. 股权现金流量
    - c. 实体现金流量
  - ②资本成本：为折现率，和现金流量要匹配
    - a. 股权资本成本—股利现金流量和股权现金流量
    - b. 加权平均资本成本—实体现金流量
  - ③时间序列 n
    - a. 第一阶段：详细预测期 / 预测期，在此期间需要对每年的现金流量进行详细预测
    - b. 第二阶段：后续期 / 永续期，在此期间假设企业进入稳定状态，有一个稳定的增长率
- (2) 种类
  - ①股利现金流量模型：股权价值 = $\sum_{t=1}^{\infty}\frac{股利现金流量_t}{(1+股权资本成本)^t}$
  - ②股权现金流量模型：股权价值 = $\sum_{t=1}^{\infty}\frac{股权现金流量_t}{(1+股权资本成本)^t}$
    - 如果假设企业不保留多余的现金，而将股权现金流量全部作为股利发放，则股权现金流量等于股利现金流量，股权现金流量模型可以取代股利现金流量模型
  - ③实体现金流量模型：实体价值 = $\sum_{t=1}^{\infty}\frac{实体自由现金流量_t}{(1+加权平均资本成本)^t}$
    - 在实务中，大多使用实体现金流量模型，主要原因是股权成本受资本结构的影响较大，估计起来比较复杂
- (3) 现金流量折现模型的应用
  - ①股权现金流量模型
    - a. 永续增长模型：股权价值 = 下期股权现金流量 ÷（股权资本成本 - 永续增长率）
    - b. 两阶段增长模型：股权价值 = 预测期价值 + 后续期价值，后续期价值 =［股权现金流量 $_{m+1}$ ÷（股权资本成本 − 永续增长率）］×（P/F，i，m），m 表示预测期
  - ②实体现金流量模型
    - a. 永续增长模型：实体价值 = 下期实体现金流量 ÷（加权平均资本成本 - 永续增长率）
    - b. 两阶段增长模型：实体价值 = 预测期价值 + 后续期价值，后续期价值 =［实体现金流量 $_{m+1}$ ÷（加权平均资本成本 − 永续增长率）］×（P/F，i，m），m 表示预测期

企业价值评估的方法

相对价值评估模型

(1) 模型理解

- ①衡量的是目标企业的相对价值，而非目标企业的内在价值
- ②在估值时，目标企业本期数据必须要乘以可比企业本期 ×× 率，目标企业预期数据必须要乘以可比企业预期 ×× 率

(2) 市盈率模型

- ①基本模型
  - a. $\frac{\text{目标企业每股价值}}{\text{目标企业每股收益}} = \text{市盈率} = \frac{\text{可比企业每股市价}}{\text{可比企业每股收益}}$
  - b. 目标企业每股价值 = 市盈率 × 目标企业每股收益
- ②计算公式
  - a. 本期市盈率（静态市盈率）= 股利支付率 ×（1+ 增长率）÷（股权资本成本 − 增长率）
  - b. 内在市盈率（动态市盈率）= 股利支付率 /（股权资本成本 − 增长率）
- ③驱动因素：企业的增长潜力、股利支付率和风险（股权资本成本）
- ④评价
  - a. 优点
    - Ⅰ. 数据容易取得，并且计算简单
    - Ⅱ. 市盈率把价格和收益联系起来，直观地反映投入和产出的关系
    - Ⅲ. 市盈率涵盖了风险、增长率、股利支付率的影响，具有很高的综合性
  - b. 缺点 — 如果收益是 0 或负值，市盈率就失去了意义
  - c. 适用范围 — 最适合连续盈利的企业

(3) 市净率模型

- ①基本模型
  - a. $\frac{\text{目标企业每股价值}}{\text{目标企业每股净资产}} = \text{市净率} = \frac{\text{可比企业每股市价}}{\text{可比企业每股净资产}}$
  - b. 目标企业每股价值 = 市净率 × 目标企业每股净资产
- ②计算公式
  - a. 本期市净率 = 股利支付率 × 权益净利率 ×（1+ 增长率）÷（股权资本成本 − 增长率）
  - b. 内在市净率 = 股利支付率 × 权益净利率 ÷（股权资本成本 − 增长率）
- ③驱动因素：企业的权益净利率、增长潜力、股利支付率和风险（股权资本成本）
- ④评价
  - a. 优点
    - Ⅰ. 市净率极少为负值，可用于大多数企业
    - Ⅱ. 数据容易取得，且容易理解
    - Ⅲ. 净资产账面价值比净利稳定，也不像利润那样经常被人为操纵
    - Ⅳ. 如果会计标准合理且各企业会计政策一致，市净率的变化可以反映企业价值的变化

企业价值评估

b. 缺点

- Ⅰ. 账面价值受会计政策选择的影响，继而影响市净率的可比性
- Ⅱ. 固定资产很少的服务性企业和高科技企业，净资产与企业价值的关系不大，市净率的比较没有实际意义
- Ⅲ. 净资产为 0 或负值的企业无法采用

c. 适用范围 — 需要拥有大量资产、净资产为正值的企业

（4）市销率模型

①基本模型

a. $\frac{目标企业每股价值}{目标企业每股收入}=市销率=\frac{可比企业每股市价}{可比企业每股收入}$

b. 目标企业每股价值 = 市销率 × 目标企业每股收入

②计算公式

a. 本期市销率 = 股利支付率 × 营业净利率 × （1+ 增长率） ÷ （股权资本成本 − 增长率）

b. 内在市销率 = 股利支付率 × 营业净利率 ÷ （股权资本成本 − 增长率）

③驱动因素：企业的营业净利率、增长潜力、股利支付率和风险（股权资本成本）

④评价

a. 优点

- Ⅰ. 不会出现负值，亏损企业和资不抵债企业也可以使用
- Ⅱ. 比较稳定、可靠，不容易被操纵
- Ⅲ. 市销率对价格政策和企业战略变化敏感，可以反映这种变化的后果

b. 缺点 — 不能反映成本的变化，而成本是影响企业现金流量和价值的重要因素之一

c. 适用范围 — 销售成本率较低的服务类企业，或者销售成本率趋同的传统行业的企业

（5）修正模型一（单一影响因素差异）

①方法

a. 修正平均比率法（先平均后修正）

b. 股价平均法（先修正后平均）

②修正市盈率

a. 修正市盈率 = 可比企业市盈率 ÷ （可比企业预期增长率 × 100）

b. 目标企业每股价值 = 目标企业每股收益 × 目标企业预期增长率 × 100 × 修正市盈率

③修正市净率

a. 修正市净率 = 可比企业市净率 ÷ （可比企业预期权益净利率 × 100）

b. 目标企业每股价值 = 目标企业每股净资产 × 目标企业预期权益净利率 × 100 × 可比企业修正市净率

④修正市销率

a. 修正市销率 = 可比企业市销率 ÷ （可比企业预期销售净利率 × 100）

b. 目标企业每股价值 = 目标企业每股收入 × 目标企业预期销售净利率 × 100 × 可比企业修正市销率

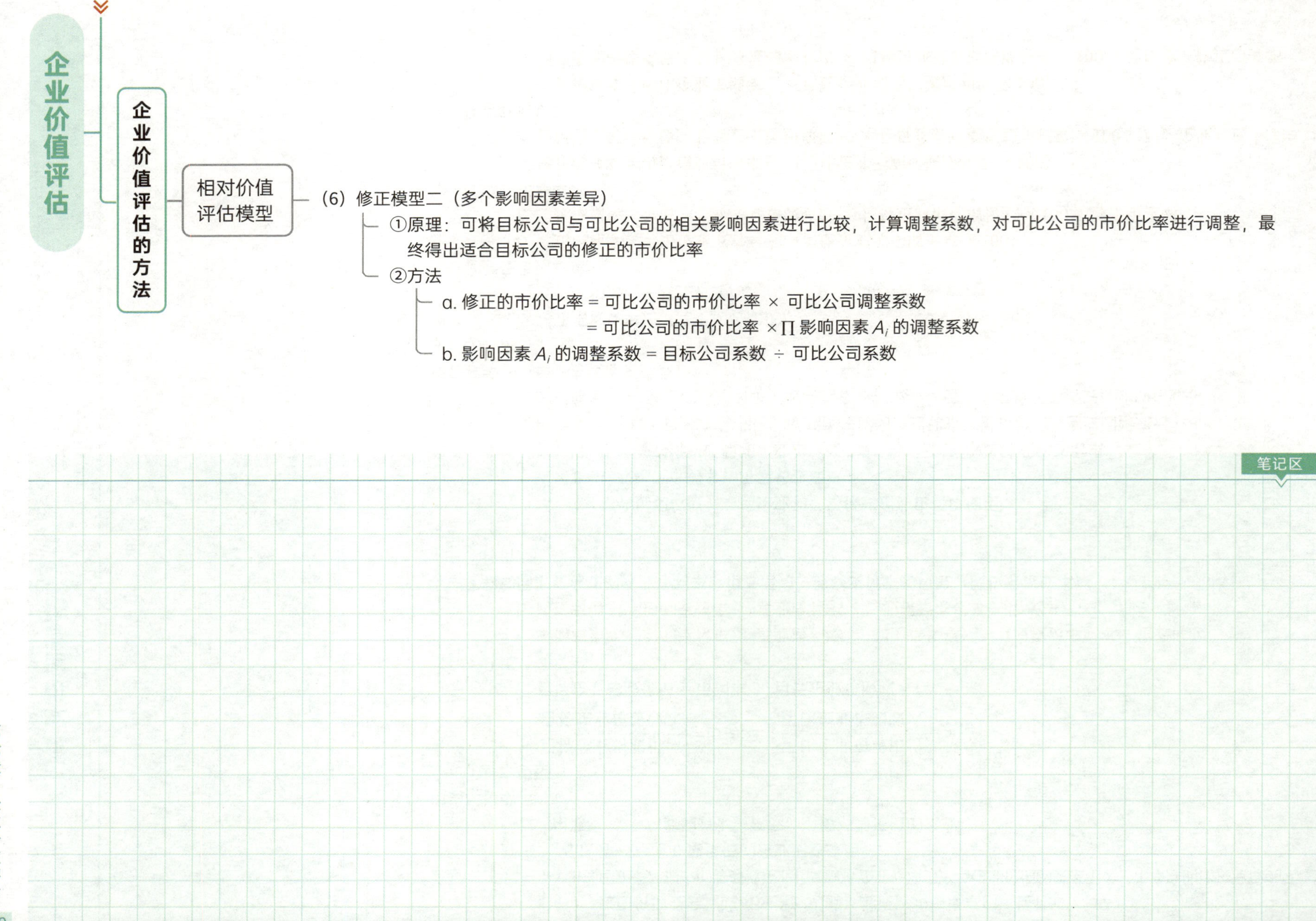

企业价值评估

企业价值评估的方法

相对价值评估模型

(6) 修正模型二（多个影响因素差异）

①原理：可将目标公司与可比公司的相关影响因素进行比较，计算调整系数，对可比公司的市价比率进行调整，最终得出适合目标公司的修正的市价比率

②方法

a. 修正的市价比率 = 可比公司的市价比率 × 可比公司调整系数

= 可比公司的市价比率 × $\prod$ 影响因素 A_i 的调整系数

b. 影响因素 A_i 的调整系数 = 目标公司系数 ÷ 可比公司系数

笔记区

资本结构理论

资本结构的 MM 理论

（1）基本假设 变

- ①经营风险可以用息税前利润的方差来衡量，经营风险相同的企业处于同一风险等级
- ②投资者等市场参与者对公司未来的收益和风险的预期是相同的
- ③资本市场是完善的，没有交易成本
- ④投资者可同企业一样以同等利率获得借款
- ⑤无论借债多少，企业及个人的负债均无风险，故负债利率为无风险利率
- ⑥投资者预期的 EBIT 不变，即假设企业的增长率为零，从而所有现金流量都是年金

（2）无税 MM 理论

在以下公式中，T 为企业所得税税率，D 表示有税有负债企业的债务价值。债务利息的抵税价值 $D \times T$ 又称为杠杆收益；PD 是支付的优先股股利

a. 命题 Ⅰ

Ⅰ. 在没有企业所得税的情况下，无税有负债企业的价值与无税无负债企业的价值相等，企业的资本结构与企业价值无关。其表达式为：$V_L^0=\dfrac{EBIT}{r_{WACC}^0}=V_U^0=\dfrac{EBIT}{r_{sU}^0}$

Ⅱ. 在没有企业所得税的情况下，企业加权平均资本成本与其资本结构无关，仅取决于企业的经营风险，无税有负债企业的加权平均资本成本与无税无负债企业的加权平均资本成本相等，即 $r_{WACC}^0=r_{sU}^0$

b. 命题 Ⅱ

无税有负债企业的权益资本成本随着财务杠杆（债务市值 / 股东权益市值）的提高而增加。无税有负债企业的权益资本成本等于无税无负债企业的权益资本成本加上与以市值计算的债务与股权比例成正比例的风险溢价。其表达式为：$r_{sL}^0=r_{sU}^0+$ 风险溢价 $=r_{sU}^0+(r_{sU}^0-r_d^0)\dfrac{D}{E}$

（3）有税 MM 理论

①命题 Ⅰ

$V_L^T=V_U^T+DT$

a. 有税有负债企业的价值等于具有相同经营风险等级的有税无负债企业的价值加上债务利息抵税收益的现值

b. 随着企业负债比例的提高，企业价值也随之提高，理论上全部融资来源于负债时，企业价值最大

②命题 Ⅱ

a. 有税有负债企业的权益资本成本等于具有相同经营风险等级的有税无负债企业的权益资本成本加上与以市值计算的债务与权益比例成比例的风险溢价，且风险溢价取决于有负债企业的债务比例以及企业所得税税率。其表达式为：$r_{sL}^T=r_{sU}^T+$ 风险溢价 $=r_{sU}^T+(r_{sU}^T-r_d^T)(1-T)\dfrac{D}{E}$

资本结构

b. 有税 MM 理论最显著的特征是债务利息抵税对企业价值的影响。在考虑企业所得税的条件下，企业使用债务筹资时所支付的利息成本中，有一部分被利息抵税所抵销，使实际债务利息成本为$r_d^T(1-T)$，此时有税有负债企业的加权平均资本成本随着债务筹资比例的增加而降低。$r_{WACC}^T=\frac{D}{D+E}r_d^T(1-T)+\frac{E}{D+E}r_{sL}^T=\frac{D}{D+E}r_d^T+\frac{E}{D+E}r_{sL}^T-\frac{D}{D+E}r_d^T T$

(4) 无税 MM 理论和有税 MM 理论的对比

项目	随着负债比例的不断上升	
	无税MM理论	有税MM理论
企业价值	不变	上升
加权平均资本成本	不变	降低
负债资本成本	不变（无风险利率）	不变（税后无风险利率）
股权资本成本	上升（幅度大）	上升（幅度小，因为考虑了所得税的影响）

(5) 哈马达模型 新

①在考虑企业所得税的 MM 理论的基础上结合资本资产定价模型提出了哈马达模型

② $\beta_{sL}^T=\beta_{sU}^T\times[1+(1-T)\frac{D}{E}]$

其中：β_{sL}^T表示有税有负债企业的权益资本 β 系数；β_{sU}^T表示有税无负债企业的权益资本 β 系数；T表示企业所得税税率；D表示有税有负债企业的债务价值；E表示有税有负债企业的权益价值

③与资本资产定价模型相比，哈马达模型将权益资本承担的系统风险分为经营风险和财务风险

④该模型能更好地解释资本结构对权益资本成本的影响

(6) 米勒模型 新

①同时考虑企业所得税和个人所得税的资本结构理论模型

② $V_L^{Tt}=V_U^{Tt}+D^{Tt}[1-\frac{(1-T_C)(1-T_E)}{1-T_D}]$

其中：V_L^{Tt}表示有企业所得税、有个人所得税、有负债企业的价值；V_U^{Tt}表示有企业所得税、有个人所得税、无负债企业的价值；D^{Tt}表示有企业所得税、有个人所得税、有负债企业的债务价值；T_C为企业所得税税率；T_E为股东个人所得税税率；T_D为债权人个人所得税税率。

式中，$D^{Tt}[1-\frac{(1-T_C)(1-T_E)}{1-T_D}]$代表负债的节税价值

③如果 $T_C=T_E=T_D=0$，即无税 MM 理论

④如果 $T_E=T_D=0$，即考虑企业所得税的 MM 理论

⑤如果 $T_E=T_D$，节税价值与考虑企业所得税的 MM 理论相同

⑥如果 $(1-T_C)\times(1-T_E)=1-T_D$，有负债企业价值等于无负债企业价值，意味着负债的节税价值正好被个人所得税抵销，财务杠杆不发挥任何效应

⑦如果 $T_E<T_D$，来自债务的节税收益就会减少；如果 $T_E>T_D$，来自债务的节税收益就会增加

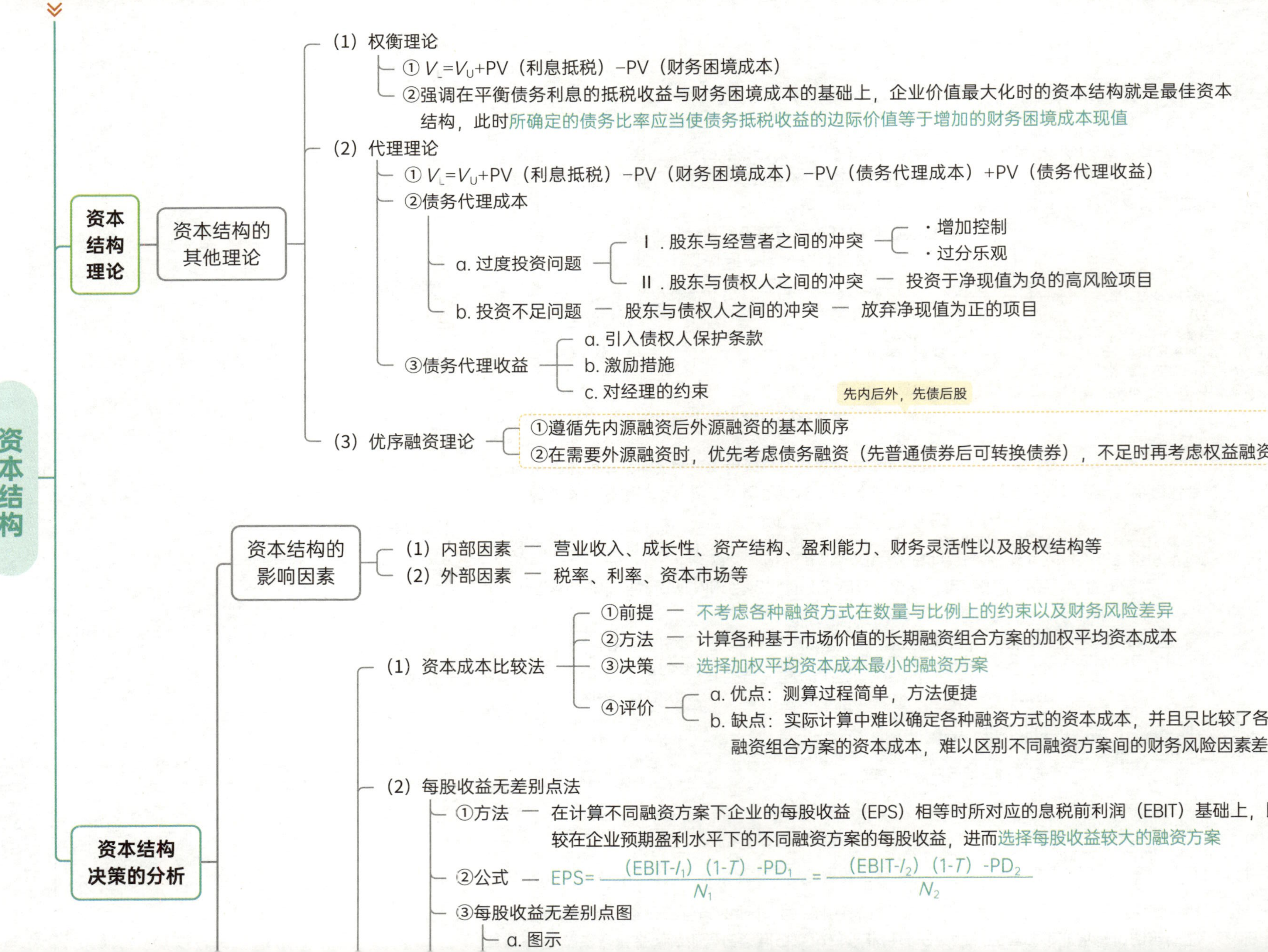
资本结构
资本结构理论
资本结构的其他理论
（1）权衡理论
① $V_L=V_U$+PV（利息抵税）−PV（财务困境成本）
②强调在平衡债务利息的抵税收益与财务困境成本的基础上，企业价值最大化时的资本结构就是最佳资本结构，此时所确定的债务比率应当使债务抵税收益的边际价值等于增加的财务困境成本现值
（2）代理理论
① $V_L=V_U$+PV（利息抵税）−PV（财务困境成本）−PV（债务代理成本）+PV（债务代理收益）
②债务代理成本
a. 过度投资问题
Ⅰ. 股东与经营者之间的冲突
· 增加控制
· 过分乐观
Ⅱ. 股东与债权人之间的冲突 — 投资于净现值为负的高风险项目
b. 投资不足问题 — 股东与债权人之间的冲突 — 放弃净现值为正的项目
③债务代理收益
a. 引入债权人保护条款
b. 激励措施
c. 对经理的约束
先内后外，先债后股
（3）优序融资理论
①遵循先内源融资后外源融资的基本顺序
②在需要外源融资时，优先考虑债务融资（先普通债券后可转换债券），不足时再考虑权益融资
资本结构决策的分析
资本结构的影响因素
（1）内部因素 — 营业收入、成长性、资产结构、盈利能力、财务灵活性以及股权结构等
（2）外部因素 — 税率、利率、资本市场等
（1）资本成本比较法
①前提 — 不考虑各种融资方式在数量与比例上的约束以及财务风险差异
②方法 — 计算各种基于市场价值的长期融资组合方案的加权平均资本成本
③决策 — 选择加权平均资本成本最小的融资方案
④评价
a. 优点：测算过程简单，方法便捷
b. 缺点：实际计算中难以确定各种融资方式的资本成本，并且只比较了各种融资组合方案的资本成本，难以区别不同融资方案间的财务风险因素差异
（2）每股收益无差别点法
①方法 — 在计算不同融资方案下企业的每股收益（EPS）相等时所对应的息税前利润（EBIT）基础上，比较在企业预期盈利水平下的不同融资方案的每股收益，进而选择每股收益较大的融资方案
②公式 — $EPS=\frac{(EBIT-I_1)(1-T)-PD_1}{N_1}=\frac{(EBIT-I_2)(1-T)-PD_2}{N_2}$
③每股收益无差别点图
a. 图示

资本结构决策的分析方法

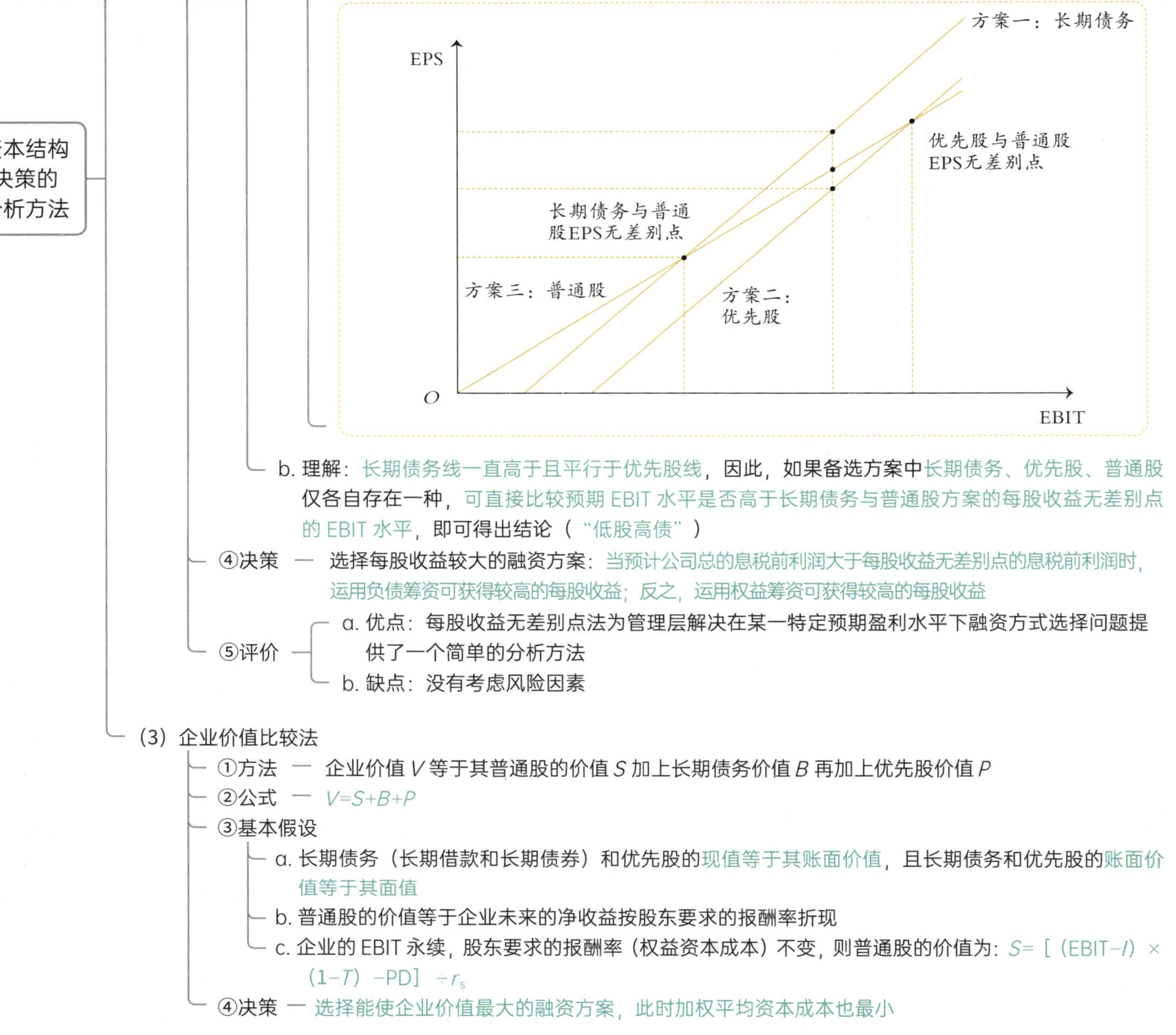

b. 理解：长期债务线一直高于且平行于优先股线，因此，如果备选方案中长期债务、优先股、普通股仅各自存在一种，可直接比较预期 EBIT 水平是否高于长期债务与普通股方案的每股收益无差别点的 EBIT 水平，即可得出结论（“低股高债”）

④决策 — 选择每股收益较大的融资方案：当预计公司总的息税前利润大于每股收益无差别点的息税前利润时，运用负债筹资可获得较高的每股收益；反之，运用权益筹资可获得较高的每股收益

⑤评价
- a. 优点：每股收益无差别点法为管理层解决在某一特定预期盈利水平下融资方式选择问题提供了一个简单的分析方法
- b. 缺点：没有考虑风险因素

（3）企业价值比较法

①方法 — 企业价值 V 等于其普通股的价值 S 加上长期债务价值 B 再加上优先股价值 P

②公式 — $V=S+B+P$

③基本假设
- a. 长期债务（长期借款和长期债券）和优先股的现值等于其账面价值，且长期债务和优先股的账面价值等于其面值
- b. 普通股的价值等于企业未来的净收益按股东要求的报酬率折现
- c. 企业的 EBIT 永续，股东要求的报酬率（权益资本成本）不变，则普通股的价值为：$S=[(EBIT-I)\times(1-T)-PD]\div r_s$

④决策 — 选择能使企业价值最大的融资方案，此时加权平均资本成本也最小

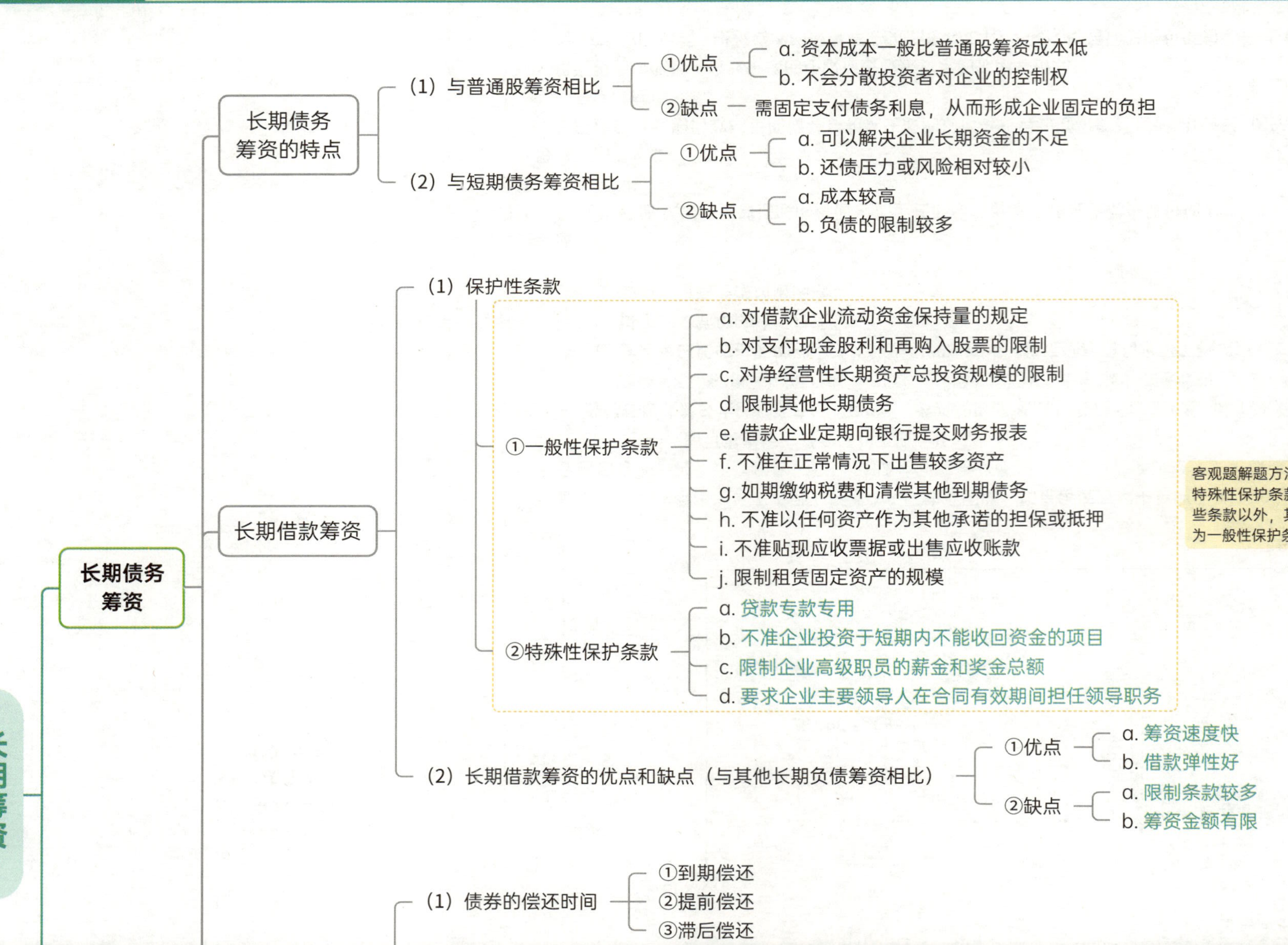
长期筹资
长期债务筹资
长期债务筹资的特点
(1) 与普通股筹资相比
①优点
a. 资本成本一般比普通股筹资成本低
b. 不会分散投资者对企业的控制权
②缺点 — 需固定支付债务利息，从而形成企业固定的负担
(2) 与短期债务筹资相比
①优点
a. 可以解决企业长期资金的不足
b. 还债压力或风险相对较小
②缺点
a. 成本较高
b. 负债的限制较多
长期借款筹资
(1) 保护性条款
①一般性保护条款
a. 对借款企业流动资金保持量的规定
b. 对支付现金股利和再购入股票的限制
c. 对净经营性长期资产总投资规模的限制
d. 限制其他长期债务
e. 借款企业定期向银行提交财务报表
f. 不准在正常情况下出售较多资产
g. 如期缴纳税费和清偿其他到期债务
h. 不准以任何资产作为其他承诺的担保或抵押
i. 不准贴现应收票据或出售应收账款
j. 限制租赁固定资产的规模
②特殊性保护条款
a. 贷款专款专用
b. 不准企业投资于短期内不能收回资金的项目
c. 限制企业高级职员的薪金和奖金总额
d. 要求企业主要领导人在合同有效期间担任领导职务
客观题解题方法：记住特殊性保护条款，除这些条款以外，其他通常为一般性保护条款
(2) 长期借款筹资的优点和缺点（与其他长期负债筹资相比）
①优点
a. 筹资速度快
b. 借款弹性好
②缺点
a. 限制条款较多
b. 筹资金额有限
(1) 债券的偿还时间
①到期偿还
②提前偿还
③滞后偿还

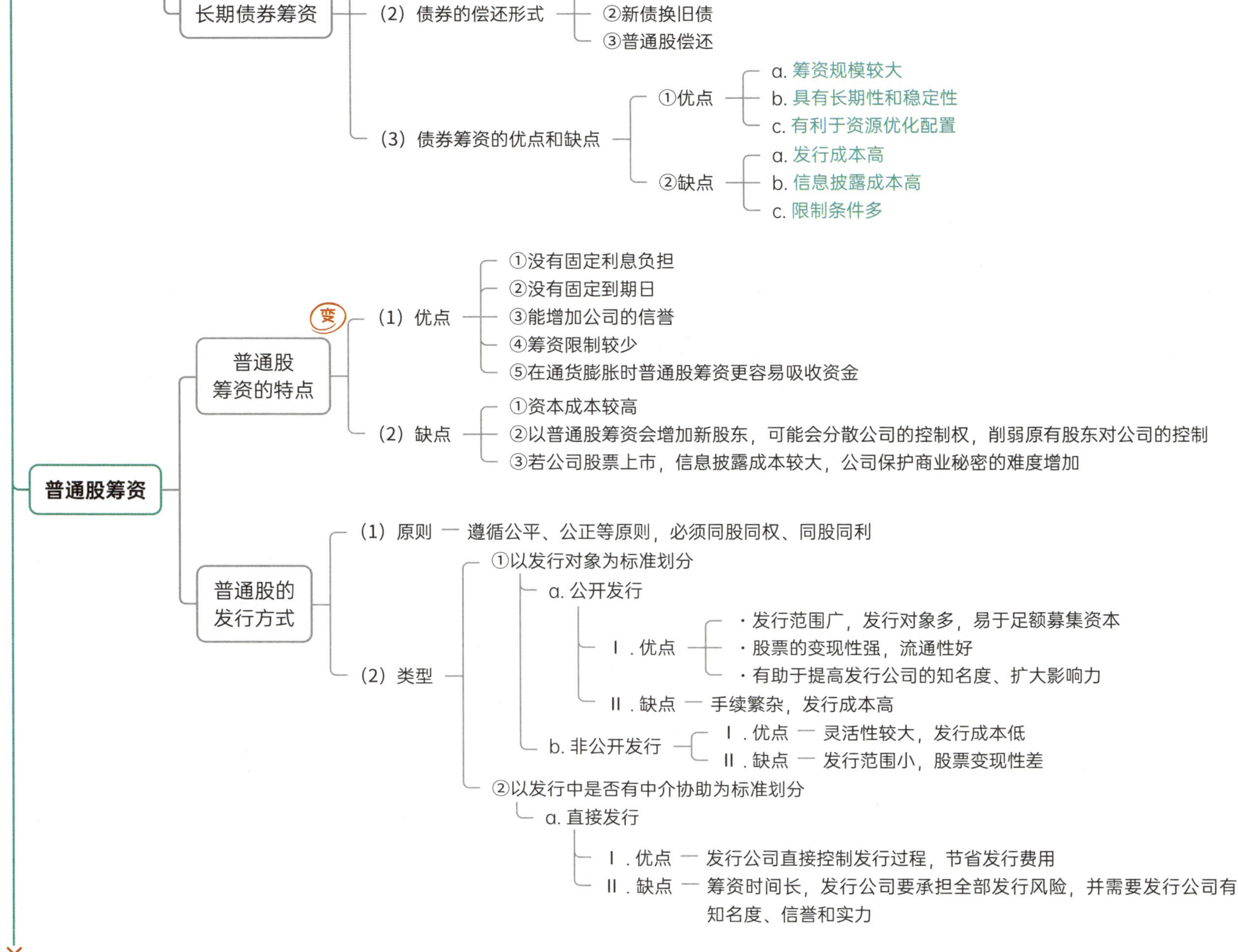
长期债券筹资
（2）债券的偿还形式
①现金偿还（最为常见）
②新债换旧债
③普通股偿还
（3）债券筹资的优点和缺点
①优点
a. 筹资规模较大
b. 具有长期性和稳定性
c. 有利于资源优化配置
②缺点
a. 发行成本高
b. 信息披露成本高
c. 限制条件多
普通股筹资
普通股筹资的特点
变
（1）优点
①没有固定利息负担
②没有固定到期日
③能增加公司的信誉
④筹资限制较少
⑤在通货膨胀时普通股筹资更容易吸收资金
（2）缺点
①资本成本较高
②以普通股筹资会增加新股东，可能会分散公司的控制权，削弱原有股东对公司的控制
③若公司股票上市，信息披露成本较大，公司保护商业秘密的难度增加
普通股的发行方式
（1）原则 — 遵循公平、公正等原则，必须同股同权、同股同利
（2）类型
①以发行对象为标准划分
a. 公开发行
Ⅰ. 优点
· 发行范围广，发行对象多，易于足额募集资本
· 股票的变现性强，流通性好
· 有助于提高发行公司的知名度、扩大影响力
Ⅱ. 缺点 — 手续繁杂，发行成本高
b. 非公开发行
Ⅰ. 优点 — 灵活性较大，发行成本低
Ⅱ. 缺点 — 发行范围小，股票变现性差
②以发行中是否有中介协助为标准划分
a. 直接发行
Ⅰ. 优点 — 发行公司直接控制发行过程，节省发行费用
Ⅱ. 缺点 — 筹资时间长，发行公司要承担全部发行风险，并需要发行公司有较高的知名度、信誉和实力

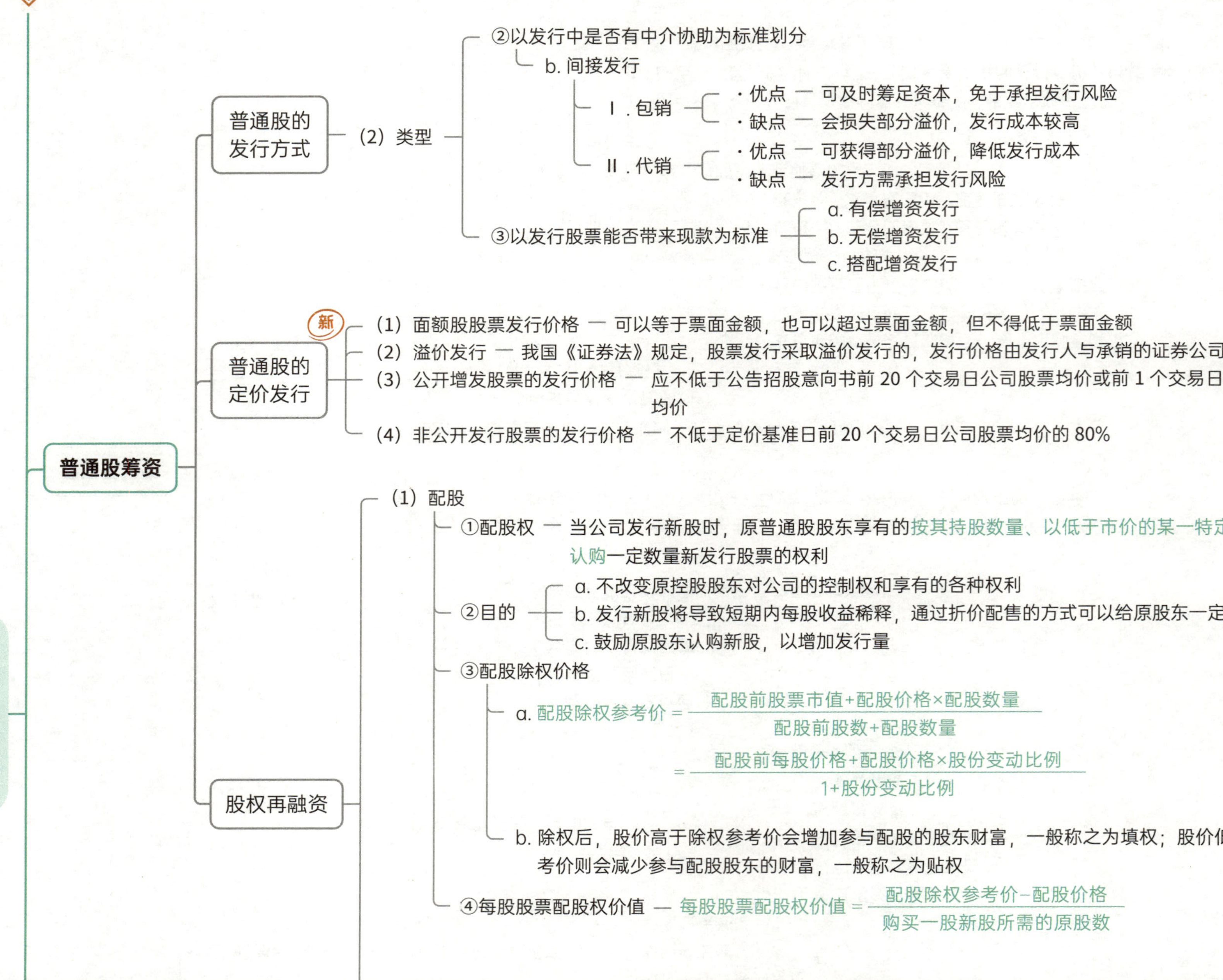

长期筹资

- 普通股筹资
  - 普通股的发行方式
    - （2）类型
      - ②以发行中是否有中介协助为标准划分
        - b. 间接发行
          - Ⅰ. 包销
            - · 优点 — 可及时筹足资本，免于承担发行风险
            - · 缺点 — 会损失部分溢价，发行成本较高
          - Ⅱ. 代销
            - · 优点 — 可获得部分溢价，降低发行成本
            - · 缺点 — 发行方需承担发行风险
      - ③以发行股票能否带来现款为标准
        - a. 有偿增资发行
        - b. 无偿增资发行
        - c. 搭配增资发行
  - 普通股的定价发行（新）
    - （1）面额股股票发行价格 — 可以等于票面金额，也可以超过票面金额，但不得低于票面金额
    - （2）溢价发行 — 我国《证券法》规定，股票发行采取溢价发行的，发行价格由发行人与承销的证券公司协商确定
    - （3）公开增发股票的发行价格 — 应不低于公告招股意向书前 20 个交易日公司股票均价或前 1 个交易日的公司股票均价
    - （4）非公开发行股票的发行价格 — 不低于定价基准日前 20 个交易日公司股票均价的 80%
  - 股权再融资
    - （1）配股
      - ①配股权 — 当公司发行新股时，原普通股股东享有的按其持股数量、以低于市价的某一特定价格优先认购一定数量新发行股票的权利
      - ②目的
        - a. 不改变原控股股东对公司的控制权和享有的各种权利
        - b. 发行新股将导致短期内每股收益稀释，通过折价配售的方式可以给原股东一定的补偿
        - c. 鼓励原股东认购新股，以增加发行量
      - ③配股除权价格
        - a. 配股除权参考价 $=\dfrac{\text{配股前股票市值}+\text{配股价格}\times\text{配股数量}}{\text{配股前股数}+\text{配股数量}}=\dfrac{\text{配股前每股价格}+\text{配股价格}\times\text{股份变动比例}}{1+\text{股份变动比例}}$
        - b. 除权后，股价高于除权参考价会增加参与配股的股东财富，一般称之为填权；股价低于除权参考价则会减少参与配股股东的财富，一般称之为贴权
      - ④每股股票配股权价值 — 每股股票配股权价值 $=\dfrac{\text{配股除权参考价}-\text{配股价格}}{\text{购买一股新股所需的原股数}}$

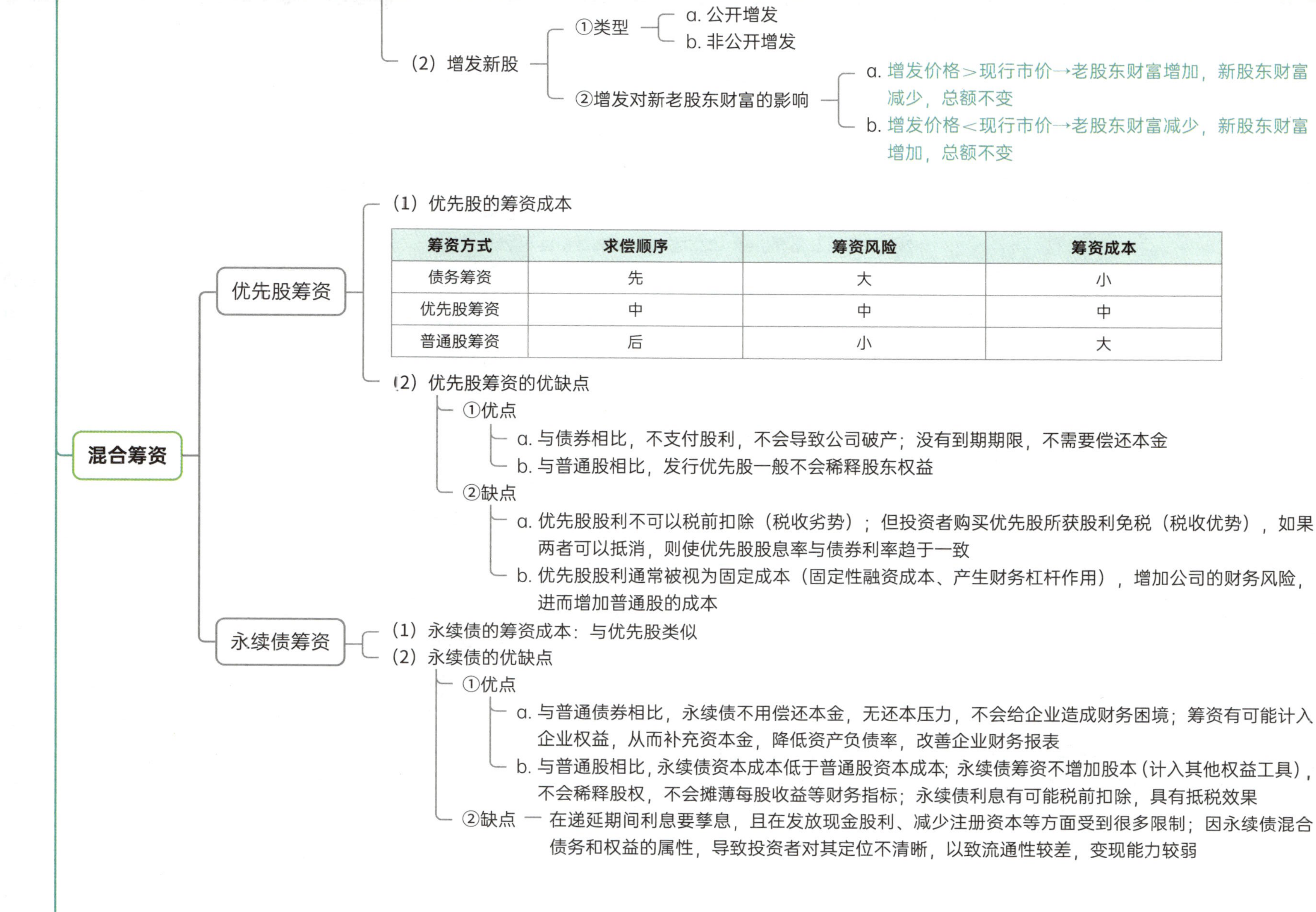

- (2) 增发新股
  - ①类型
    - a. 公开增发
    - b. 非公开增发
  - ②增发对新老股东财富的影响
    - a. 增发价格＞现行市价→老股东财富增加，新股东财富减少，总额不变
    - b. 增发价格＜现行市价→老股东财富减少，新股东财富增加，总额不变

混合筹资

- 优先股筹资
  - (1) 优先股的筹资成本

筹资方式	求偿顺序	筹资风险	筹资成本
债务筹资	先	大	小
优先股筹资	中	中	中
普通股筹资	后	小	大

  - (2) 优先股筹资的优缺点
    - ①优点
      - a. 与债券相比，不支付股利，不会导致公司破产；没有到期期限，不需要偿还本金
      - b. 与普通股相比，发行优先股一般不会稀释股东权益
    - ②缺点
      - a. 优先股股利不可以税前扣除（税收劣势）；但投资者购买优先股所获股利免税（税收优势），如果两者可以抵消，则使优先股股息率与债券利率趋于一致
      - b. 优先股股利通常被视为固定成本（固定性融资成本、产生财务杠杆作用），增加公司的财务风险，进而增加普通股的成本
- 永续债筹资
  - (1) 永续债的筹资成本：与优先股类似
  - (2) 永续债的优缺点
    - ①优点
      - a. 与普通债券相比，永续债不用偿还本金，无还本压力，不会给企业造成财务困境；筹资有可能计入企业权益，从而补充资本金，降低资产负债率，改善企业财务报表
      - b. 与普通股相比，永续债资本成本低于普通股资本成本；永续债筹资不增加股本（计入其他权益工具），不会稀释股权，不会摊薄每股收益等财务指标；永续债利息有可能税前扣除，具有抵税效果
    - ②缺点 — 在递延期间利息要孳息，且在发放现金股利、减少注册资本等方面受到很多限制；因永续债混合债务和权益的属性，导致投资者对其定位不清晰，以致流通性较差，变现能力较弱

长期筹资

混合筹资

附认股权证债券筹资

(1) 认股权证与股票看涨期权

- ①相同点
  - a. 均以股票为标的资产，其价值随股票价格变动
  - b. 均在到期前可以选择执行或不执行，具有选择权
  - c. 均有一个固定的执行价格
- ②区别

项目	认股权证	股票看涨期权
期限	期限长，可以长达 10 年，甚至更长	期限短，通常只有几个月
估值模型	不能假设有效期限内不分红，不能应用 BS 模型估价	适用 BS 模型估价
股票来源	新发股票	二级市场
稀释问题	当认股权执行时，需要新发股票，稀释每股收益和股权	标准化的期权合约，在行权时根本不涉及股票交易，不存在稀释问题
股票交易	涉及股票交易	结清价差，不涉及股票交易

(2) 分类

本节附认股权证债券默认的是分离型和现金汇入型

- ①按能否分离交易分类
  - a. 分离型：认股权证与公司债券可以分开，单独在流通市场上自由买卖
  - b. 非分离型：认股权证无法与公司债券分开，两者存续期限一致，同时流通转让
- ②按认购方式分类
  - a. 现金汇入型：当持有人行使认股权利时，必须再拿出现金来认购股票
  - b. 抵缴型：公司债票面金额本身可按一定比例直接转股

(3) 评价

- ①优点
  - a. 可以起到一次发行、两次（发行债券、发行股票）融资的作用
  - b. 可以有效降低融资成本，代价是潜在的股权稀释
- ②缺点
  - a. 灵活性较差（相对于可转换债券）
  - b. 股票价格可能会大大超过执行价格，原股东也会受到较大损失
  - c. 承销费用通常高于债务融资
- ③适用性 — 高速增长的小公司，有较高的风险，直接发行债券需要较高的票面利率
- ④本质 — 为了低成本发行债券，附带期权

(4) 筹资成本

- ①附认股权证债券的税前资本成本的估计
  - 投资人的内含报酬率，即使得“债券利息现值 + 到期面值现值 + 每份债券附认股权证的行权净流入的现值 = 购买价格”的折现率
- ②附认股权证债券的税前资本成本的合理区间（必须处在债务市场利率和税前普通股成本之间）
  - a. 低于等风险普通债券市场利率，则投资者不接受，因为认股权证和债券组合的风险大于直接债务投资
  - b. 高于税前普通股成本，则发行人不接受，因为这样还不如直接增发新股

可转换债券筹资

(1) 主要条款

- ①可转换性
  - a. 负债转换为普通股，不增加额外的资本
  - b. 是一种期权，证券持有人可以选择转换，也可以选择不转换而继续持有债券
- ②转换价格 — 转换发生时投资者为取得普通股每股所支付的实际价格
- ③转换比率
  - a. 将一份债券转换成普通股可获得的普通股股数
  - b. 转换比率 = 债券面值 ÷ 转换价格
- ④转换期 — 可转换债券转换为股份的起始日至结束日的期间，可以与债券期限相同，也可以短于债券期限
- ⑤赎回条款（加速条款）
  - a. 不可赎回期：目的是保护债券持有人的利益，防止发行企业通过滥用赎回权，促使债券持有人尽早转换债券
  - b. 赎回期：在不可赎回期结束之后
  - c. 赎回价格：一般高于可转换债券的面值，两者之差为赎回溢价，赎回溢价随债券到期日的临近而减少
  - d. 赎回条件：对可转换债券发行公司赎回债券的情况要求
- ⑥回售条款
  - a. 股价达到某种程度时，债券持有人有权按照约定的价格将可转换债券卖给发行公司
  - b. 目的是保护债券投资人的利益，以降低投资风险，使投资者具有安全感，有利于吸引投资者
- ⑦强制性转换条款
  - a. 在某些条件具备之后，债券持有人必须将可转换债券转换为股票
  - b. 目的是保证可转换债券顺利地转换成股票，实现发行公司扩大权益筹资的目的

总结：
不可赎回期和回售条款有利于投资人；
赎回条款和强制性转换条款有利于发行人

长期筹资

混合筹资

可转换债券筹资

(2) 评价

- ①优点
  - a. 与普通债券相比：可转换债券使得公司能够以较低的利率取得资金
  - b. 与普通股相比：可转换债券使得公司取得了以高于当前股价的价格出售普通股的可能性
- ②缺点
  - a. 股价上涨风险：如果转换时股价大幅上涨，公司只能以较低的固定转换价格转股，会降低股权筹资额
  - b. 股价低迷风险
    - Ⅰ. 若股价没有达到转股所需水平，公司只能继续承担债务
    - Ⅱ. 订有回售条款时，短期偿债压力更明显
    - Ⅲ. 如果发行目的是筹集权益资本，股价低迷会使该目的无法实现
  - c. 筹资成本高于普通债券

(3) 可转换债券与附认股权证债券的区别

项目	可转换债券	附认股权证债券
资本变化	转换时不增加新资本	认购股份时增加新资本
灵活性	灵活性强	灵活性差
适用情况	目的是发行股票，只是当前股价偏低，通过转股实现较高的发行价	目的是发行债券，只是利率偏高，希望捆绑期权以较低利率吸引投资者
发行费用	承销费用类似纯债券	承销费用介于债务与普通股之间
债务现金流	从发行开始到转换截止	认购不会改变债务现金流，现金流从发行开始，到债券到期日止

(4) 可转换债券的价值评估

- ①纯债券价值
  - a. 是不考虑转股权的可转换公司债券价值
  - b. 纯债券价值 = 未来利息现值 + 本金现值 折现率应使用等风险普通债券的市场利率
- ②转换价值
  - a. 是可转换债券立即转换为普通股产生的净收入
  - b. 转换价值 = 股价 × 转换比例
- ③底线价值 — 是可转换债券的最低价值，应当是纯债券价值和转换价值两者中的较高者
- ④时间价值 — 是寄希望于标的股票价格变化而产生的价值，可以增加可转换债券的价值
- ⑤赎回价值 — 是赎回期的赎回价格
- ⑥市场价值
  - a. 在不可赎回期：市场价值 = 底线价值 + 时间溢价
  - b. 在可赎回期：市场价值为底线价值和赎回价值中的较高者

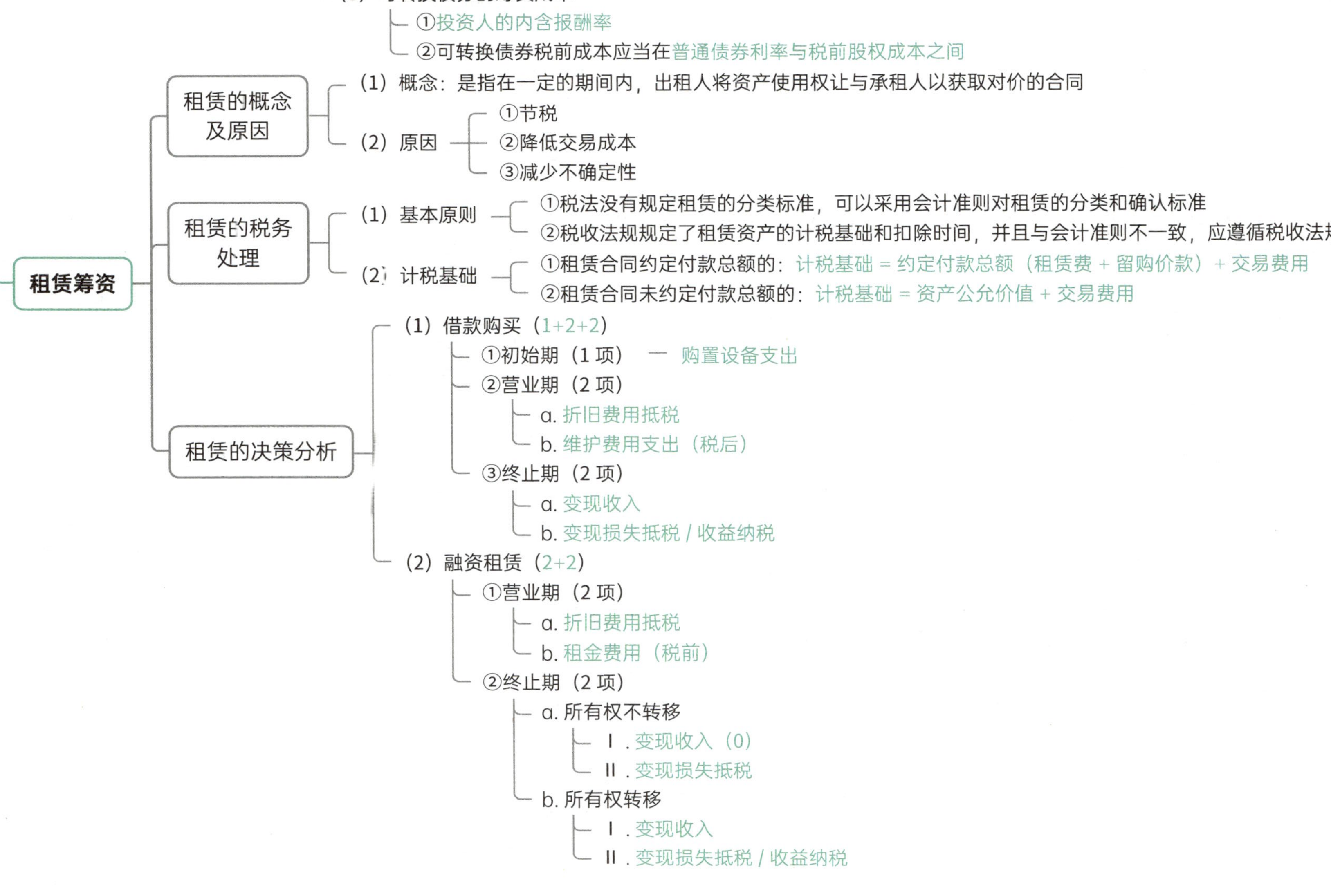
(5) 可转换债券的筹资成本
①投资人的内含报酬率
②可转换债券税前成本应当在普通债券利率与税前股权成本之间
租赁筹资
租赁的概念及原因
(1) 概念：是指在一定的期间内，出租人将资产使用权让与承租人以获取对价的合同
(2) 原因
①节税
②降低交易成本
③减少不确定性
租赁的税务处理
(1) 基本原则
①税法没有规定租赁的分类标准，可以采用会计准则对租赁的分类和确认标准
②税收法规规定了租赁资产的计税基础和扣除时间，并且与会计准则不一致，应遵循税收法规
(2) 计税基础
①租赁合同约定付款总额的：计税基础 = 约定付款总额（租赁费 + 留购价款）+ 交易费用
②租赁合同未约定付款总额的：计税基础 = 资产公允价值 + 交易费用
租赁的决策分析
(1) 借款购买（1+2+2）
①初始期（1 项）
购置设备支出
②营业期（2 项）
a. 折旧费用抵税
b. 维护费用支出（税后）
③终止期（2 项）
a. 变现收入
b. 变现损失抵税 / 收益纳税
(2) 融资租赁（2+2）
①营业期（2 项）
a. 折旧费用抵税
b. 租金费用（税前）
②终止期（2 项）
a. 所有权不转移
Ⅰ. 变现收入（0）
Ⅱ. 变现损失抵税
b. 所有权转移
Ⅰ. 变现收入
Ⅱ. 变现损失抵税 / 收益纳税

第十章 股利分配、股票分割与股票回购 （考4分）

股利分配、股票分割与股票回购

股利理论与股利政策

股利理论

（1）股利无关论
- ①假设：基于完美资本市场假设，因而股利无关论又被称为完全市场理论
- ②主要观点
  - a. 投资者并不关心公司股利的分配
  - b. 股利的支付比率不影响公司的价值

（2）股利相关论
- ①税差理论
  - a. 一般来说，出于保护和鼓励资本市场投资的目的，会采用股利收益税率高于资本利得税率的差异税率制度，致使股东会偏好资本利得而不是派发现金股利，因此企业应采取低现金股利支付率政策
  - b. 即使股利与资本利得具有相同的税率，股东在支付税金的时间上也是存在差异的。股利收益纳税是在收取股利的当时，而资本利得纳税只是在股票出售时才发生，显然，继续持有股票来延迟资本利得的纳税时间，可以体现递延纳税的时间价值，因此企业应采取低现金股利支付率政策
  - c. 如果存在股票的交易成本，当资本利得税与交易成本之和大于股利收益税时，股东自然会倾向于企业采用高现金股利支付率政策
- ②客户效应理论
  - a. 收入高的投资者因其边际税率较高表现出偏好低股利支付率的股票，希望少分现金股利或不分现金股利，以更多的留存收益进行再投资，从而提高所持有的股票价格
  - b. 收入低的投资者以及享有税收优惠的养老基金投资者表现出偏好高股利支付率的股票，希望支付较高而且稳定的现金股利
- ③“一鸟在手”理论
  - “一鸟在手，强于二鸟在林”指股东宁愿现在取得确定的股利收益，而不愿将同等的资金放在未来价值不确定性投资上。为了实现股东价值最大化的目标，企业应实行高股利分配率的股利政策
- ④代理理论
  - a. 股东与债权人：债权人希望企业采取低股利支付率，以保证充裕现金留在企业以防发生债务支付困难
  - b. 经理人员与股东：实施多分配少留存的股利政策（高股利支付率），既可以抑制经理人员随意支配自由现金流的代理成本，也有利于满足股东取得股利收益的愿望
  - c. 控股股东与中小股东：处于对外部投资者的保护程度较弱环境的中小股东希望企业采用多分配少留存的股利政策（高股利支付率），以防控股股东的利益侵害

- ⑤信号理论
  - a. 股利支付率提高
    - Ⅰ. 一般情形：前景良好，业绩增长，股价上升
    - Ⅱ. 处于成熟期的企业：无好项目，成长性趋缓甚至下降，股价应下降
  - b. 股利支付率下降
    - Ⅰ. 一般情形：预计衰退，股价下降
    - Ⅱ. 处于成熟期的企业：增加留存为新项目融资，前景好，股价应上升

股利政策

- （1）剩余股利政策
  - ①含义：在公司有着良好的投资机会时，根据一定的目标资本结构（最佳资本结构），测算出投资所需的权益资本，先从盈余当中留用，然后将剩余的盈余作为股利予以分配
  - ②计算步骤　年初未弥补亏损和提取盈余公积，是对本年利润“留存”最低数额的限制，而不是对股利分配的限制
    - Step1：设定目标资本结构，即确定权益资本与债务资本的比率，在此资本结构下，加权平均资本成本将达到最低水平
    - Step2：确定目标资本结构下投资所需的股东权益数额
    - Step3：最大限度地使用保留盈余来满足投资方案所需的权益资本数额
    - Step4：投资方案所需权益资本已经满足后，若有剩余盈余，再将其作为股利发放给股东，分配股利时，不可以动用以前年度未分配利润
  - ③评价
    - a. 优点：保持理想的资本结构，使加权平均资本成本最低
    - b. 缺点：股利发放额每年随投资机会和盈利水平的波动而波动，不利于投资者安排收入与支出
- （2）固定股利或稳定增长股利政策
  - ①含义：企业将每年派发的股利固定在某一特定水平或是在此基础上维持某一固定增长率从而逐年稳定增长
  - ②适用情形：适用于成熟的、盈利充分且获利能力比较稳定的、扩张需求减少的公司
    - a. 稳定增长期的企业可采用稳定增长股利政策
    - b. 成熟期的企业可采用固定股利政策
  - ③理论依据：“一鸟在手”理论和股利信号理论
  - ④评价
    - a. 优点
      - Ⅰ. 固定或稳定增长的股利向市场传递着公司经营业绩正常或稳定增长的信息，有利于树立公司良好的形象，增强投资者对公司的信心，从而使公司股价保持稳定或上升
      - Ⅱ. 有利于投资者安排股利收入和支出
    - b. 缺点
      - Ⅰ. 股利支付与盈余相脱节
      - Ⅱ. 不能像剩余股利政策那样保持较低的资本成本

股利分配、股票分割与股票回购

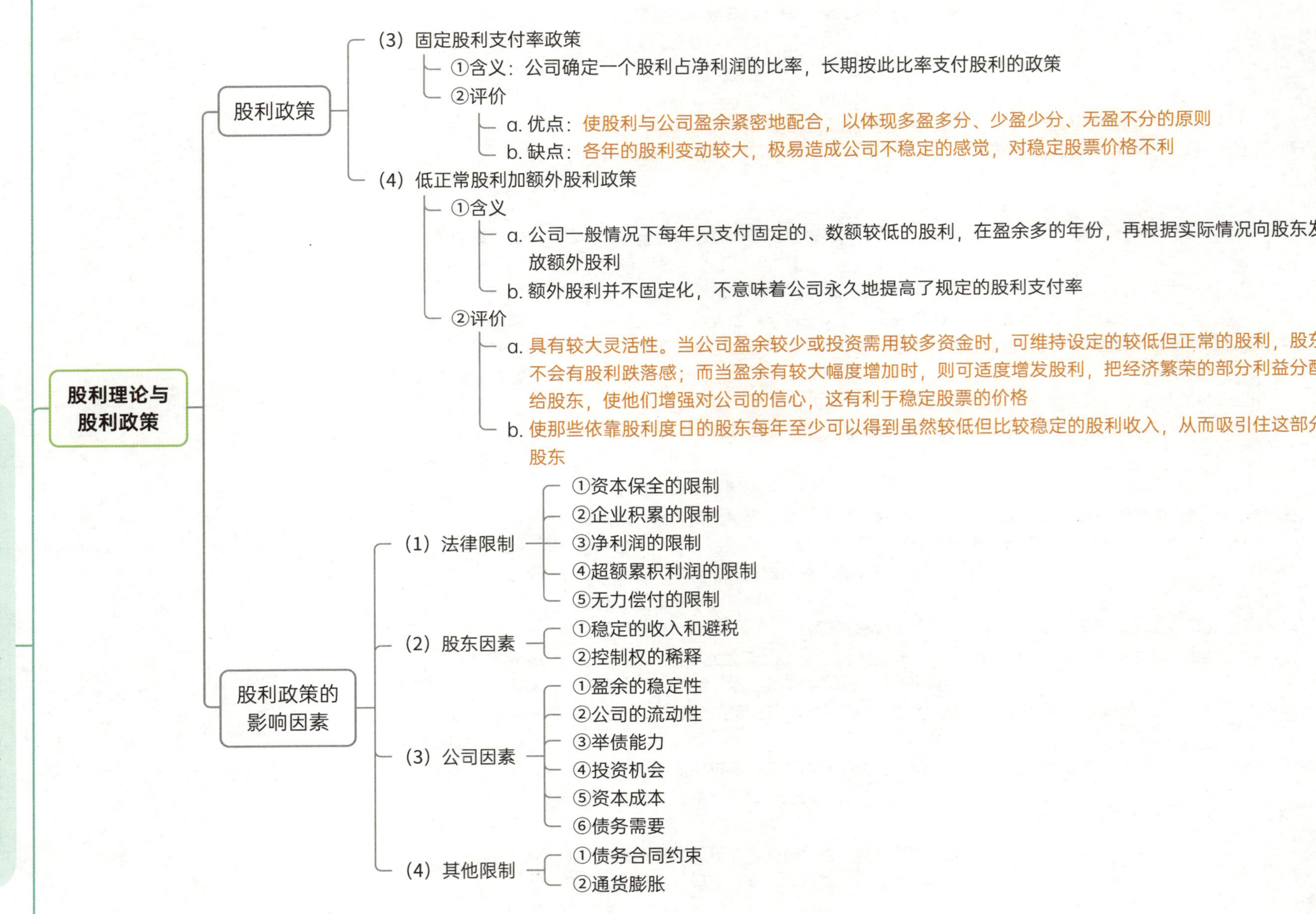

- 股利理论与股利政策
  - 股利政策
    - (3) 固定股利支付率政策
      - ①含义：公司确定一个股利占净利润的比率，长期按此比率支付股利的政策
      - ②评价
        - a. 优点：使股利与公司盈余紧密地配合，以体现多盈多分、少盈少分、无盈不分的原则
        - b. 缺点：各年的股利变动较大，极易造成公司不稳定的感觉，对稳定股票价格不利
    - (4) 低正常股利加额外股利政策
      - ①含义
        - a. 公司一般情况下每年只支付固定的、数额较低的股利，在盈余多的年份，再根据实际情况向股东发放额外股利
        - b. 额外股利并不固定化，不意味着公司永久地提高了规定的股利支付率
      - ②评价
        - a. 具有较大灵活性。当公司盈余较少或投资需用较多资金时，可维持设定的较低但正常的股利，股东不会有股利跌落感；而当盈余有较大幅度增加时，则可适度增发股利，把经济繁荣的部分利益分配给股东，使他们增强对公司的信心，这有利于稳定股票的价格
        - b. 使那些依靠股利度日的股东每年至少可以得到虽然较低但比较稳定的股利收入，从而吸引住这部分股东
  - 股利政策的影响因素
    - (1) 法律限制
      - ①资本保全的限制
      - ②企业积累的限制
      - ③净利润的限制
      - ④超额累积利润的限制
      - ⑤无力偿付的限制
    - (2) 股东因素
      - ①稳定的收入和避税
      - ②控制权的稀释
    - (3) 公司因素
      - ①盈余的稳定性
      - ②公司的流动性
      - ③举债能力
      - ④投资机会
      - ⑤资本成本
      - ⑥债务需要
    - (4) 其他限制
      - ①债务合同约束
      - ②通货膨胀

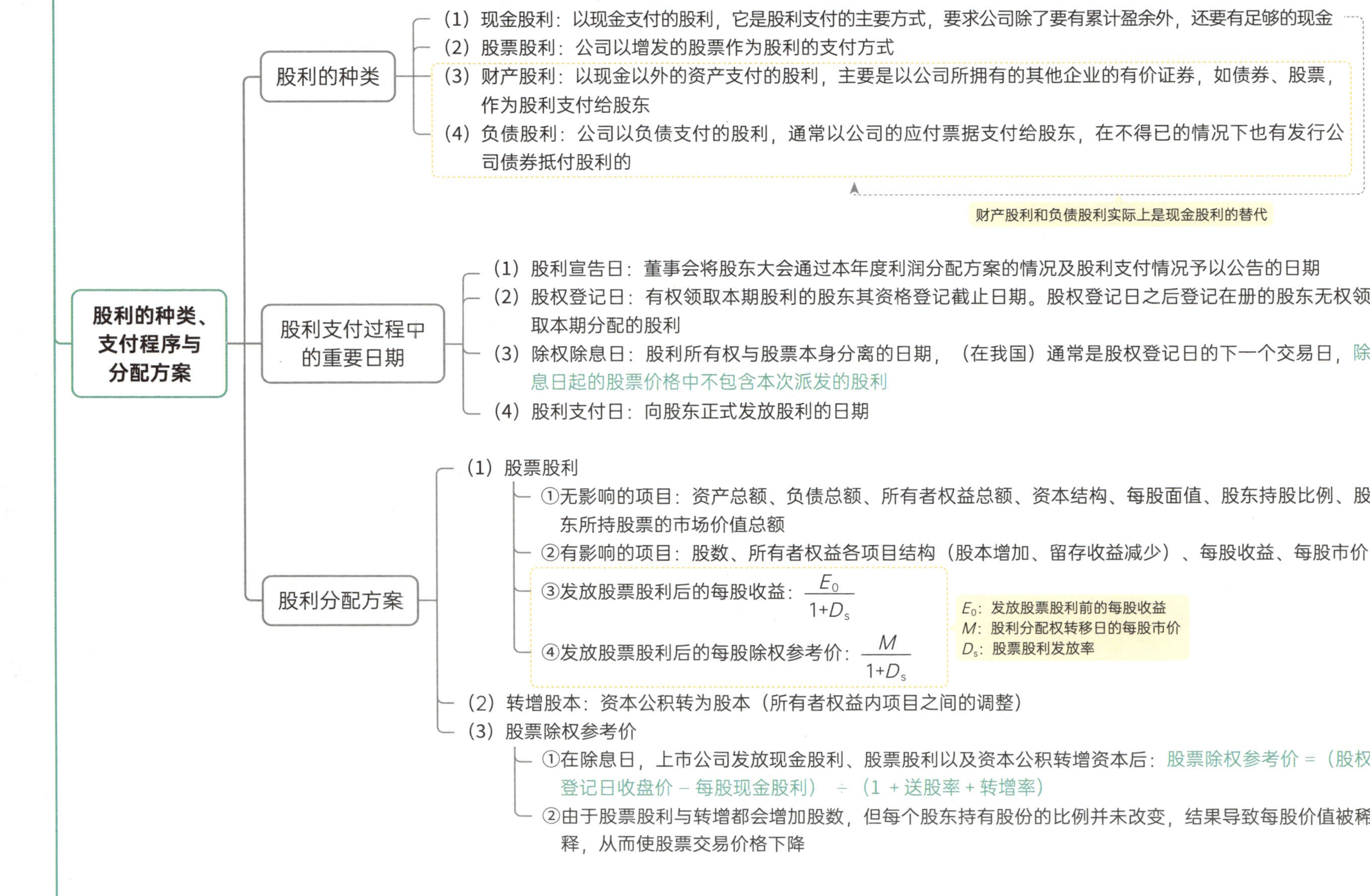
股利的种类、支付程序与分配方案
股利的种类
（1）现金股利：以现金支付的股利，它是股利支付的主要方式，要求公司除了要有累计盈余外，还要有足够的现金
（2）股票股利：公司以增发的股票作为股利的支付方式
（3）财产股利：以现金以外的资产支付的股利，主要是以公司所拥有的其他企业的有价证券，如债券、股票，作为股利支付给股东
（4）负债股利：公司以负债支付的股利，通常以公司的应付票据支付给股东，在不得已的情况下也有发行公司债券抵付股利的
财产股利和负债股利实际上是现金股利的替代
股利支付过程中的重要日期
（1）股利宣告日：董事会将股东大会通过本年度利润分配方案的情况及股利支付情况予以公告的日期
（2）股权登记日：有权领取本期股利的股东其资格登记截止日期。股权登记日之后登记在册的股东无权领取本期分配的股利
（3）除权除息日：股利所有权与股票本身分离的日期，（在我国）通常是股权登记日的下一个交易日，除息日起的股票价格中不包含本次派发的股利
（4）股利支付日：向股东正式发放股利的日期
股利分配方案
（1）股票股利
①无影响的项目：资产总额、负债总额、所有者权益总额、资本结构、每股面值、股东持股比例、股东所持股票的市场价值总额
②有影响的项目：股数、所有者权益各项目结构（股本增加、留存收益减少）、每股收益、每股市价
③发放股票股利后的每股收益：$\frac{E_0}{1+D_s}$
④发放股票股利后的每股除权参考价：$\frac{M}{1+D_s}$
E_0：发放股票股利前的每股收益
M：股利分配权转移日的每股市价
D_s：股票股利发放率
（2）转增股本：资本公积转为股本（所有者权益内项目之间的调整）
（3）股票除权参考价
①在除息日，上市公司发放现金股利、股票股利以及资本公积转增资本后：股票除权参考价 =（股权登记日收盘价 − 每股现金股利）÷（1 + 送股率 + 转增率）
②由于股票股利与转增都会增加股数，但每个股东持有股份的比例并未改变，结果导致每股价值被稀释，从而使股票交易价格下降

股利分配、股票分割与股票回购

股票分割与股票回购

股票分割

（1）含义：将面额较高的股票交换成面额较低的股票的行为

（2）目的

①通过增加股票股数降低每股市价，从而吸引更多的投资者

②股票分割往往是成长中公司的行为，所以宣布股票分割后容易给人一种“公司正处于发展之中”的印象，这种利好信息会在短时间内提高股价

（3）与股票股利的对比

对比	股票分割	股票股利
相同点	①股数增加。 ②普通股股数增加会引起每股收益和每股市价（假定市盈率不变）的下降。 ③股东持股比例和所持股份价值不变。 ④资本结构不变。 ⑤公司价值不变	
不同点	每股面值变小	每股面值不变
	股东权益结构不变	股东权益结构变化
	股价暴涨时采用	股价上涨幅度不大时采用
	不属于股利支付方式	属于股利支付方式

股票回购

（1）含义：公司出资购回自身发行在外的股票，可以将股票回购看作是一种现金股利的替代方式

（2）意义

①对股东而言：股票回购后股东得到的资本利得需缴纳资本利得税，发放现金股利后股东则需缴纳股利收益税。在资本利得税率低于股利收益税率的情况下，股东将得到纳税上的好处

②对公司而言

a. 公司进行股票回购的目的之一是向市场传递股价被低估的信号。股票回购的市场反应通常是提升了股价

b. 当公司可支配的现金流明显超过投资项目所需的现金流时，可以用自由现金流进行股票回购，有助于提高每股收益

c. 避免股利波动带来的负面影响

d. 发挥财务杠杆的作用

e. 通过股票回购，可以减少外部流通股的数量，提高股票价格，在一定程度上降低公司被收购的风险

f. 调节所有权结构

（3）方式

①回购地点

a. 场内公开收购

b. 场外协议收购

股票回购

②回购对象
- a. 资本市场上随机回购
- b. 向全体股东招标回购
- c. 向个别股东协商回购

③筹资方式
- a. 举债回购
- b. 现金回购
- c. 混合回购

④回购价格的确定方式
- a. 固定价格要约回购
- b. 荷兰式拍卖回购

（4）与现金股利的对比

对比	股票回购	现金股利
不同点	①股东得到的资本利得，需缴纳资本利得税，税负低。 ②股票回购对股东利益具有不稳定的影响。 ③不属于股利支付方式。 ④可配合公司资本运作需要	①发放现金股利后股东需缴纳股利收益税，税负高。 ②稳定到手的收益。 ③属于股利支付方式
相同点	①所有者权益减少。 ②现金减少	

（5）与股票分割的对比

维度	股票回购	股票分割
股数	减少	增加
每股收益和每股市价	提高	降低
资本结构	所有者权益减少，财务杠杆水平提高	不影响

笔记区

第十一章 营运资本管理 （考6分）

营运资本管理策略

营运资本投资策略

（1）营运资本投资策略的相关成本

①短缺成本：随流动资产投资水平上升而降低

②持有成本：随流动资产投资水平上升而上升

③总成本：等于短缺成本 + 持有成本，随流动资产投资水平上升，先降低而后上升

（2）最优投资规模

①持有成本 = 短缺成本时达到最优投资规模，总成本最小（此时的投资策略是适中型投资策略）

②图示

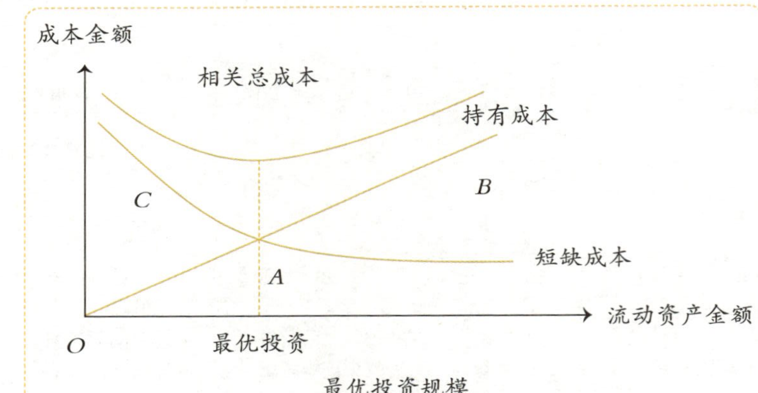

（3）具体策略

①适中型投资策略

策略	流动资产与收入比	持有成本	短缺成本	总成本
适中型投资策略	适中	适中	适中	最小

②保守型投资策略

策略	流动资产与收入比	持有成本	短缺成本	总成本
保守型投资策略	较高	较高	较低	较高

营运资本管理

③激进型投资策略

策略	流动资产与收入比	持有成本	短缺成本	总成本
激进型投资策略	较低	较低	较高	较高

营运资本筹资策略

(1) 流动资产和流动负债的重新划分

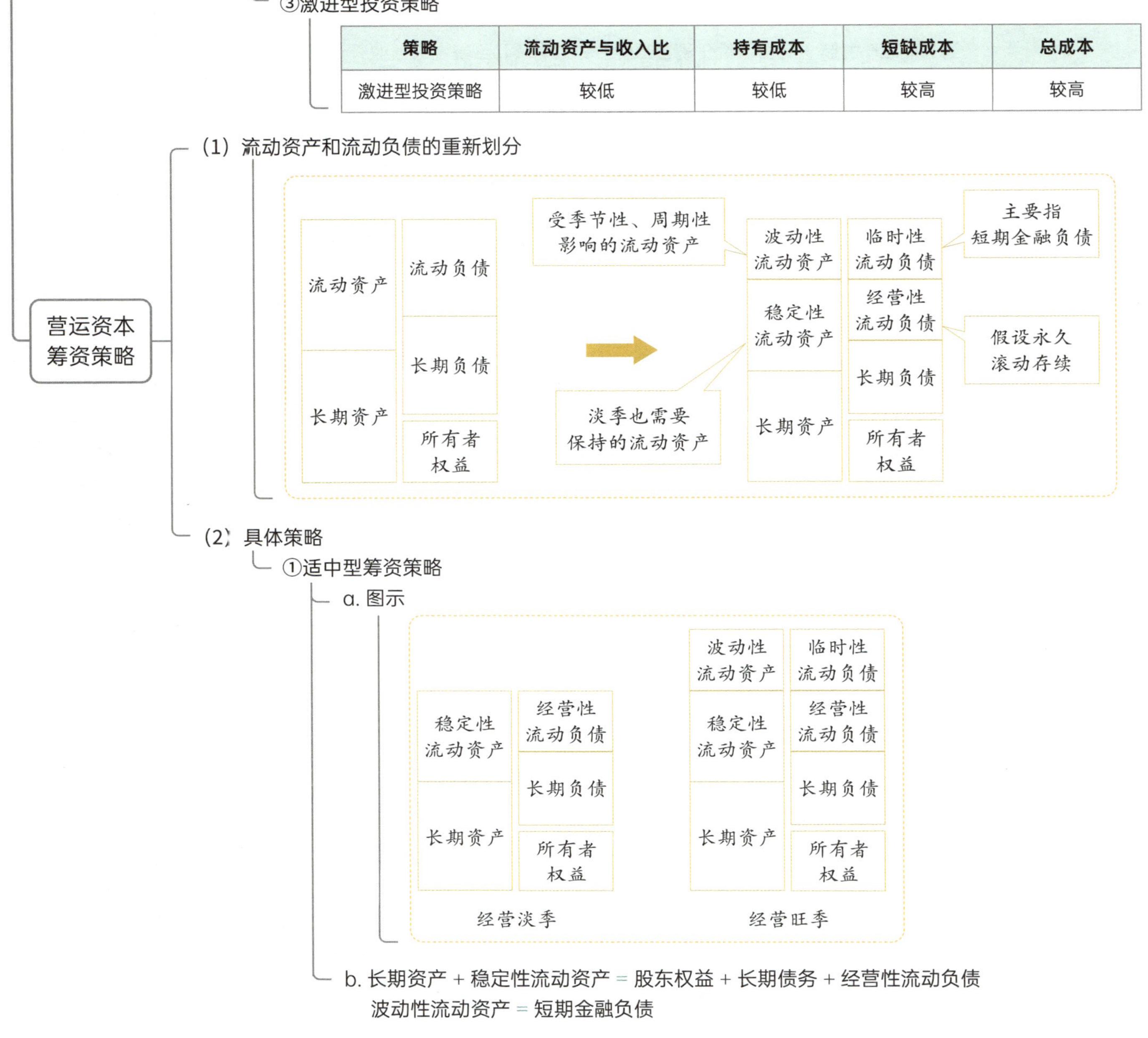

(2) 具体策略

①适中型筹资策略

a. 图示

b. 长期资产 + 稳定性流动资产 = 股东权益 + 长期债务 + 经营性流动负债
波动性流动资产 = 短期金融负债

营运资本管理

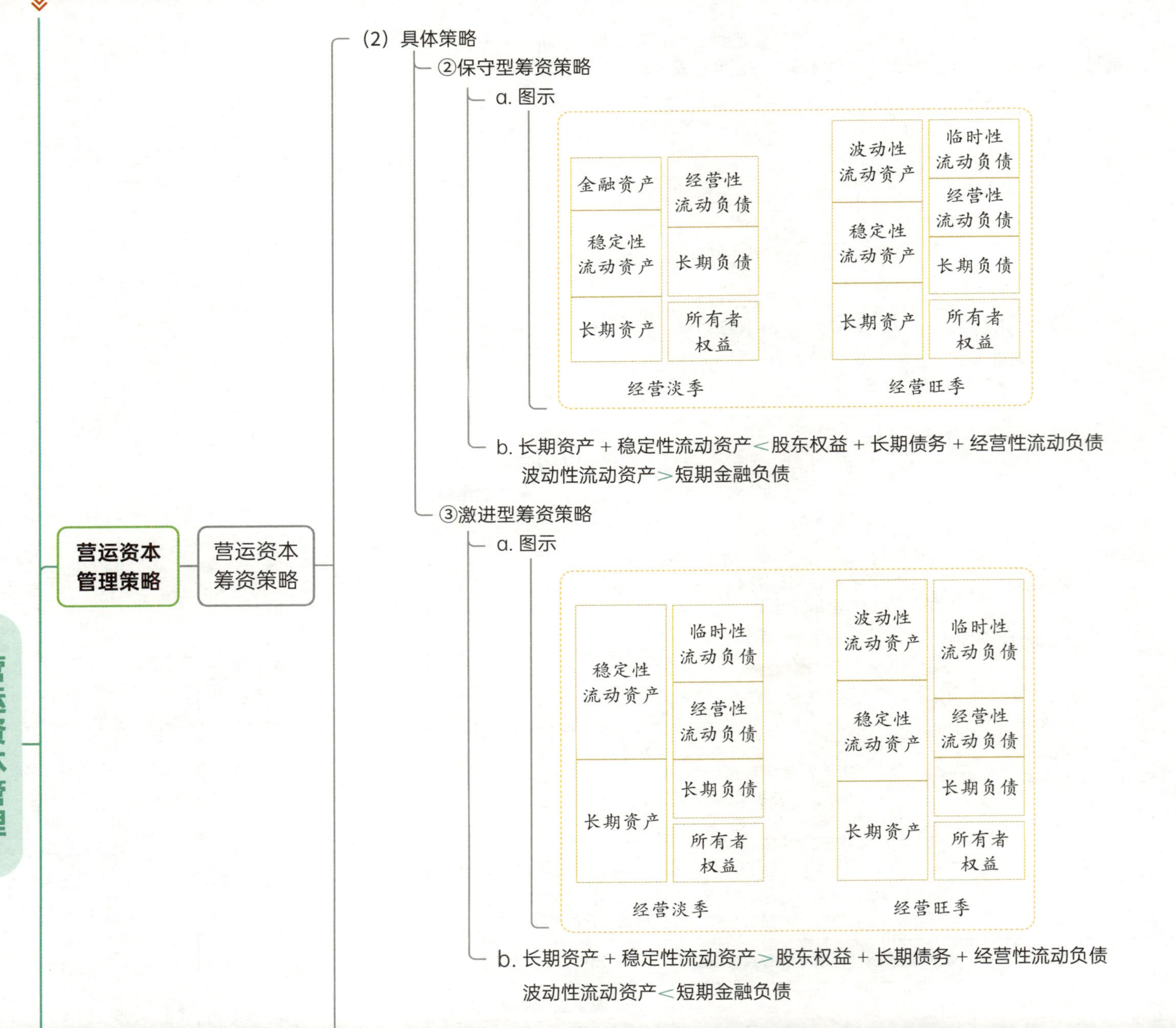
营运资本管理策略
营运资本筹资策略
(2) 具体策略
②保守型筹资策略
a. 图示
金融资产
稳定性流动资产
长期资产
经营性流动负债
长期负债
所有者权益
经营淡季
波动性流动资产
稳定性流动资产
长期资产
临时性流动负债
经营性流动负债
长期负债
所有者权益
经营旺季
b. 长期资产 + 稳定性流动资产 < 股东权益 + 长期债务 + 经营性流动负债
波动性流动资产 > 短期金融负债
③激进型筹资策略
a. 图示
稳定性流动资产
长期资产
临时性流动负债
经营性流动负债
长期负债
所有者权益
经营淡季
波动性流动资产
稳定性流动资产
长期资产
临时性流动负债
经营性流动负债
长期负债
所有者权益
经营旺季
b. 长期资产 + 稳定性流动资产 > 股东权益 + 长期债务 + 经营性流动负债
波动性流动资产 < 短期金融负债

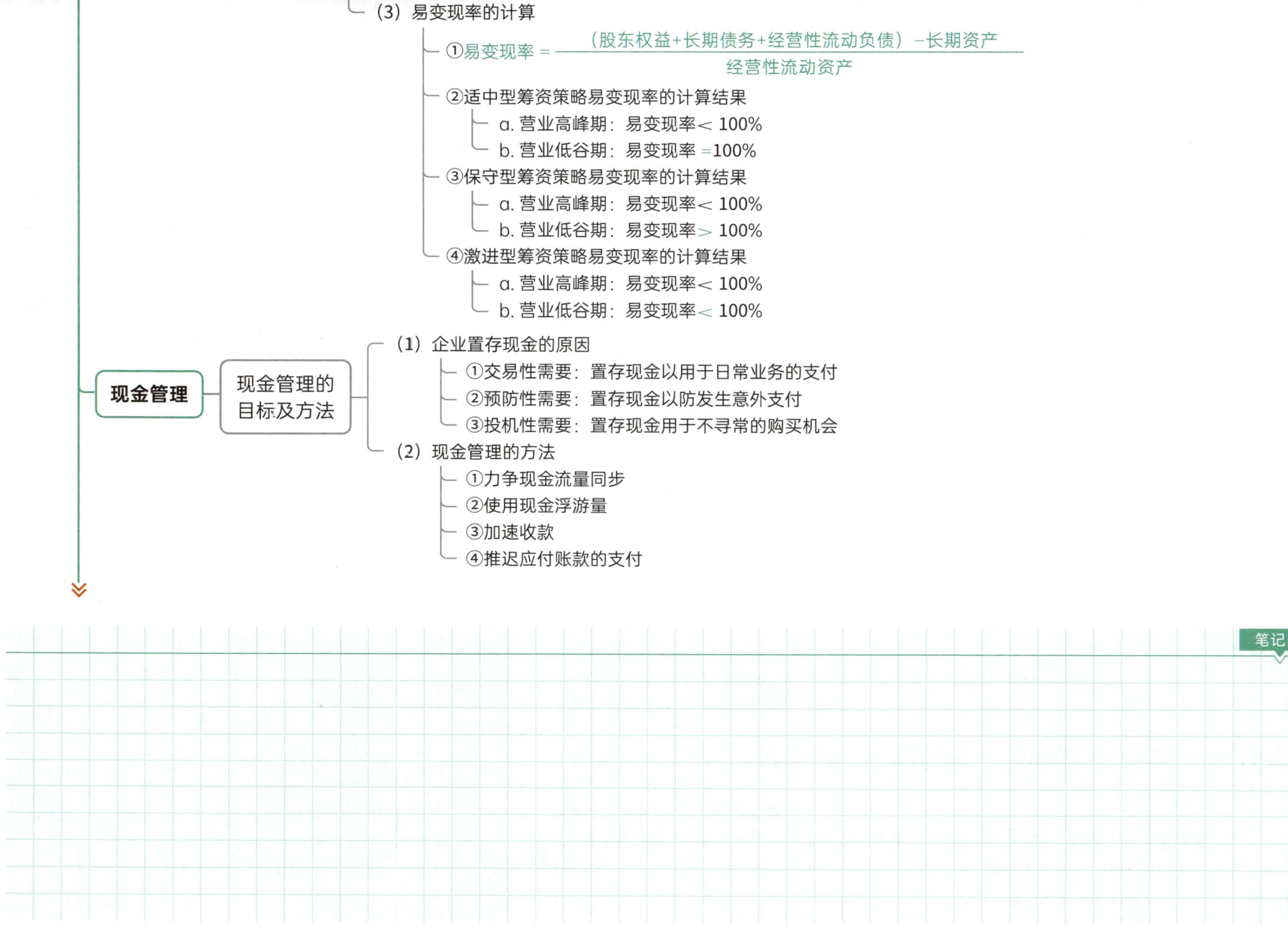
(3) 易变现率的计算
①易变现率 = （股东权益+长期债务+经营性流动负债）－长期资产 / 经营性流动资产
②适中型筹资策略易变现率的计算结果
a. 营业高峰期：易变现率< 100%
b. 营业低谷期：易变现率 =100%
③保守型筹资策略易变现率的计算结果
a. 营业高峰期：易变现率< 100%
b. 营业低谷期：易变现率> 100%
④激进型筹资策略易变现率的计算结果
a. 营业高峰期：易变现率< 100%
b. 营业低谷期：易变现率< 100%
现金管理
现金管理的目标及方法
(1) 企业置存现金的原因
①交易性需要：置存现金以用于日常业务的支付
②预防性需要：置存现金以防发生意外支付
③投机性需要：置存现金用于不寻常的购买机会
(2) 现金管理的方法
①力争现金流量同步
②使用现金浮游量
③加速收款
④推迟应付账款的支付
笔记区

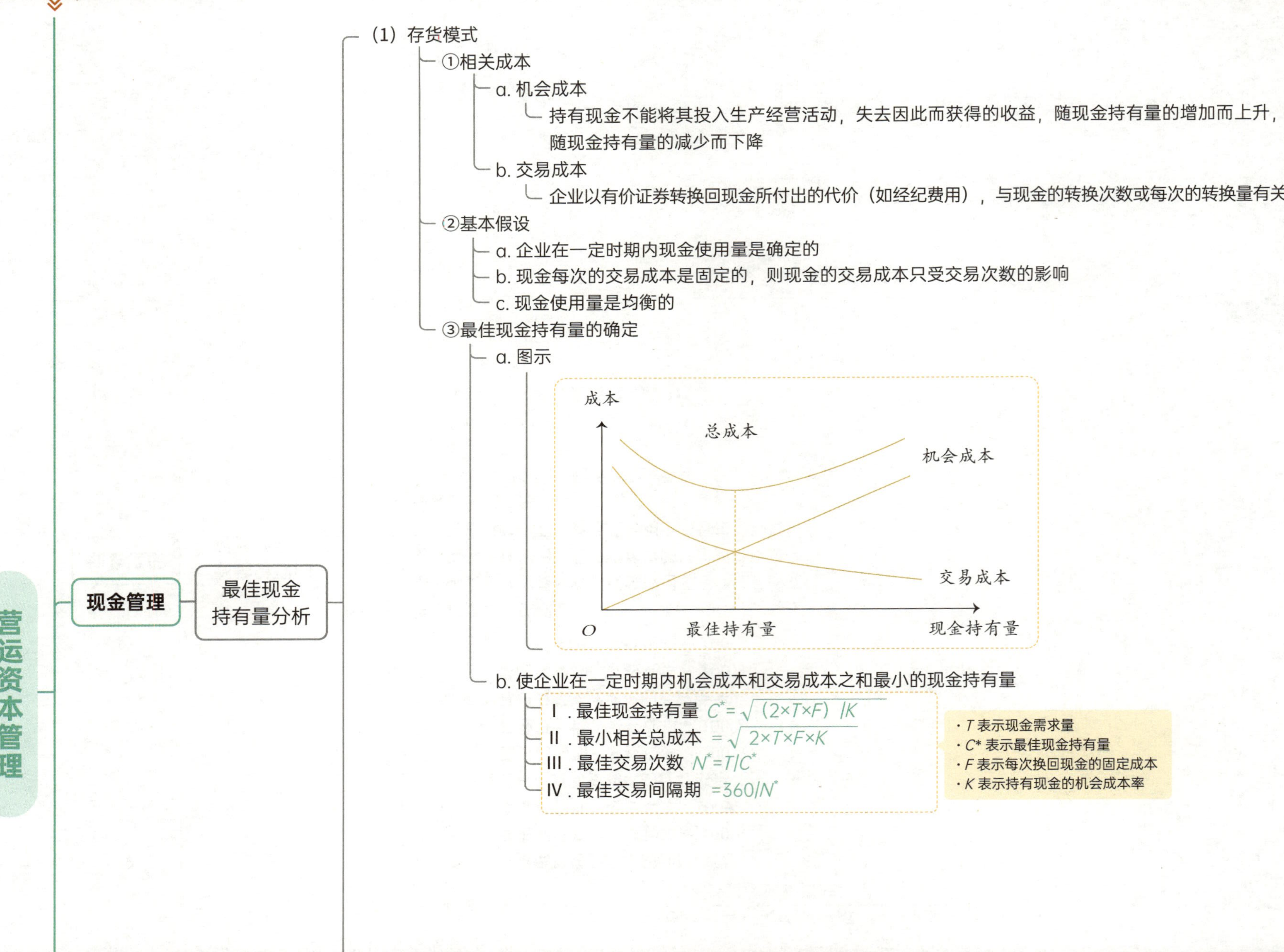
营运资本管理
现金管理
最佳现金持有量分析
（1）存货模式
①相关成本
a. 机会成本
持有现金不能将其投入生产经营活动，失去因此而获得的收益，随现金持有量的增加而上升，随现金持有量的减少而下降
b. 交易成本
企业以有价证券转换回现金所付出的代价（如经纪费用），与现金的转换次数或每次的转换量有关
②基本假设
a. 企业在一定时期内现金使用量是确定的
b. 现金每次的交易成本是固定的，则现金的交易成本只受交易次数的影响
c. 现金使用量是均衡的
③最佳现金持有量的确定
a. 图示
成本
总成本
机会成本
交易成本
O
最佳持有量
现金持有量
b. 使企业在一定时期内机会成本和交易成本之和最小的现金持有量
Ⅰ. 最佳现金持有量 $C^*=\sqrt{(2\times T\times F)/K}$
Ⅱ. 最小相关总成本 $=\sqrt{2\times T\times F\times K}$
Ⅲ. 最佳交易次数 $N^*=T/C^*$
Ⅳ. 最佳交易间隔期 $=360/N^*$
· T 表示现金需求量
· C^* 表示最佳现金持有量
· F 表示每次换回现金的固定成本
· K 表示持有现金的机会成本率

(2) 随机模式

①基本原理

a. 图示

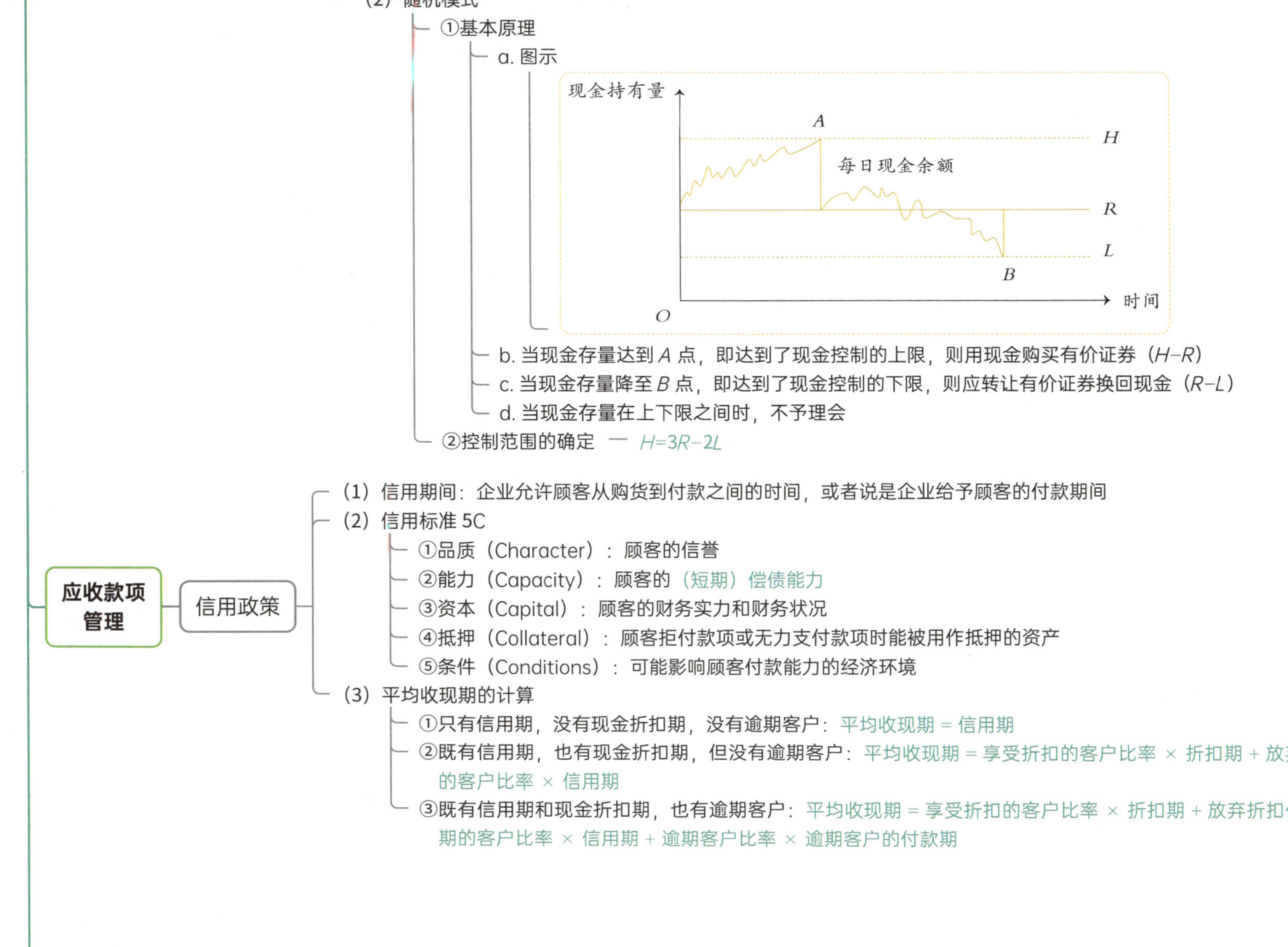

b. 当现金存量达到 A 点，即达到了现金控制的上限，则用现金购买有价证券（$H-R$）

c. 当现金存量降至 B 点，即达到了现金控制的下限，则应转让有价证券换回现金（$R-L$）

d. 当现金存量在上下限之间时，不予理会

②控制范围的确定 — $H=3R-2L$

应收款项管理

信用政策

(1) 信用期间：企业允许顾客从购货到付款之间的时间，或者说是企业给予顾客的付款期间

(2) 信用标准 5C

- ①品质（Character）：顾客的信誉
- ②能力（Capacity）：顾客的（短期）偿债能力
- ③资本（Capital）：顾客的财务实力和财务状况
- ④抵押（Collateral）：顾客拒付款项或无力支付款项时能被用作抵押的资产
- ⑤条件（Conditions）：可能影响顾客付款能力的经济环境

(3) 平均收现期的计算

- ①只有信用期，没有现金折扣期，没有逾期客户：平均收现期 = 信用期
- ②既有信用期，也有现金折扣期，但没有逾期客户：平均收现期 = 享受折扣的客户比率 × 折扣期 + 放弃折扣的客户比率 × 信用期
- ③既有信用期和现金折扣期，也有逾期客户：平均收现期 = 享受折扣的客户比率 × 折扣期 + 放弃折扣但未逾期的客户比率 × 信用期 + 逾期客户比率 × 逾期客户的付款期

营运资本管理

应收款项管理

信用政策决策分析

(1) 决策原则：若改变信用政策后增加的收益大于增加的成本，则改变信用政策是有利的

(2) 增加的收益（增加的边际贡献）

增加的边际贡献 = 增加的销售数量 × 单位边际贡献
= 增加的销售额 × 边际贡献率

(3) 增加的成本

①应收账款占用资金应计利息（机会成本）的增加

应收账款占用资金的应计利息 = 应收账款平均余额 × 变动成本率 × 资本成本
= 日销售额 × 平均收现期 × 变动成本率 × 资本成本

②现金折扣成本的增加

现金折扣成本的增加 = 新的销售收入 × 新的现金折扣率 × 新的享受现金折扣的顾客比例 − 旧的销售收入 × 旧的现金折扣率 × 旧的享受现金折扣的顾客比例

③存货占用资金应计利息的增加

存货占用资金应计利息的增加 = 平均存货水平增加额 × 单位变动生产成本 × 资本成本

④收账费用和坏账损失的增加：题目一般直接告知

⑤应付账款节约资金应计利息的增加 — 应付账款占用资金应计利息增加 = 平均应付账款增加额 × 资本成本

存货管理

基础指标

指标	含义	指标	含义
TC_a	取得成本	N	年订货次数
D	存货年需要量	t	订货周期
Q	每次进货量（批量）	I	经济订货量占用资金
K	每次订货的变动成本	R	再订货点
F_1	订货固定成本	L	平均交货时间
U	单价	d	每日平均需求量（耗用量）
TC_c	储存成本	p	每日送货量
K_c	单位储存变动成本	B	保险储备
F_2	储存固定成本	C_B	保险储备成本
TC_s/C_s	缺货成本	K_U	单位缺货成本
TC	储备存货的总成本	S	一次订货缺货量

储备存货的成本

(1) 取得成本 = 订货成本 + 购置成本 = 订货固定成本 + 订货变动成本 + 购置成本，即：$TC_a=F_1+\frac{KD}{Q}+DU$

(2) 储存成本 = 储存固定成本 + 储存变动成本，即：$TC_c=F_2+K_c\frac{Q}{2}$

(3) 缺货成本：由于存货供应中断而造成的损失，包括停工损失、拖欠发货损失、丧失销售机会的损失、商誉损失，以及紧急额外购入成本等

(4) 储备存货的总成本 = 取得成本 + 储存成本 + 缺货成本，即：$TC=TC_a+TC_c+TC_s=F_1+\frac{KD}{Q}+DU+F_2+\frac{K_cQ}{2}+TC_s$

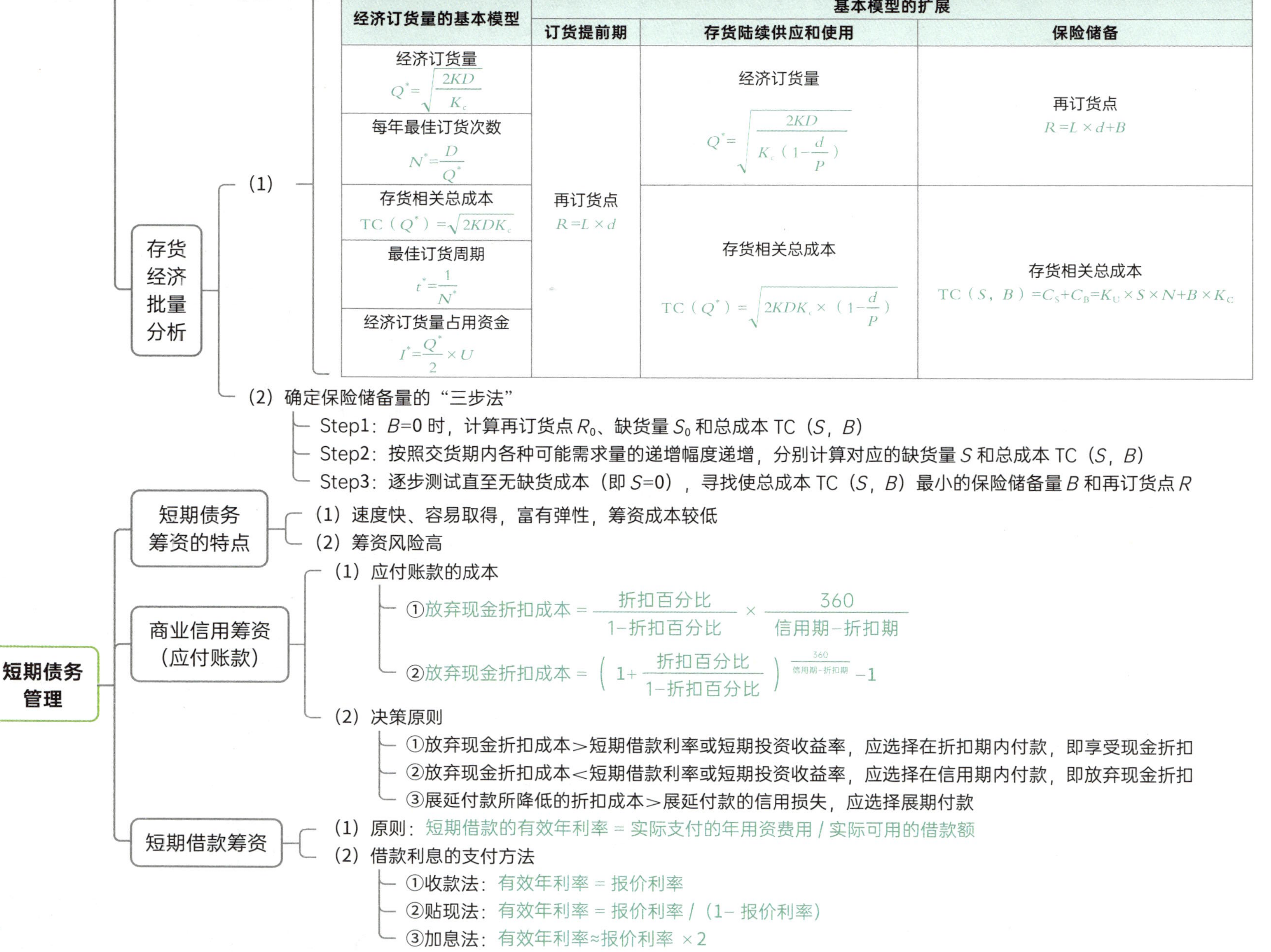

短期债务管理

存货经济批量分析

(1)

经济订货量的基本模型	基本模型的扩展：订货提前期	基本模型的扩展：存货陆续供应和使用	基本模型的扩展：保险储备
经济订货量 $Q^*=\sqrt{\frac{2KD}{K_c}}$	再订货点 $R=L\times d$	经济订货量 $Q^*=\sqrt{\frac{2KD}{K_c(1-\frac{d}{P})}}$	再订货点 $R=L\times d+B$
每年最佳订货次数 $N^*=\frac{D}{Q^*}$			
存货相关总成本 $TC(Q^*)=\sqrt{2KDK_c}$		存货相关总成本 $TC(Q^*)=\sqrt{2KDK_c\times(1-\frac{d}{P})}$	存货相关总成本 $TC(S, B)=C_S+C_B=K_U\times S\times N+B\times K_C$
最佳订货周期 $t^*=\frac{1}{N^*}$			
经济订货量占用资金 $I^*=\frac{Q^*}{2}\times U$			

(2) 确定保险储备量的“三步法”

- Step1：B=0 时，计算再订货点 R_0、缺货量 S_0 和总成本 TC（S，B）
- Step2：按照交货期内各种可能需求量的递增幅度递增，分别计算对应的缺货量 S 和总成本 TC（S，B）
- Step3：逐步测试直至无缺货成本（即 S=0），寻找使总成本 TC（S，B）最小的保险储备量 B 和再订货点 R

短期债务筹资的特点

（1）速度快、容易取得，富有弹性，筹资成本较低

（2）筹资风险高

商业信用筹资（应付账款）

（1）应付账款的成本

- ①放弃现金折扣成本 = $\frac{折扣百分比}{1-折扣百分比}\times\frac{360}{信用期-折扣期}$
- ②放弃现金折扣成本 = $\left(1+\frac{折扣百分比}{1-折扣百分比}\right)^{\frac{360}{信用期-折扣期}}-1$

（2）决策原则

- ①放弃现金折扣成本＞短期借款利率或短期投资收益率，应选择在折扣期内付款，即享受现金折扣
- ②放弃现金折扣成本＜短期借款利率或短期投资收益率，应选择在信用期内付款，即放弃现金折扣
- ③展延付款所降低的折扣成本＞展延付款的信用损失，应选择展期付款

短期借款筹资

（1）原则：短期借款的有效年利率 = 实际支付的年用资费用 / 实际可用的借款额

（2）借款利息的支付方法

- ①收款法：有效年利率 = 报价利率
- ②贴现法：有效年利率 = 报价利率 /（1– 报价利率）
- ③加息法：有效年利率≈报价利率 ×2

第十二章 产品成本计算

（考8分）

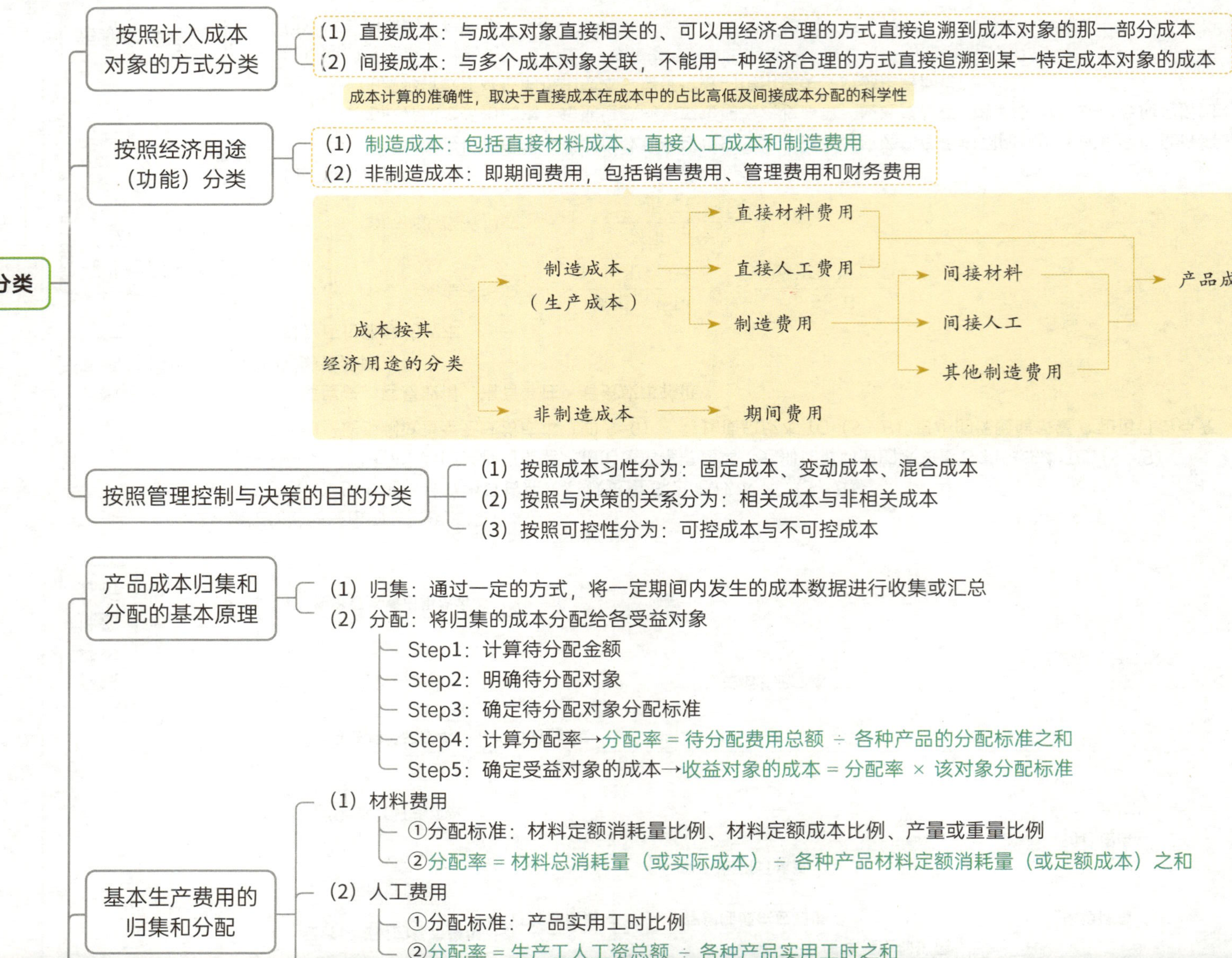

产品成本计算
成本的分类
按照计入成本对象的方式分类
(1) 直接成本：与成本对象直接相关的、可以用经济合理的方式直接追溯到成本对象的那一部分成本
(2) 间接成本：与多个成本对象关联，不能用一种经济合理的方式直接追溯到某一特定成本对象的成本
成本计算的准确性，取决于直接成本在成本中的占比高低及间接成本分配的科学性
按照经济用途（功能）分类
(1) 制造成本：包括直接材料成本、直接人工成本和制造费用
(2) 非制造成本：即期间费用，包括销售费用、管理费用和财务费用
成本按其经济用途的分类
制造成本（生产成本）
直接材料费用
直接人工费用
制造费用
间接材料
间接人工
其他制造费用
产品成本
非制造成本
期间费用
按照管理控制与决策的目的分类
(1) 按照成本习性分为：固定成本、变动成本、混合成本
(2) 按照与决策的关系分为：相关成本与非相关成本
(3) 按照可控性分为：可控成本与不可控成本
产品成本归集和分配的基本原理
(1) 归集：通过一定的方式，将一定期间内发生的成本数据进行收集或汇总
(2) 分配：将归集的成本分配给各受益对象
Step1：计算待分配金额
Step2：明确待分配对象
Step3：确定待分配对象分配标准
Step4：计算分配率→分配率＝待分配费用总额÷各种产品的分配标准之和
Step5：确定受益对象的成本→收益对象的成本＝分配率×该对象分配标准
基本生产费用的归集和分配
(1) 材料费用
①分配标准：材料定额消耗量比例、材料定额成本比例、产量或重量比例
②分配率＝材料总消耗量（或实际成本）÷各种产品材料定额消耗量（或定额成本）之和
(2) 人工费用
①分配标准：产品实用工时比例
②分配率＝生产工人工资总额÷各种产品实用工时之和

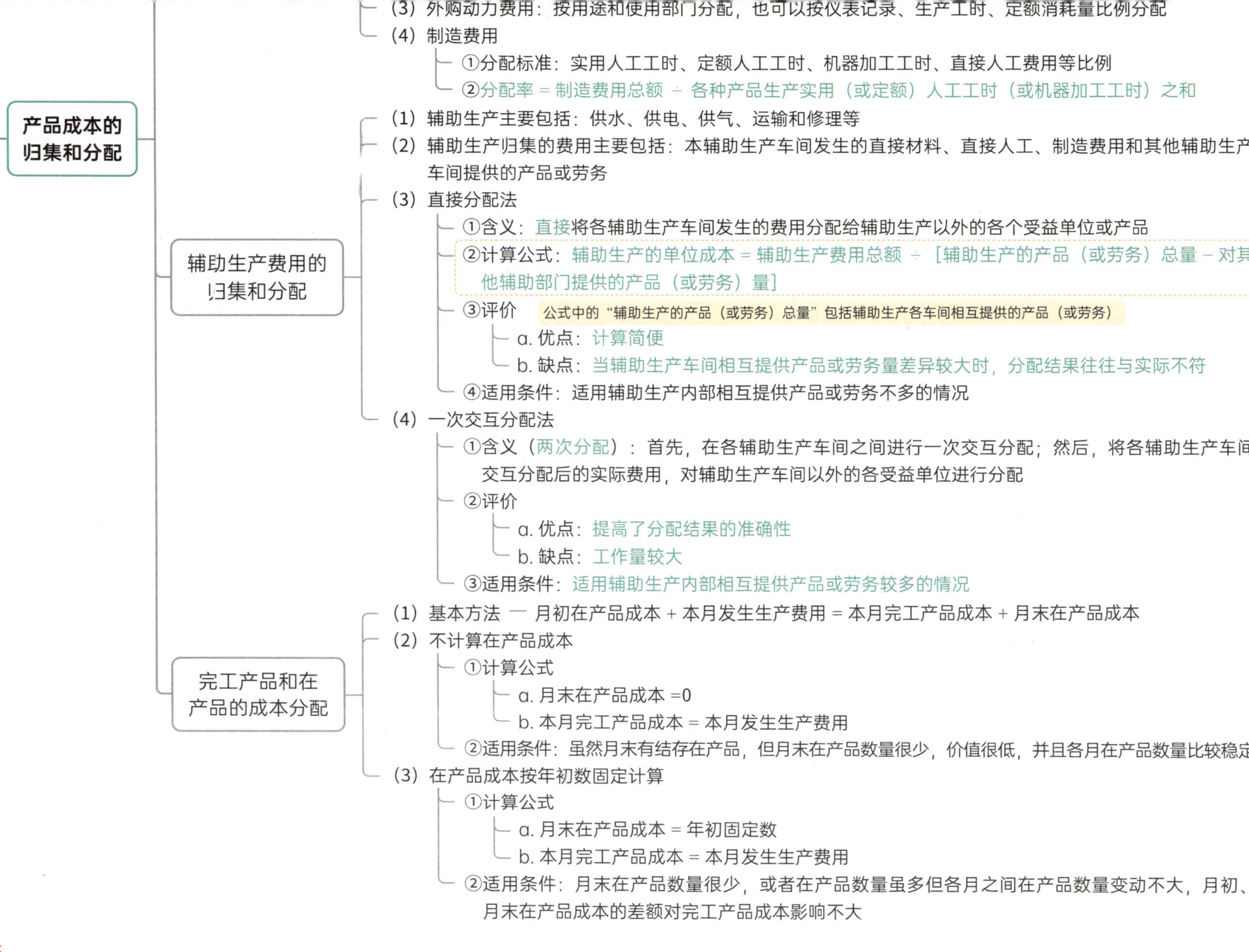

产品成本的归集和分配
(3) 外购动力费用：按用途和使用部门分配，也可以按仪表记录、生产工时、定额消耗量比例分配
(4) 制造费用
①分配标准：实用人工工时、定额人工工时、机器加工工时、直接人工费用等比例
②分配率 = 制造费用总额 ÷ 各种产品生产实用（或定额）人工工时（或机器加工工时）之和
辅助生产费用的归集和分配
(1) 辅助生产主要包括：供水、供电、供气、运输和修理等
(2) 辅助生产归集的费用主要包括：本辅助生产车间发生的直接材料、直接人工、制造费用和其他辅助生产车间提供的产品或劳务
(3) 直接分配法
①含义：直接将各辅助生产车间发生的费用分配给辅助生产以外的各个受益单位或产品
②计算公式：辅助生产的单位成本 = 辅助生产费用总额 ÷ [辅助生产的产品（或劳务）总量 − 对其他辅助部门提供的产品（或劳务）量]
③评价
公式中的“辅助生产的产品（或劳务）总量”包括辅助生产各车间相互提供的产品（或劳务）
a. 优点：计算简便
b. 缺点：当辅助生产车间相互提供产品或劳务量差异较大时，分配结果往往与实际不符
④适用条件：适用辅助生产内部相互提供产品或劳务不多的情况
(4) 一次交互分配法
①含义（两次分配）：首先，在各辅助生产车间之间进行一次交互分配；然后，将各辅助生产车间交互分配后的实际费用，对辅助生产车间以外的各受益单位进行分配
②评价
a. 优点：提高了分配结果的准确性
b. 缺点：工作量较大
③适用条件：适用辅助生产内部相互提供产品或劳务较多的情况
完工产品和在产品的成本分配
(1) 基本方法 — 月初在产品成本 + 本月发生生产费用 = 本月完工产品成本 + 月末在产品成本
(2) 不计算在产品成本
①计算公式
a. 月末在产品成本 =0
b. 本月完工产品成本 = 本月发生生产费用
②适用条件：虽然月末有结存在产品，但月末在产品数量很少，价值很低，并且各月在产品数量比较稳定
(3) 在产品成本按年初数固定计算
①计算公式
a. 月末在产品成本 = 年初固定数
b. 本月完工产品成本 = 本月发生生产费用
②适用条件：月末在产品数量很少，或者在产品数量虽多但各月之间在产品数量变动不大，月初、月末在产品成本的差额对完工产品成本影响不大

产品成本计算

- 产品成本的归集和分配
  - 完工产品和在产品的成本分配
    - （4）在产品成本按其所耗用的原材料费用计算
      - ①计算公式
        - a. 月末在产品成本 = 月末在产品数量 × 单位在产品材料耗用
        - b. 本月完工产品成本 =（月初在产品成本 + 本月发生生产费用）− 月末在产品成本
      - ②适用条件：原材料费用在产品成本中所占比重较大，而且原材料是在生产开始时一次全部投入
    - （5）在产品成本按定额成本计算
      - ①计算公式
        - a. 月末在产品成本 = 月末在产品数量 × 在产品定额单位成本
        - b. 产成品总成本 =（月初在产品成本 + 本月发生费用）− 月末在产品成本
        - c. 产成品单位成本 = 产成品总成本 ÷ 产成品产量
      - ②适用条件：在产品数量稳定或者数量较少，并且制定了比较准确的定额成本
    - （6）定额比例法
      - ①计算公式
        - 材料费用按定额消耗量比例分配
        - a. 材料费用分配率 =（月初在产品实际成本 + 本月投入的实际材料成本）÷（完工产品定额材料成本 + 月末在产品定额材料成本）
        - b. 完工产品应分配材料成本 = 完工产品定额材料成本 × 材料费用分配率
        - c. 月末在产品应分配材料成本 = 月末在产品定额材料成本 × 材料费用分配率
        - d. 工资费用（或制造费用）分配率 =［月初在产品实际工资（费用）+ 本月投入的实际工资（费用）］÷（完工产品定额工时 + 月末在产品定额工时）
        - e. 完工产品应分配的工资费用（或制造费用）= 完工产品定额工时 × 工资费用（或制造费用）分配率
        - f. 月末在产品应分配的工资费用（或制造费用）= 月末在产品定额工时 × 工资费用（或制造费用）分配率
        - 其他费用按定额工时比例分配
      - ②适用条件：各月末在产品数量变动较大，但制定了比较准确的消耗定额
    - （7）约当产量法
      - ①加权平均法
        - a. 计算公式
          - Ⅰ. 在产品约当产量 = 在产品数量 × 完工程度
          - Ⅱ. 单位成本（分配率）=（月初在产品成本 + 本月发生生产费用）÷（完工产品产量 + 月末在产品约当产量）
          - Ⅲ. 完工产品成本 = 单位成本 × 完工产品产量
          - Ⅳ. 月末在产品成本 = 单位成本 × 月末在产品约当产量
        - b. 完工程度计算

- Ⅰ. 对于直接材料费用而言的约当产量
  - · 原材料在生产开始时一次投入：100%
  - · 原材料随生产过程陆续投入：累计耗用 / 全部所需
- Ⅱ. 对于直接人工费用和制造费用而言的约当产量
  - · 基本方法为累计定额工时法
  - · 告知完工产品定额工时和在产品完工程度，可根据在产品累计定额工时和完工产品定额工时计算约当产量
  - · 未告知在产品各工序完工程度，则各工序内在产品完工程度按平均值 50% 计算

②先进先出法

a. 计算原理

产品类别	月末状态
月初在产品	完工产品
本月投产产品	完工产品
	在产品

b. 计算公式

- Ⅰ. 月初在产品本月加工约当产量
  - · 月初在产品本月加工约当产量（直接材料）= 月初在产品数量 ×（1− 已投料比例）
  - · 月初在产品本月加工约当产量（直接人工 + 制造费用，即转换成本或加工成本）= 月初在产品数量 ×（1− 月初在产品完工程度）
- Ⅱ. 本月投入本月完工产品数量 — 本月投入本月完工产品数量 = 本月全部完工产品数量 − 月初在产品数量
- Ⅲ. 月末在产品约当产量
  - · 月末在产品约当产量（直接材料）= 月末在产品数量 × 本月投料比例
  - · 月末在产品约当产量（转换成本）= 月末在产品数量 × 月末在产品完工程度
- Ⅳ. 单位成本（分配率）
  - 分配率 = 本月发生生产费用 ÷（月初在产品本月加工约当产量 + 本月投入本月完工产品数量 + 月末在产品约当产量）
- Ⅴ. 完工产品成本
  - 完工产品成本 = 月初在产品成本 + 月初在产品本月加工成本 + 本月投入本月完工产品数量 × 分配率
    = 月初在产品成本 + 月初在产品本月加工约当产量 × 分配率 + 本月投入本月完工产品数量 × 分配率
- Ⅵ. 月末在产品成本 — 月末在产品成本 = 月末在产品约当产量 × 分配率

产品成本计算

产品成本的归集和分配

联产品和副产品的成本分配

(1) 联产品和副产品的区别和联系

项目	联产品	副产品
相同点	使用同样材料，经过同一生产过程，同时生产出的产品	
不同点	都是企业的主要产品	副产品是生产主要产品时附带生产出来的非主要产品
	按成本分配的原则核算各联产品成本	先确定副产品成本，再确定主要产品的加工成本

(2) 联产品加工成本的分配

- ①分离点：在联产品生产中，投入相同原料，经过同一生产过程，分离为各种联产品的时点
- ②联产品成本的计算
  - a. 联产品分离前发生的生产费用即联合成本，可按一个成本核算对象设置一个成本明细账进行归集，然后将其总额按一定的分配方法（如售价法、实物数量法等）在各联产品之间进行分配
  - b. 分离后按各种产品分别设置明细账，归集分离后所发生的加工成本
- ③分离点售价法
  - a. 原则：以分离点上每种产品的总售价为比例进行分配的，要求每种产品在分离点时的销售价格能够可靠地计量
  - b. 计算公式
    - Ⅰ. 联合成本分配率 = 待分配联合成本 ÷（A 产品分离点的总售价 +B 产品分离点的总售价）
    - Ⅱ. A 产品应分配联合成本 = 联合成本分配率 × A 产品分离点的总售价
    - Ⅲ. B 产品应分配联合成本 = 联合成本分配率 × B 产品分离点的总售价
- ④可变现净值法
  - a. 原则：如果这些联产品尚需要进一步加工后才可供销售，可采用可变现净值进行分配
  - b. 计算公式
    - Ⅰ. 联合成本分配率 = 待分配联合成本 ÷（A 产品可变现净值 +B 产品可变现净值）
    - Ⅱ. A 产品应分配联合成本 = 联合成本分配率 × A 产品可变现净值
    - Ⅲ. B 产品应分配联合成本 = 联合成本分配率 × B 产品可变现净值
- ⑤实物数量法
  - a. 以产品实物数量或重量为基础分配联合成本的方法
  - b. 适用于所生产的产品的价格很不稳定或无法直接确定的情况
  - c. 单位数量（或重量）成本 = 联合成本 ÷ 各联产品的总数量（或总重量）

(3) 副产品加工成本的分配

- ①副产品价值相对较低，而且在全部产品生产中所占的比重较小
- ②扣除分配法：先确定其成本（如按预先规定的固定单价确定成本），然后从总成本中扣除，其余额就是主产品的成本

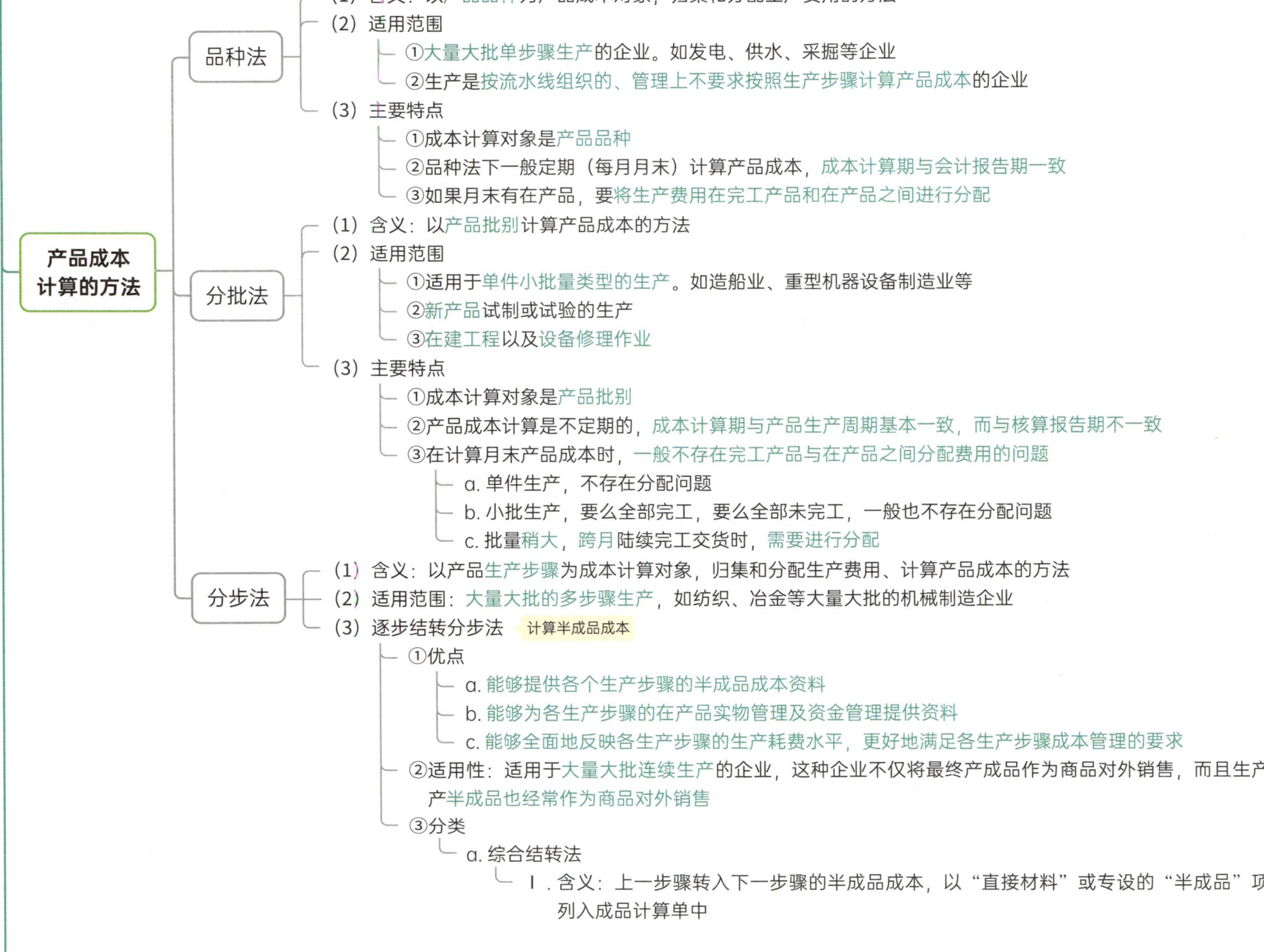

产品成本计算的方法

- 品种法
  - (1) 含义：以产品品种为产品成本对象，归集和分配生产费用的方法
  - (2) 适用范围
    - ①大量大批单步骤生产的企业。如发电、供水、采掘等企业
    - ②生产是按流水线组织的、管理上不要求按照生产步骤计算产品成本的企业
  - (3) 主要特点
    - ①成本计算对象是产品品种
    - ②品种法下一般定期（每月月末）计算产品成本，成本计算期与会计报告期一致
    - ③如果月末有在产品，要将生产费用在完工产品和在产品之间进行分配
- 分批法
  - (1) 含义：以产品批别计算产品成本的方法
  - (2) 适用范围
    - ①适用于单件小批量类型的生产。如造船业、重型机器设备制造业等
    - ②新产品试制或试验的生产
    - ③在建工程以及设备修理作业
  - (3) 主要特点
    - ①成本计算对象是产品批别
    - ②产品成本计算是不定期的，成本计算期与产品生产周期基本一致，而与核算报告期不一致
    - ③在计算月末产品成本时，一般不存在完工产品与在产品之间分配费用的问题
      - a. 单件生产，不存在分配问题
      - b. 小批生产，要么全部完工，要么全部未完工，一般也不存在分配问题
      - c. 批量稍大，跨月陆续完工交货时，需要进行分配
- 分步法
  - (1) 含义：以产品生产步骤为成本计算对象，归集和分配生产费用、计算产品成本的方法
  - (2) 适用范围：大量大批的多步骤生产，如纺织、冶金等大量大批的机械制造企业
  - (3) 逐步结转分步法 计算半成品成本
    - ①优点
      - a. 能够提供各个生产步骤的半成品成本资料
      - b. 能够为各生产步骤的在产品实物管理及资金管理提供资料
      - c. 能够全面地反映各生产步骤的生产耗费水平，更好地满足各生产步骤成本管理的要求
    - ②适用性：适用于大量大批连续生产的企业，这种企业不仅将最终产成品作为商品对外销售，而且生产步骤所产半成品也经常作为商品对外销售
    - ③分类
      - a. 综合结转法
        - Ⅰ. 含义：上一步骤转入下一步骤的半成品成本，以“直接材料”或专设的“半成品”项目综合列入成品计算单中

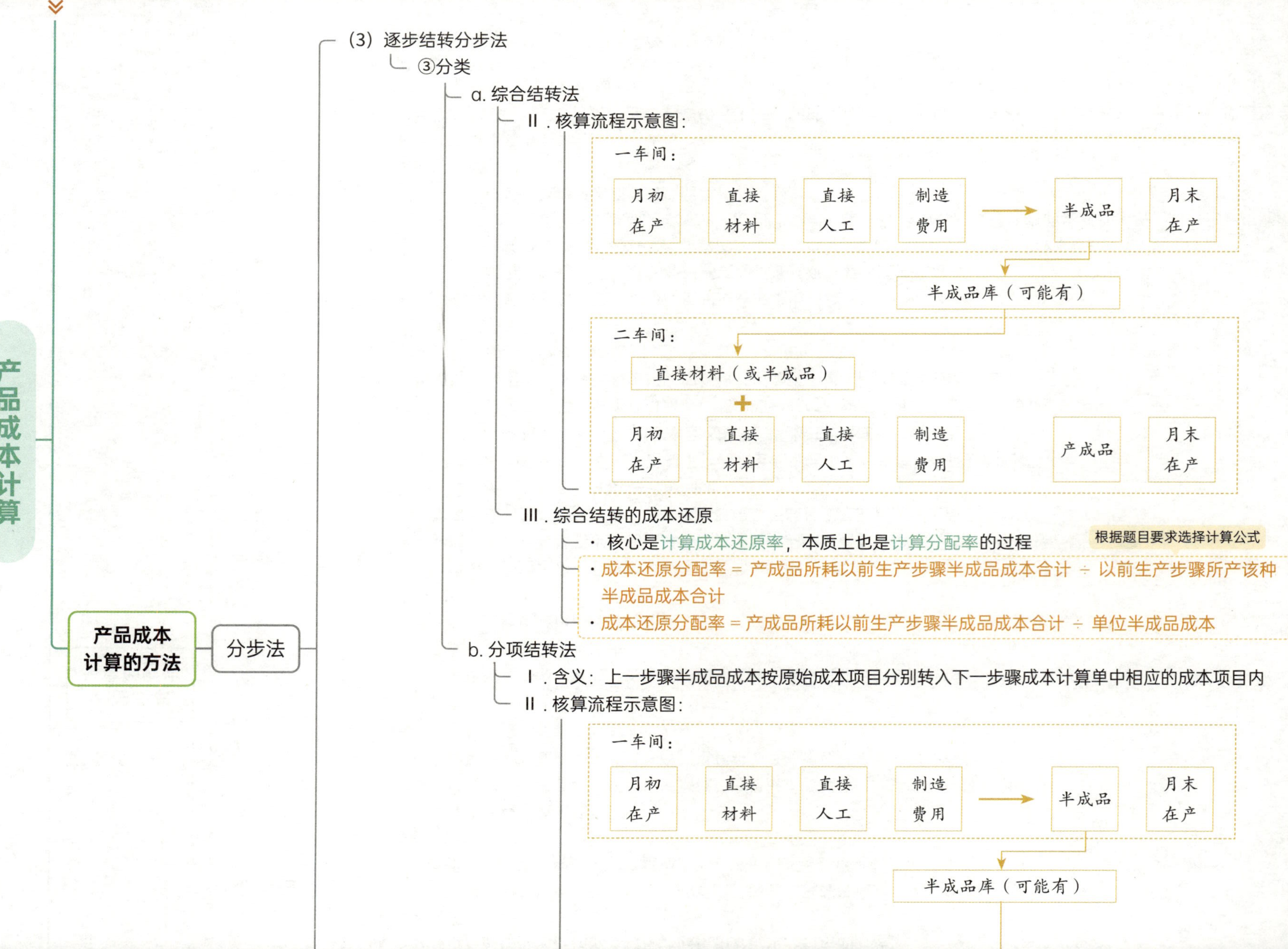
产品成本计算
产品成本计算的方法
分步法
(3) 逐步结转分步法
③分类
a. 综合结转法
Ⅱ. 核算流程示意图：
一车间：
月初在产
直接材料
直接人工
制造费用
半成品
月末在产
半成品库（可能有）
二车间：
直接材料（或半成品）
月初在产
直接材料
直接人工
制造费用
产成品
月末在产
Ⅲ. 综合结转的成本还原
· 核心是计算成本还原率，本质上也是计算分配率的过程
根据题目要求选择计算公式
· 成本还原分配率 = 产成品所耗以前生产步骤半成品成本合计 ÷ 以前生产步骤所产该种半成品成本合计
· 成本还原分配率 = 产成品所耗以前生产步骤半成品成本合计 ÷ 单位半成品成本
b. 分项结转法
Ⅰ. 含义：上一步骤半成品成本按原始成本项目分别转入下一步骤成本计算单中相应的成本项目内
Ⅱ. 核算流程示意图：
一车间：
月初在产
直接材料
直接人工
制造费用
半成品
月末在产
半成品库（可能有）

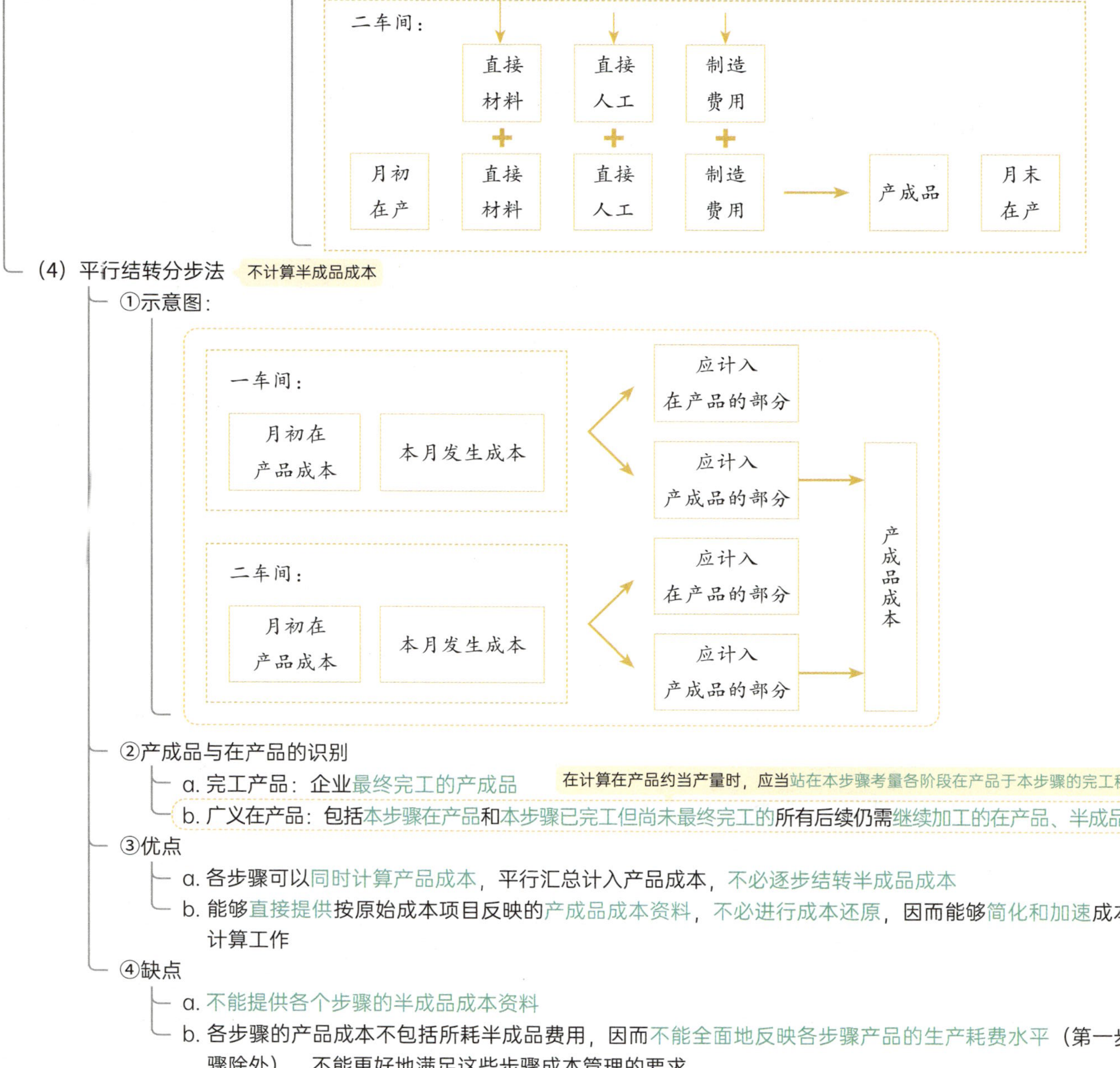

(4) 平行结转分步法 不计算半成品成本

①示意图：

②产成品与在产品的识别

a. 完工产品：企业最终完工的产成品

在计算在产品约当产量时，应当站在本步骤考量各阶段在产品于本步骤的完工程度

b. 广义在产品：包括本步骤在产品和本步骤已完工但尚未最终完工的所有后续仍需继续加工的在产品、半成品

③优点

a. 各步骤可以同时计算产品成本，平行汇总计入产品成本，不必逐步结转半成品成本

b. 能够直接提供按原始成本项目反映的产成品成本资料，不必进行成本还原，因而能够简化和加速成本计算工作

④缺点

a. 不能提供各个步骤的半成品成本资料

b. 各步骤的产品成本不包括所耗半成品费用，因而不能全面地反映各步骤产品的生产耗费水平（第一步骤除外），不能更好地满足这些步骤成本管理的要求

第十三章 标准成本法

（考4分）

标准成本及其制定

标准成本的概念和作用

（1）概念

项目	成本标准	标准成本
含义	单位产品的标准成本	实际产量的标准成本总额
计算依据	根据单位产品的标准消耗量和标准单价计算出来的	根据**实际产品产量**和单位产品成本标准计算出来的
计算公式	**单位产品标准消耗量×标准单价**	**实际产量×单位产品标准成本**
用途	讨论标准成本制定	讨论成本差异计算

（2）作用：标准成本要体现企业的目标和要求，主要用于衡量产品制造过程的工作效率和控制成本，也可用于存货和销货成本计价

标准成本的种类

（1）按生产技术和经营管理水平

①理想标准成本

a. 含义：在最优的生产条件下，利用现有的规模和设备能够达到的最低成本

b. 评价：提出的要求太高，不宜作为考核的依据

②正常标准成本

a. 含义：在效率良好的条件下，根据下期一般应该发生的生产要素消耗量、预计价格和预计生产经营能力利用程度制定出来的标准成本

b. 评价：切实可行，广泛使用

（2）按适用期

①现行标准成本

a. 含义：根据其适用期间应该发生的价格、效率和生产经营能力利用程度等预计的标准成本

b. 评价：可以成为评价实际成本的依据，也可以用来对存货和销货成本计价

②基本标准成本

a. 含义

Ⅰ. 一经制定，只要生产的基本条件无重大变化，就不予变动的一种标准成本

Ⅱ. 生产的基本条件重大变化的划分举例：

基本条件的重大变化	非基本条件的重大变化
产品的物理结构变化	由于市场供求变化导致的售价变化
重要原材料和劳动力价格的重要变化	生产经营能力利用程度的变化
生产技术和工艺的根本变化	由于工作方法改变而引起的效率变化

标准成本法

- b. 评价：可反映成本变动的趋势，如果不按各期实际进行动态修订，就不宜用来直接评价工作效率和成本控制的有效性

标准成本的制定

- (1) 直接材料标准成本
  - ①用量标准：单位产品材料标准消耗量
  - ②价格标准：原材料标准单价
- (2) 直接人工标准成本
  - ①用量标准：单位产品标准工时
  - ②价格标准：标准工资率
- (3) 制造费用标准成本
  - ①用量标准：单位产品标准工时（或台时）
  - ②价格标准：制造费用标准分配率 = （变动或固定）制造费用预算总数 / 直接人工标准总工时

标准成本的差异分析

变动成本差异的分析

- (1) 一般分析方法

①实际数量 × 实际价格	价格差异 ①−②	成本差异 ①−③
②实际数量 × 标准价格		
③标准数量 × 标准价格	数量差异 ②−③	

- (2) 直接材料差异分析
  - ①公式：直接材料成本差异 = 实际成本 − 标准成本
    - a. 直接材料价格差异（价差）= 实际数量 ×（实际价格 − 标准价格）
    - b. 直接材料数量差异（量差）=（实际数量 − 标准数量）× 标准价格
  - ②责任归属
    - a. 价格差异：采购部门
    - b. 数量差异：生产部门（有时用料量增多并非生产部门的责任，可能是由于购入材料质量低劣、规格不符使用量超过标准；也可能是由于工艺变更、检验过严使数量差异加大）
- (3) 直接人工差异分析
  - ①直接人工成本差异 = 实际直接人工成本 − 标准直接人工成本
    - a. 直接人工工资率差异（价差）= 实际工时 ×（实际工资率 − 标准工资率）
    - b. 直接人工效率差异（量差）=（实际工时 − 标准工时）× 标准工资率
  - ②责任归属
    - a. 工资率差异：人力资源部门
    - b. 效率差异：生产部门（不是绝对的，例如，材料质量不高也会影响生产效率）

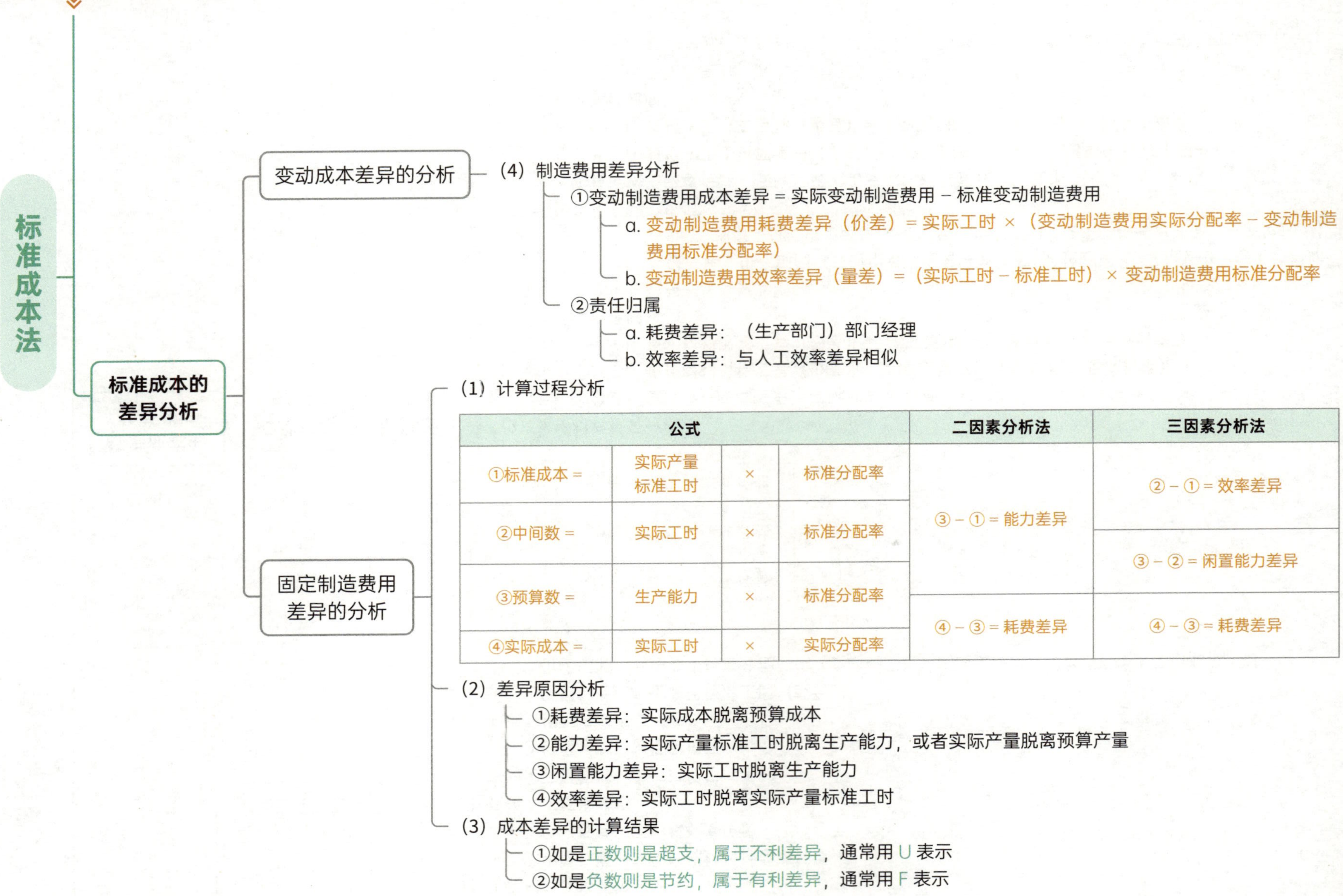

标准成本法

标准成本的差异分析

变动成本差异的分析

（4）制造费用差异分析

- ①变动制造费用成本差异 = 实际变动制造费用 − 标准变动制造费用
  - a. 变动制造费用耗费差异（价差）= 实际工时 ×（变动制造费用实际分配率 − 变动制造费用标准分配率）
  - b. 变动制造费用效率差异（量差）=（实际工时 − 标准工时）× 变动制造费用标准分配率
- ②责任归属
  - a. 耗费差异：（生产部门）部门经理
  - b. 效率差异：与人工效率差异相似

固定制造费用差异的分析

（1）计算过程分析

公式				二因素分析法	三因素分析法
①标准成本 =	实际产量标准工时	×	标准分配率	③ − ① = 能力差异	② − ① = 效率差异
②中间数 =	实际工时	×	标准分配率		③ − ② = 闲置能力差异
③预算数 =	生产能力	×	标准分配率		
④实际成本 =	实际工时	×	实际分配率	④ − ③ = 耗费差异	④ − ③ = 耗费差异

（2）差异原因分析

- ①耗费差异：实际成本脱离预算成本
- ②能力差异：实际产量标准工时脱离生产能力，或者实际产量脱离预算产量
- ③闲置能力差异：实际工时脱离生产能力
- ④效率差异：实际工时脱离实际产量标准工时

（3）成本差异的计算结果

- ①如是正数则是超支，属于不利差异，通常用 U 表示
- ②如是负数则是节约，属于有利差异，通常用 F 表示

笔记区

第十四章 作业成本法 （考 4 分）

作业成本法

作业成本法的概念与特点

传统成本计算方法的缺陷及解决办法

缺陷	解决办法
将固定制造费用分摊给不同种类的产品	变动成本法
产生误导决策的成本信息	作业成本法

作业成本法的含义与核心概念

(1) 含义：将间接成本和辅助费用更准确地分配到产品和服务中的一种成本计算方法

(2) 核心概念

- ①资源：作业耗费的人工、能源和实物资产等
- ②作业：企业中特定组织重复执行的任务或活动
- ③成本动因
  - a. 资源成本动因：引起作业成本增加的驱动因素，将资源成本分配给作业的依据
  - b. 作业成本动因：引起产品成本增加的驱动因素，将作业成本分配给产品的依据

作业成本法的主要特点

(1) 成本计算分为两个阶段

- ①第一阶段：将资源分配给作业
- ②第二阶段：将作业分配给产品（或服务）

(2) 成本分配强调因果关系

- ①成本分配的三种形式
  - a. 成本追溯：直接分配，最准确
  - b. 动因分配：因果关系建立恰当，较准确
  - c. 分摊：按产量强制分摊，准确度较低
- ②总结：主要使用成本追溯和动因分配，尽可能减少不准确的分摊

(3) 成本分配使用多维成本动因 — 采用不同层面的、众多的成本动因进行成本分配，要比采用单一分配基础更加合理、准确

(1) 作业的认定

- 对每项消耗资源的作业进行定义，识别每项作业在生产活动中的作用、与其他作业的区别，以及每项作业与耗用资源的联系

(2) 作业成本库的设计

- ①单位级作业
  - a. 定义：每一单位产品至少要执行一次的作业。例如，机器加工、组装
  - b. 提示：单位级作业成本是直接成本，可以追溯到每个单位产品上

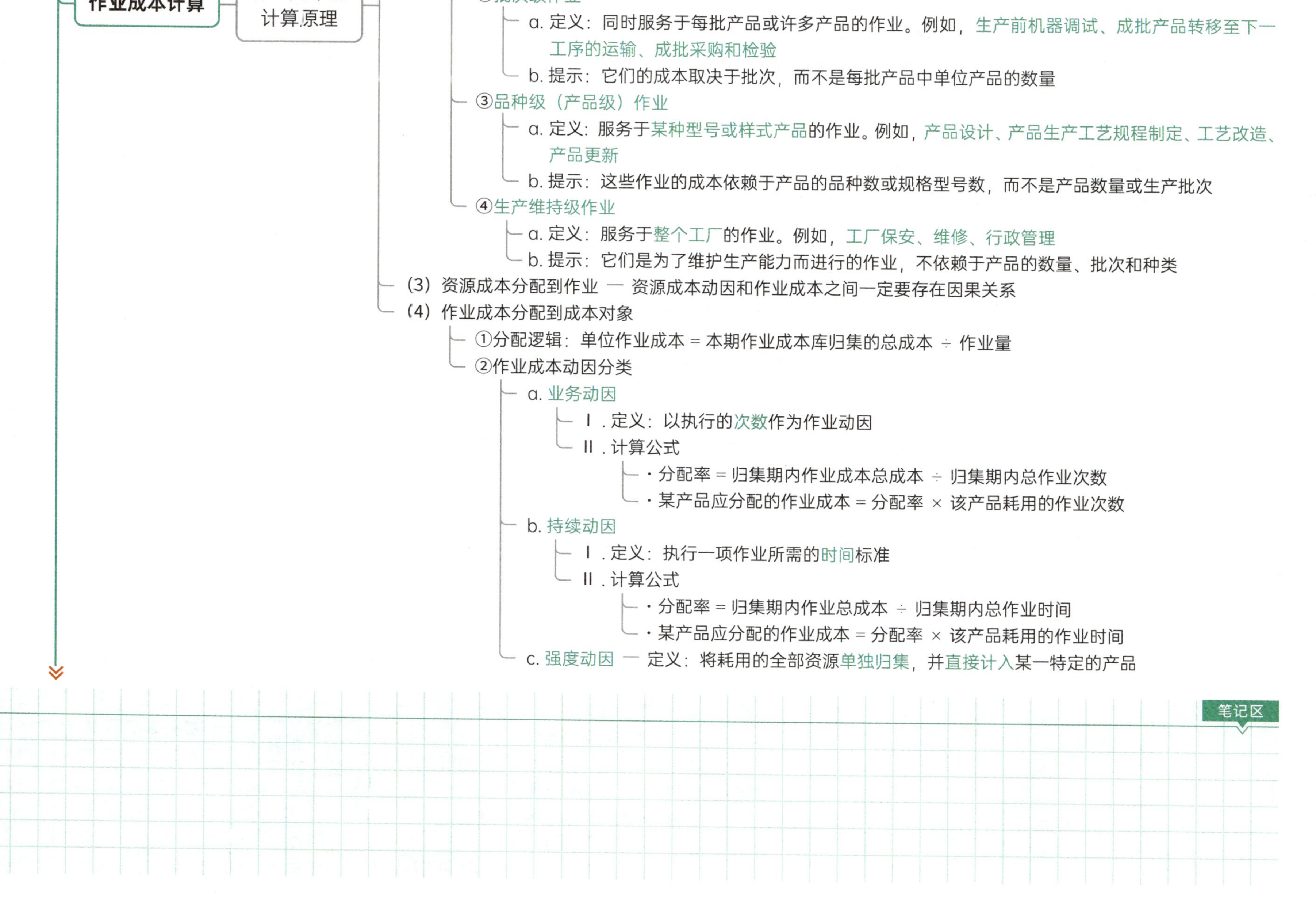

作业成本计算

作业成本的计算原理

- ②批次级作业
  - a. 定义：同时服务于每批产品或许多产品的作业。例如，生产前机器调试、成批产品转移至下一工序的运输、成批采购和检验
  - b. 提示：它们的成本取决于批次，而不是每批产品中单位产品的数量
- ③品种级（产品级）作业
  - a. 定义：服务于某种型号或样式产品的作业。例如，产品设计、产品生产工艺规程制定、工艺改造、产品更新
  - b. 提示：这些作业的成本依赖于产品的品种数或规格型号数，而不是产品数量或生产批次
- ④生产维持级作业
  - a. 定义：服务于整个工厂的作业。例如，工厂保安、维修、行政管理
  - b. 提示：它们是为了维护生产能力而进行的作业，不依赖于产品的数量、批次和种类

(3) 资源成本分配到作业 — 资源成本动因和作业成本之间一定要存在因果关系

(4) 作业成本分配到成本对象

- ①分配逻辑：单位作业成本 = 本期作业成本库归集的总成本 ÷ 作业量
- ②作业成本动因分类
  - a. 业务动因
    - Ⅰ. 定义：以执行的次数作为作业动因
    - Ⅱ. 计算公式
      - · 分配率 = 归集期内作业成本总成本 ÷ 归集期内总作业次数
      - · 某产品应分配的作业成本 = 分配率 × 该产品耗用的作业次数
  - b. 持续动因
    - Ⅰ. 定义：执行一项作业所需的时间标准
    - Ⅱ. 计算公式
      - · 分配率 = 归集期内作业总成本 ÷ 归集期内总作业时间
      - · 某产品应分配的作业成本 = 分配率 × 该产品耗用的作业时间
  - c. 强度动因 — 定义：将耗用的全部资源单独归集，并直接计入某一特定的产品

笔记区

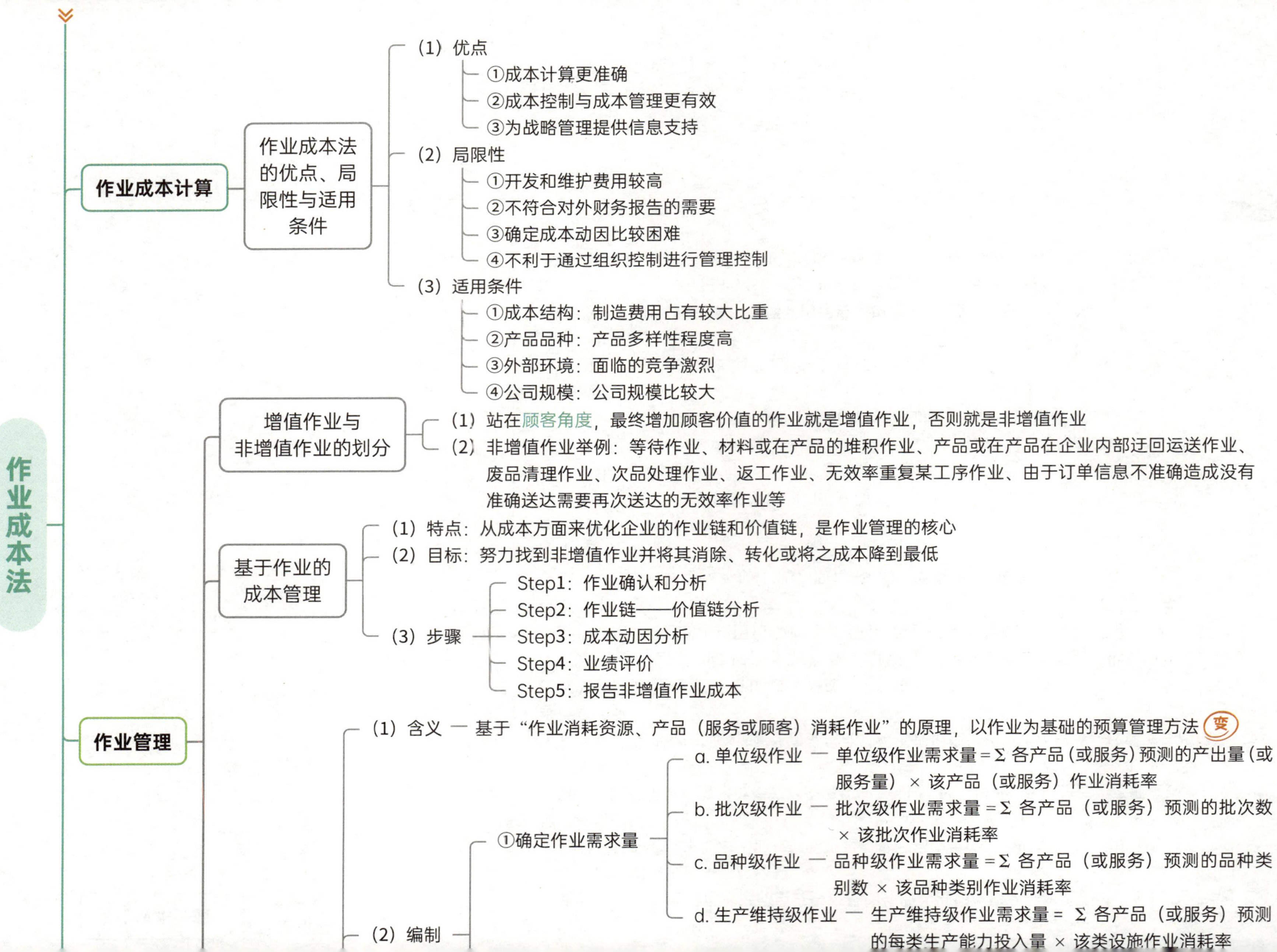

作业成本法

作业成本计算

作业成本法的优点、局限性与适用条件

(1) 优点
- ①成本计算更准确
- ②成本控制与成本管理更有效
- ③为战略管理提供信息支持

(2) 局限性
- ①开发和维护费用较高
- ②不符合对外财务报告的需要
- ③确定成本动因比较困难
- ④不利于通过组织控制进行管理控制

(3) 适用条件
- ①成本结构：制造费用占有较大比重
- ②产品品种：产品多样性程度高
- ③外部环境：面临的竞争激烈
- ④公司规模：公司规模比较大

作业管理

增值作业与非增值作业的划分

(1) 站在顾客角度，最终增加顾客价值的作业就是增值作业，否则就是非增值作业

(2) 非增值作业举例：等待作业、材料或在产品的堆积作业、产品或在产品在企业内部迂回运送作业、废品清理作业、次品处理作业、返工作业、无效率重复某工序作业、由于订单信息不准确造成没有准确送达需要再次送达的无效率作业等

基于作业的成本管理

(1) 特点：从成本方面来优化企业的作业链和价值链，是作业管理的核心

(2) 目标：努力找到非增值作业并将其消除、转化或将之成本降到最低

(3) 步骤
- Step1：作业确认和分析
- Step2：作业链——价值链分析
- Step3：成本动因分析
- Step4：业绩评价
- Step5：报告非增值作业成本

(1) 含义 — 基于“作业消耗资源、产品（服务或顾客）消耗作业”的原理，以作业为基础的预算管理方法 变

(2) 编制

①确定作业需求量
- a. 单位级作业 — 单位级作业需求量 = Σ 各产品（或服务）预测的产出量（或服务量）× 该产品（或服务）作业消耗率
- b. 批次级作业 — 批次级作业需求量 = Σ 各产品（或服务）预测的批次数 × 该批次作业消耗率
- c. 品种级作业 — 品种级作业需求量 = Σ 各产品（或服务）预测的品种类别数 × 该品种类别作业消耗率
- d. 生产维持级作业 — 生产维持级作业需求量 = Σ 各产品（或服务）预测的每类生产能力投入量 × 该类设施作业消耗率

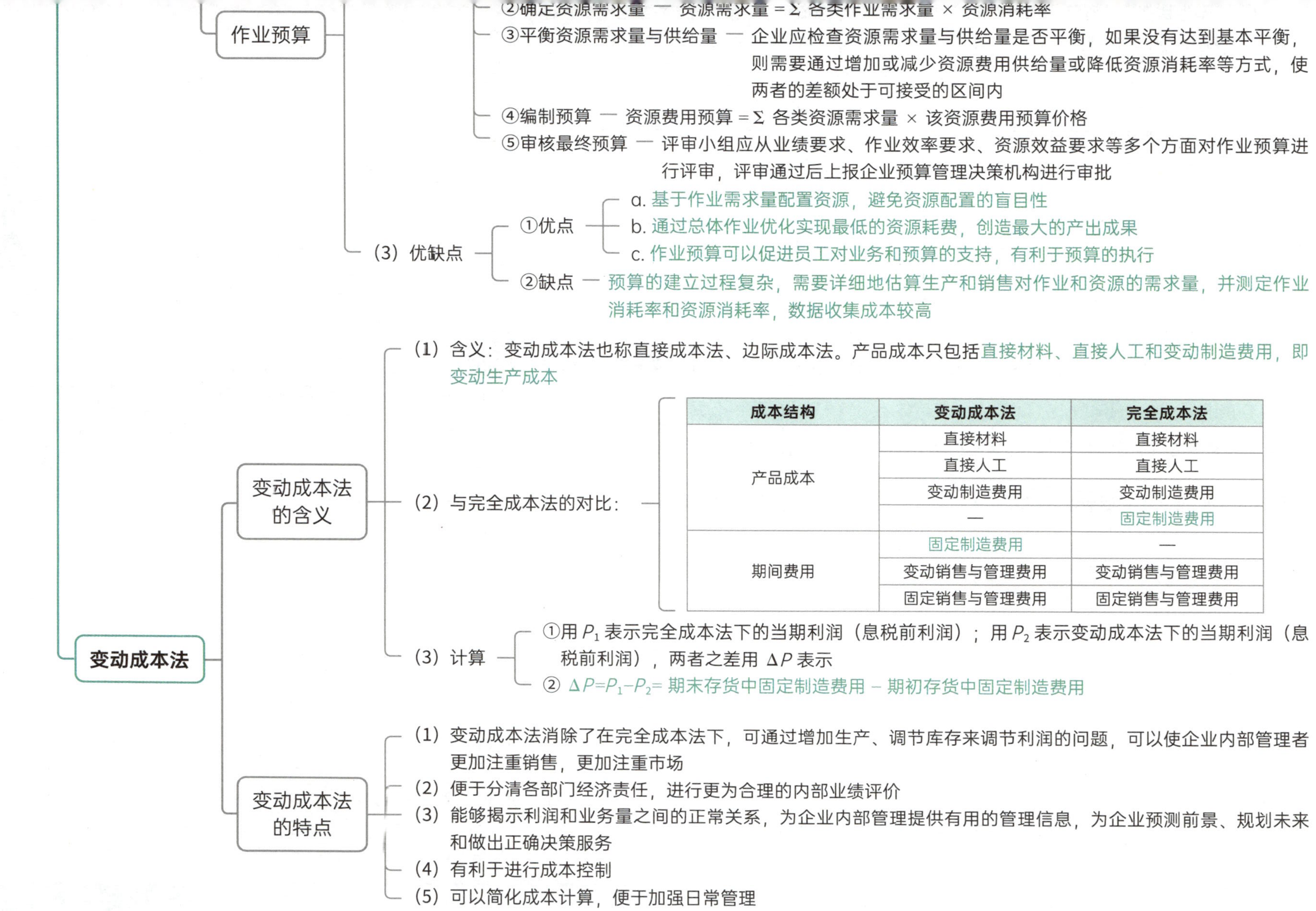

- 作业预算
  - ②确定资源需求量 — 资源需求量 = Σ 各类作业需求量 × 资源消耗率
  - ③平衡资源需求量与供给量 — 企业应检查资源需求量与供给量是否平衡，如果没有达到基本平衡，则需要通过增加或减少资源费用供给量或降低资源消耗率等方式，使两者的差额处于可接受的区间内
  - ④编制预算 — 资源费用预算 = Σ 各类资源需求量 × 该资源费用预算价格
  - ⑤审核最终预算 — 评审小组应从业绩要求、作业效率要求、资源效益要求等多个方面对作业预算进行评审，评审通过后上报企业预算管理决策机构进行审批
  - (3) 优缺点
    - ①优点
      - a. 基于作业需求量配置资源，避免资源配置的盲目性
      - b. 通过总体作业优化实现最低的资源耗费，创造最大的产出成果
      - c. 作业预算可以促进员工对业务和预算的支持，有利于预算的执行
    - ②缺点 — 预算的建立过程复杂，需要详细地估算生产和销售对作业和资源的需求量，并测定作业消耗率和资源消耗率，数据收集成本较高

变动成本法

变动成本法的含义

(1) 含义：变动成本法也称直接成本法、边际成本法。产品成本只包括直接材料、直接人工和变动制造费用，即变动生产成本

(2) 与完全成本法的对比：

成本结构	变动成本法	完全成本法
产品成本	直接材料	直接材料
	直接人工	直接人工
	变动制造费用	变动制造费用
	—	固定制造费用
期间费用	固定制造费用	—
	变动销售与管理费用	变动销售与管理费用
	固定销售与管理费用	固定销售与管理费用

(3) 计算

- ①用 P_1 表示完全成本法下的当期利润（息税前利润）；用 P_2 表示变动成本法下的当期利润（息税前利润），两者之差用 ΔP 表示
- ② $\Delta P=P_1-P_2=$ 期末存货中固定制造费用 − 期初存货中固定制造费用

变动成本法的特点

(1) 变动成本法消除了在完全成本法下，可通过增加生产、调节库存来调节利润的问题，可以使企业内部管理者更加注重销售，更加注重市场

(2) 便于分清各部门经济责任，进行更为合理的内部业绩评价

(3) 能够揭示利润和业务量之间的正常关系，为企业内部管理提供有用的管理信息，为企业预测前景、规划未来和做出正确决策服务

(4) 有利于进行成本控制

(5) 可以简化成本计算，便于加强日常管理

第十五章 本量利分析 （考8分）

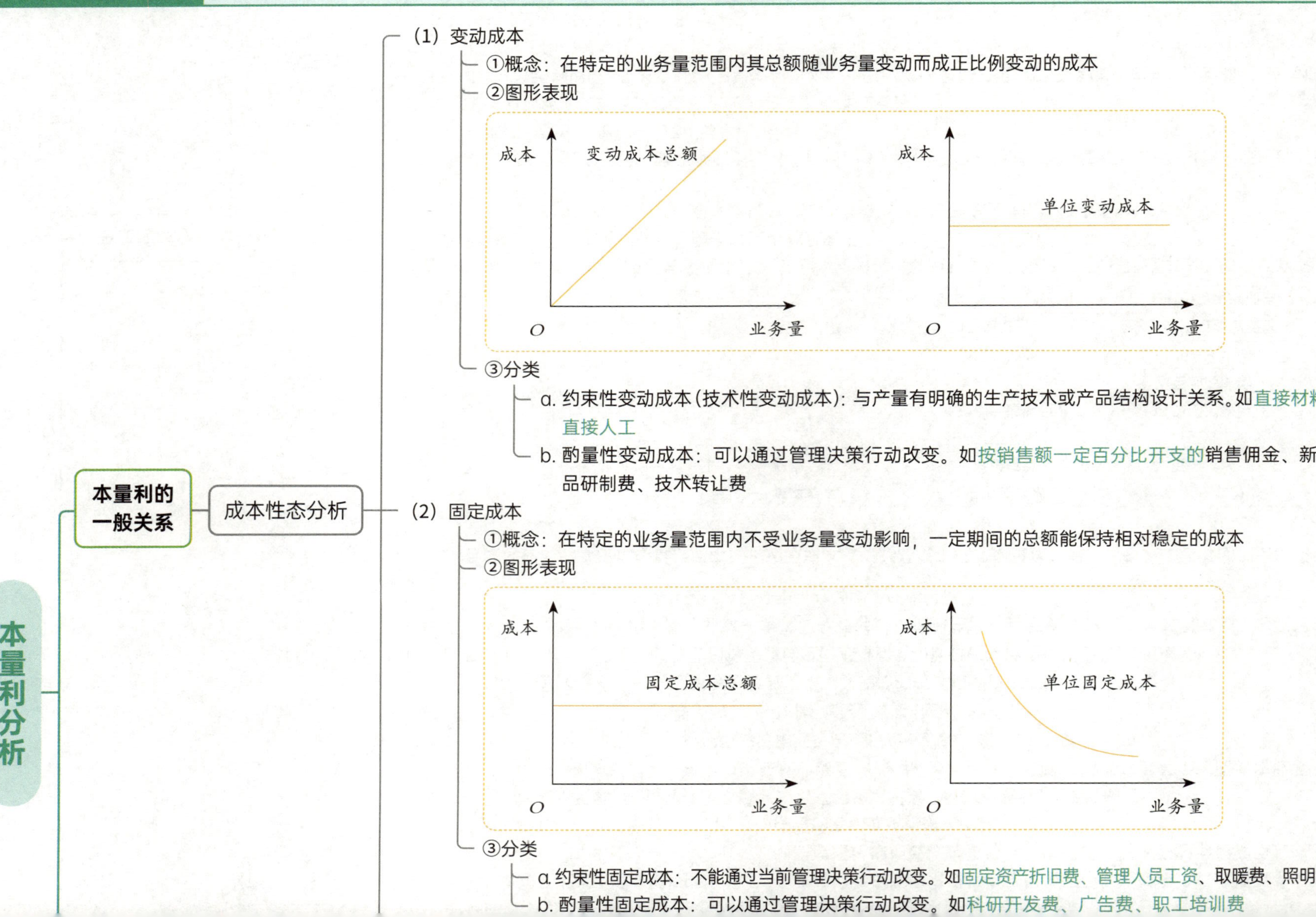

本量利分析
本量利的一般关系
成本性态分析
(1) 变动成本
①概念：在特定的业务量范围内其总额随业务量变动而成正比例变动的成本
②图形表现
成本
变动成本总额
O
业务量
成本
单位变动成本
O
业务量
③分类
a. 约束性变动成本（技术性变动成本）：与产量有明确的生产技术或产品结构设计关系。如直接材料、直接人工
b. 酌量性变动成本：可以通过管理决策行动改变。如按销售额一定百分比开支的销售佣金、新产品研制费、技术转让费
(2) 固定成本
①概念：在特定的业务量范围内不受业务量变动影响，一定期间的总额能保持相对稳定的成本
②图形表现
成本
固定成本总额
O
业务量
成本
单位固定成本
O
业务量
③分类
a. 约束性固定成本：不能通过当前管理决策行动改变。如固定资产折旧费、管理人员工资、取暖费、照明费
b. 酌量性固定成本：可以通过管理决策行动改变。如科研开发费、广告费、职工培训费

(3) 混合成本

①半变动成本

a. 概念：在初始成本的基础上随业务量正比例增长的成本

b. 图形表现

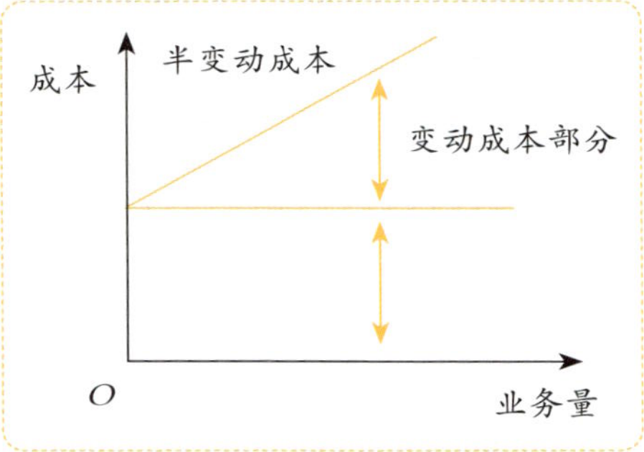

成本
半变动成本
变动成本部分
O
业务量

c. 举例：甲消费者每月购买的某移动通信公司流量套餐，套餐费 58 元，不包含任何免费通话，通话每分钟 0.15 元

②阶梯式成本

a. 概念：总额随业务量呈阶梯式增长的成本，亦称步增成本或半固定成本

b. 图形表现

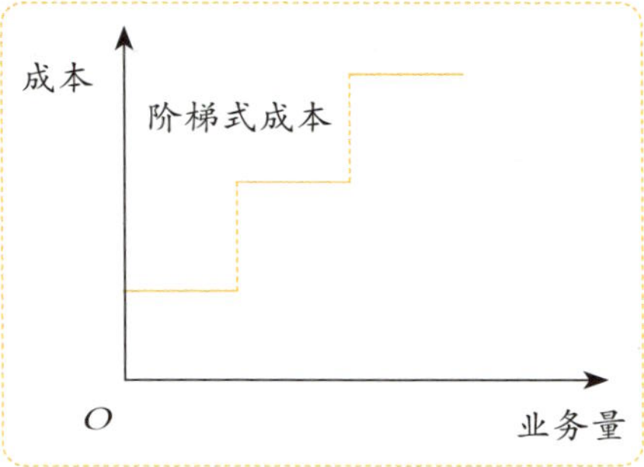

成本
阶梯式成本
O
业务量

c. 举例：甲消费者每月购买的某移动通信公司套餐，无套餐费，月通话时长 1 000 分钟以内为 10 元、大于 1 000 分钟不超过 2 000 分钟为 20 元、大于 2 000 分钟不超过 3 000 分钟为 30 元，以此类推

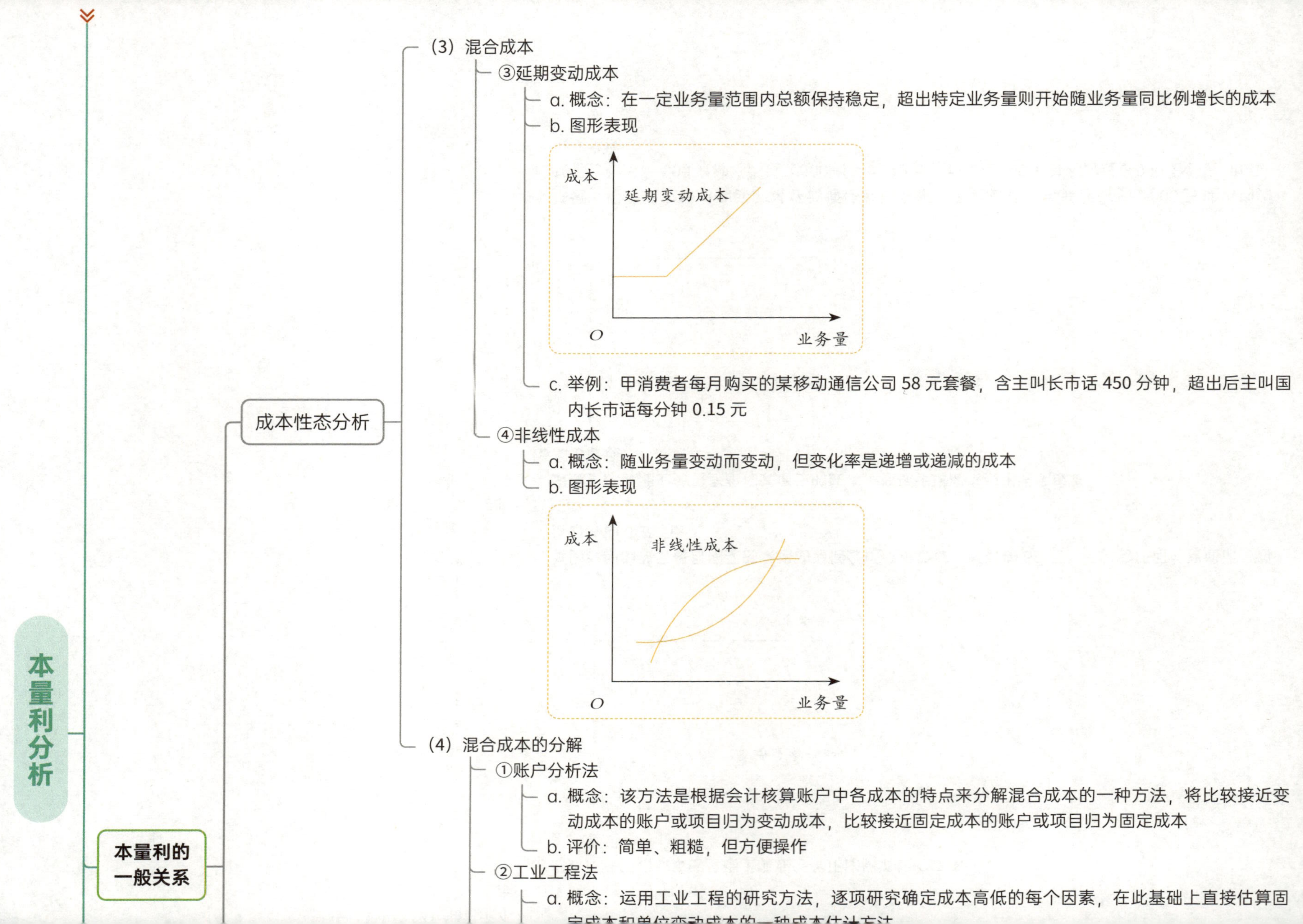
本量利分析
本量利的一般关系
成本性态分析
（3）混合成本
③延期变动成本
a. 概念：在一定业务量范围内总额保持稳定，超出特定业务量则开始随业务量同比例增长的成本
b. 图形表现
成本
延期变动成本
O
业务量
c. 举例：甲消费者每月购买的某移动通信公司 58 元套餐，含主叫长市话 450 分钟，超出后主叫国内长市话每分钟 0.15 元
④非线性成本
a. 概念：随业务量变动而变动，但变化率是递增或递减的成本
b. 图形表现
成本
非线性成本
O
业务量
（4）混合成本的分解
①账户分析法
a. 概念：该方法是根据会计核算账户中各成本的特点来分解混合成本的一种方法，将比较接近变动成本的账户或项目归为变动成本，比较接近固定成本的账户或项目归为固定成本
b. 评价：简单、粗糙，但方便操作
②工业工程法
a. 概念：运用工业工程的研究方法，逐项研究确定成本高低的每个因素，在此基础上直接估算固

b. 评价：可以在没有历史成本数据、历史成本数据不可靠，或者需要对历史成本分析结论进行验证的情况下使用。尤其是在建立标准成本和制定预算时，使用工业工程法比历史成本分析更加科学

③直线回归法

a. 概念：根据一系列历史成本资料，用数学上的最小平方法原理，计算能代表平均成本水平的直线截距和斜率，以其作为固定成本和单位变动成本的一种成本估计方法

b. 评价：理论上比较健全，结果精确，但计算过程比较繁琐

④高低点法

a. 概念：高低点法是根据若干时期的历史资料，取其业务量（如产量）的最高点与最低点来分解混合成本的一种方法。该方法首先计算单位变动成本，即以两点之间的成本增量除以两点之间的业务量增量计算出单位变动成本，再计算固定成本

b. 公式：

Ⅰ. 单位变动成本 =（最高点成本 − 最低点成本）÷（最高点产量 − 最低点产量）

Ⅱ. 固定成本 = 高点（或低点）的总成本 − 单位变动成本 × 高点（或低点）产量

c. 评价：计算简单，但仅利用了高低点数据，忽略了其他数据信息。另外，如果高低点为异常值时，则不具有代表性，可能需要考虑更换数据

本量利分析基本模型的相关假设

项目	含义
相关范围假设	区分一项成本是变动还是固定时，均限定在一定的相关范围内，包括期间假设和业务量假设
线性假设	固定成本不变；变动成本与业务量呈完全线性关系（即单位变动成本不变）；销售收入与销售数量呈完全线性关系（即销售价格不变）
产销平衡假设	生产数量=销售数量
品种结构不变假设	各种产品的销售收入在总收入中所占的比重不变
共同假设	企业的全部成本可以合理地或者比较准确地分解为固定成本与变动成本

本量利分析基本模型

（1）基本的损益方程式

息税前利润 = 销售收入 − 总成本
= 单价 × 销量 − 单位变动成本 × 销量 − 固定成本
=（单价 − 单位变动成本）× 销量 − 固定成本
= $(P-V) \times Q-F$

（2）边际贡献方程式

①边际贡献

a.（产品）边际贡献 销售收入减去变动成本后的差额，是形成利润的基础，弥补固定成本之后，形成公司利润，边际贡献 = 销售收入 − 变动成本 =（单价 − 单位变动成本）× 销量

b. 单位边际贡献：单位边际贡献 = 单价 − 单位变动成本

c. 制造边际贡献：制造边际贡献 = 销售收入 − 变动生产成本

d. 提示：如果在“边际贡献”前未加任何定语，则是指“产品边际贡献”

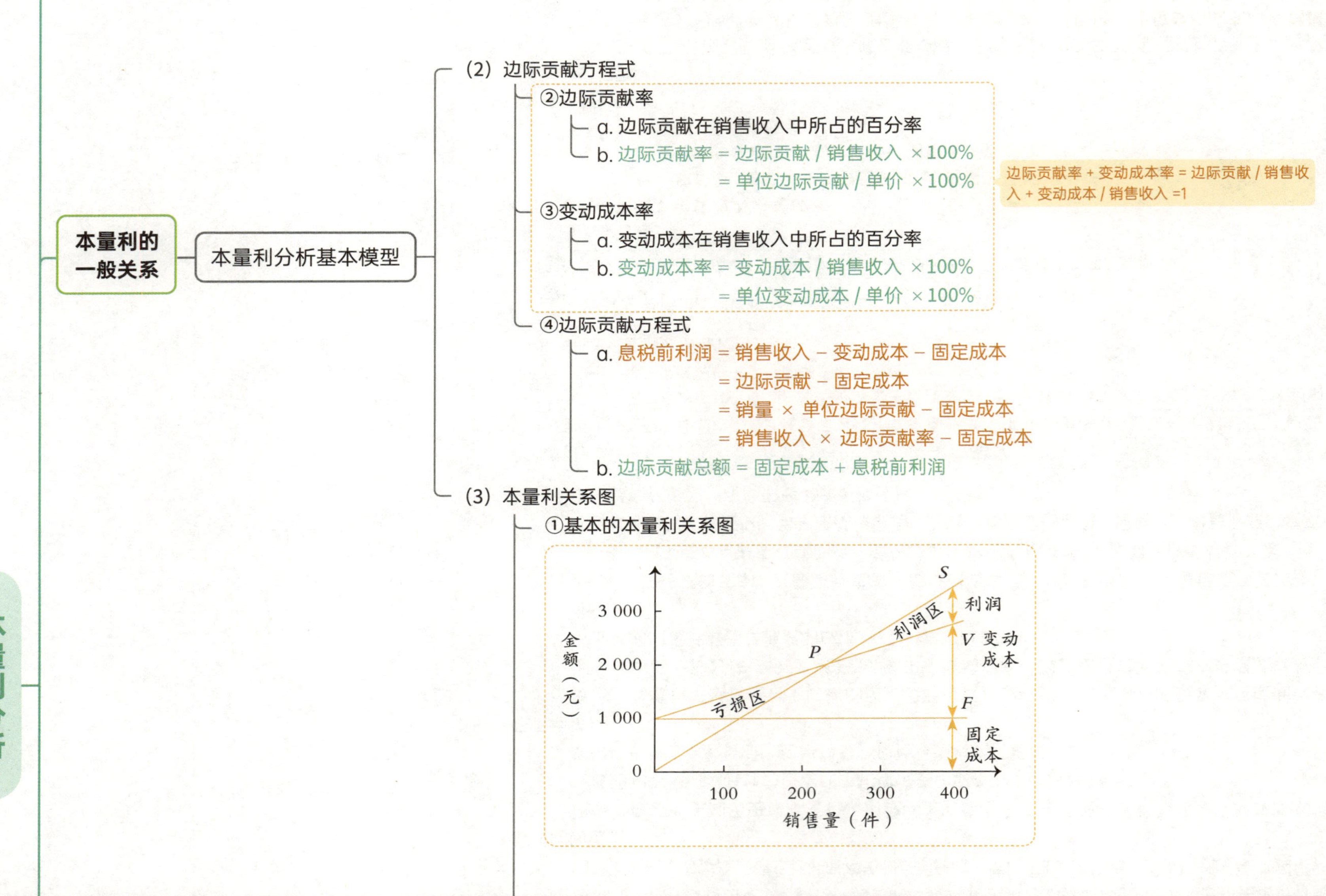

本量利分析
本量利的一般关系
本量利分析基本模型
(2) 边际贡献方程式
②边际贡献率
a. 边际贡献在销售收入中所占的百分率
b. 边际贡献率 = 边际贡献 / 销售收入 × 100%
= 单位边际贡献 / 单价 × 100%
边际贡献率 + 变动成本率 = 边际贡献 / 销售收入 + 变动成本 / 销售收入 =1
③变动成本率
a. 变动成本在销售收入中所占的百分率
b. 变动成本率 = 变动成本 / 销售收入 × 100%
= 单位变动成本 / 单价 × 100%
④边际贡献方程式
a. 息税前利润 = 销售收入 − 变动成本 − 固定成本
= 边际贡献 − 固定成本
= 销量 × 单位边际贡献 − 固定成本
= 销售收入 × 边际贡献率 − 固定成本
b. 边际贡献总额 = 固定成本 + 息税前利润
(3) 本量利关系图
①基本的本量利关系图
金额（元）
3 000
2 000
1 000
0
100
200
300
400
销售量（件）
S
P
V 变动成本
F
利润
利润区
亏损区
固定成本

②正方形本量利关系图

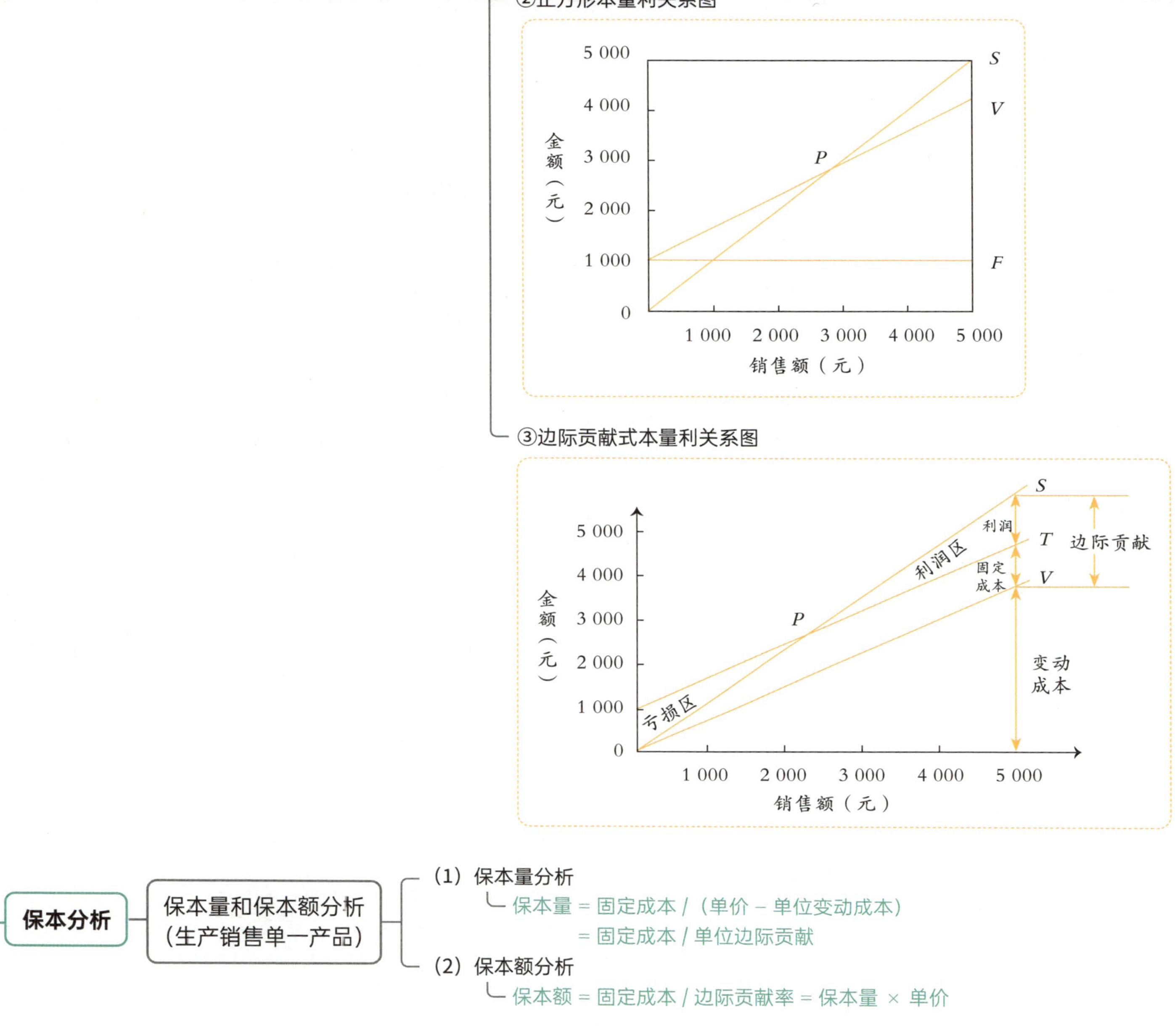

保本分析

保本量和保本额分析（生产销售单一产品）

(1) 保本量分析

保本量 = 固定成本 /（单价 − 单位变动成本）

= 固定成本 / 单位边际贡献

(2) 保本额分析

保本额 = 固定成本 / 边际贡献率 = 保本量 × 单价

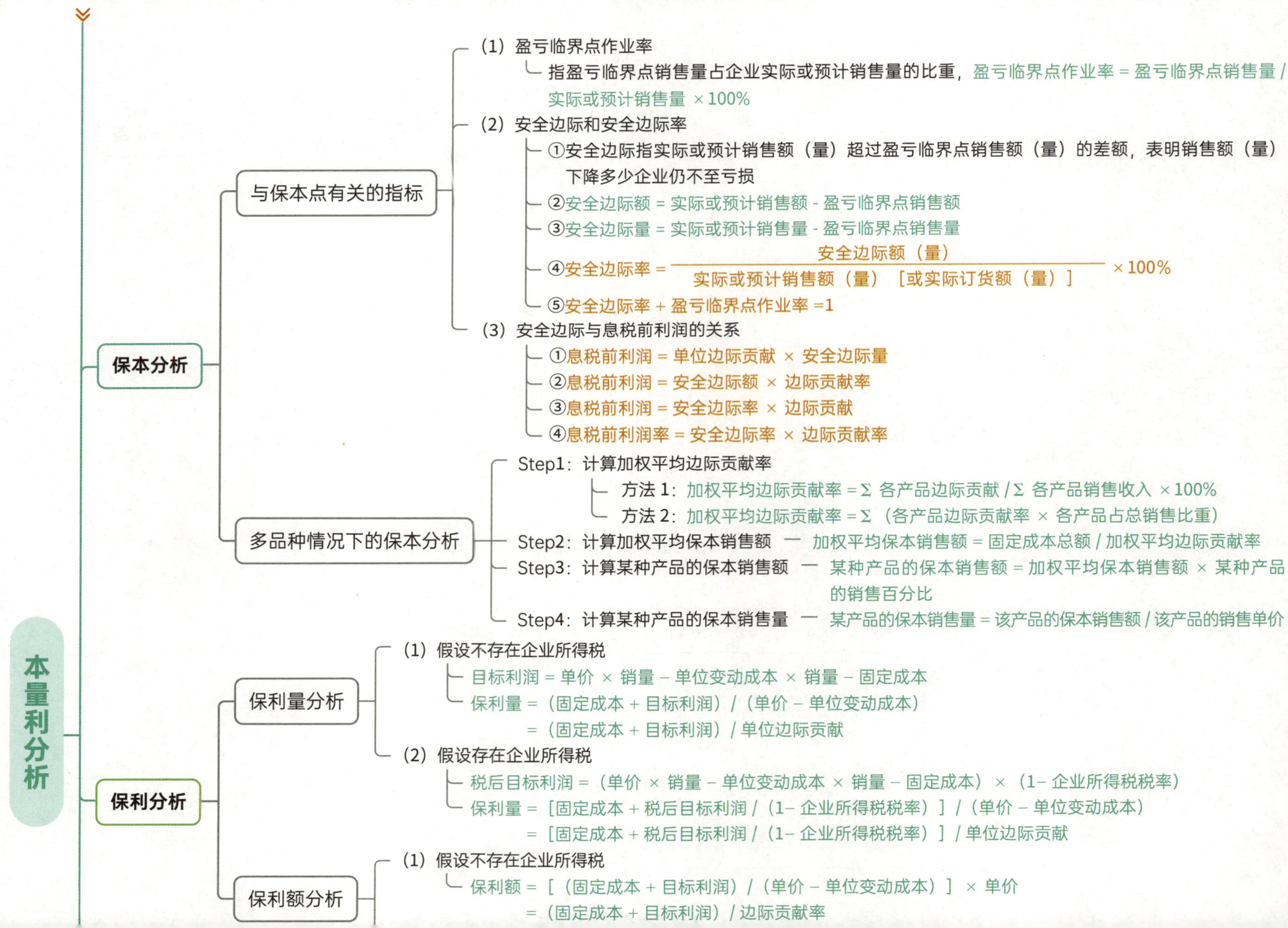
本量利分析
保本分析
与保本点有关的指标
(1) 盈亏临界点作业率
指盈亏临界点销售量占企业实际或预计销售量的比重，盈亏临界点作业率 = 盈亏临界点销售量 / 实际或预计销售量 ×100%
(2) 安全边际和安全边际率
①安全边际指实际或预计销售额（量）超过盈亏临界点销售额（量）的差额，表明销售额（量）下降多少企业仍不至亏损
②安全边际额 = 实际或预计销售额 - 盈亏临界点销售额
③安全边际量 = 实际或预计销售量 - 盈亏临界点销售量
④安全边际率 = 安全边际额（量） / 实际或预计销售额（量）［或实际订货额（量）］ ×100%
⑤安全边际率 + 盈亏临界点作业率 =1
(3) 安全边际与息税前利润的关系
①息税前利润 = 单位边际贡献 × 安全边际量
②息税前利润 = 安全边际额 × 边际贡献率
③息税前利润 = 安全边际率 × 边际贡献
④息税前利润率 = 安全边际率 × 边际贡献率
多品种情况下的保本分析
Step1：计算加权平均边际贡献率
方法 1：加权平均边际贡献率 =Σ 各产品边际贡献 / Σ 各产品销售收入 ×100%
方法 2：加权平均边际贡献率 =Σ（各产品边际贡献率 × 各产品占总销售比重）
Step2：计算加权平均保本销售额 — 加权平均保本销售额 = 固定成本总额 / 加权平均边际贡献率
Step3：计算某种产品的保本销售额 — 某种产品的保本销售额 = 加权平均保本销售额 × 某种产品的销售百分比
Step4：计算某种产品的保本销售量 — 某产品的保本销售量 = 该产品的保本销售额 / 该产品的销售单价
保利分析
保利量分析
(1) 假设不存在企业所得税
目标利润 = 单价 × 销量 − 单位变动成本 × 销量 − 固定成本
保利量 =（固定成本 + 目标利润）/（单价 − 单位变动成本）
=（固定成本 + 目标利润）/ 单位边际贡献
(2) 假设存在企业所得税
税后目标利润 =（单价 × 销量 − 单位变动成本 × 销量 − 固定成本） × （1− 企业所得税税率）
保利量 = ［固定成本 + 税后目标利润 /（1− 企业所得税税率）］/（单价 − 单位变动成本）
= ［固定成本 + 税后目标利润 /（1− 企业所得税税率）］/ 单位边际贡献
保利额分析
(1) 假设不存在企业所得税
保利额 = ［（固定成本 + 目标利润）/（单价 − 单位变动成本）］ × 单价
=（固定成本 + 目标利润）/ 边际贡献率

(2) 假设存在企业所得税

保利额 = [固定成本 + 税后目标利润 / (1− 企业所得税税率)] / (单价 − 单位变动成本) × 单价

= [固定成本 + 税后目标利润 / (1− 企业所得税税率)] / 边际贡献率

利润敏感分析

最大最小法

(1) 计算方法：令“利润 =0”，在其他因素不变的情况下，求解得出此时的单价、单位变动成本、销量、固定成本的临界值

(2) 结果分析

- ①单价和销售量与利润同向变动→求出的单价和销售量为最小值（低于最小值将亏损）
- ②单位变动成本和固定成本与利润反向变动→求出的单位变动成本和固定成本为最大值（高过最大值将亏损）

敏感系数分析法

(1) 计算方法：敏感系数 = 目标值变动百分比 / 参数值变动百分比

(2) 结果分析

- ①敏感系数为正，表明该参数与利润同方向变动
- ②敏感系数为负，表明该参数与利润反方向变动
- ③敏感系数绝对值＞1，该参数为利润的敏感因素，绝对值越大，敏感程度越强
- ④敏感系数绝对值＜1，该参数为利润的不敏感因素，绝对值越小，敏感程度越弱

杠杆系数的衡量

概述

(1) 风险的类型和衡量指标

- ①经营风险→经营杠杆系数
- ②财务风险→财务杠杆系数
- ③总体风险→联合杠杆系数

(2) 杠杆效应

- ①经营杠杆效应：由于固定经营成本的存在，营业收入（销量）较小的变动，会引起息税前利润较大的变动
- ②财务杠杆效应：由于固定融资成本的存在，息税前利润较小的变动，会引起每股收益较大的变动
- ③联合杠杆效应：由于固定经营成本和固定融资成本的共同存在，营业收入（销量）较小的变动，会引起每股收益较大的变动

(3) 相关指标

指标	字母表示
单位销售价格	P
单位变动成本	V
产品销售数量	Q
营业收入	$S=Q\times P$
固定经营成本总额	F
息税前利润	EBIT=$Q\times(P-V)-F$
利息	I
优先股股息	PD
税前固定融资成本总额	I+PD/(1−T)
每股收益	EPS=[(EBIT−I)×(1−T)−PD]/N

本量利分析

杠杆系数的衡量

经营杠杆系数（DOL）的衡量

- （1）定义公式：$DOL=\frac{息税前利润变化的百分比}{营业收入变化的百分比}=\frac{\Delta EBIT/EBIT}{\Delta S/S}$
- （2）推导公式：$DOL=\frac{边际贡献}{息税前利润}=\frac{EBIT+F}{EBIT}$
- （3）提示：当固定经营成本 F=0 时，经营杠杆系数 =1，不存在经营杠杆效应；当 $F\neq0$ 时，通常经营杠杆系数都是大于 1 的，即存在经营杠杆效应
- （4）经营杠杆与经营风险的关系
  - ①经营杠杆本身并不是资产报酬不确定的根源，经营杠杆不存在（DOL=1），经营风险（息税前利润的变动性）仍会存在，只是不会被“放大”
  - ②经营杠杆放大市场和生产等因素变化对利润波动的影响，即经营杠杆“放大”经营风险（息税前利润的变动性），经营杠杆作用越强，经营风险越高
  - ③在销售额处于盈亏分界点时（息税前利润为零），经营杠杆趋于无穷大，此时企业销售额稍有减少便会导致更大的亏损
- （5）影响经营杠杆的因素
  - ①正向：固定经营成本比重、单位变动成本
  - ②反向：销售数量、销售单价

财务杠杆系数（DFL）的衡量

- （1）定义公式：$DFL=\frac{每股收益变化的百分比}{息税前利润变化的百分比}=\frac{\Delta EPS/EPS}{\Delta EBIT/EBIT}$
- （2）推导公式：$DFL=\frac{EBIT}{EBIT-I-PD/(1-T)}=\frac{息税前利润}{归属于普通股股东的税前利润}$
- （3）提示：当固定融资成本［$I+PD/(1-T)$］=0 时，财务杠杆系数 =1，不存在财务杠杆效应；当［$I+PD/(1-T)$］≠0 时，通常财务杠杆系数都是大于 1 的，即存在财务杠杆效应
- （4）财务杠杆与财务风险的关系
  - ①财务杠杆放大了息税前利润变化对普通股收益的影响，财务杠杆系数越高，表明普通股收益的波动程度越大，财务风险也就越大
  - ②固定融资成本是引发财务杠杆的根源，但息税前利润与固定融资成本之间的相对水平决定了财务杠杆的大小，即财务杠杆的大小是由固定融资成本和息税前利润共同决定的。息税前利润水平越高，财务杠杆程度越低
  - ③企业管理层在控制财务风险时，不应仅考虑负债融资的绝对量，更应关注负债利息成本与盈利水平的相对关系

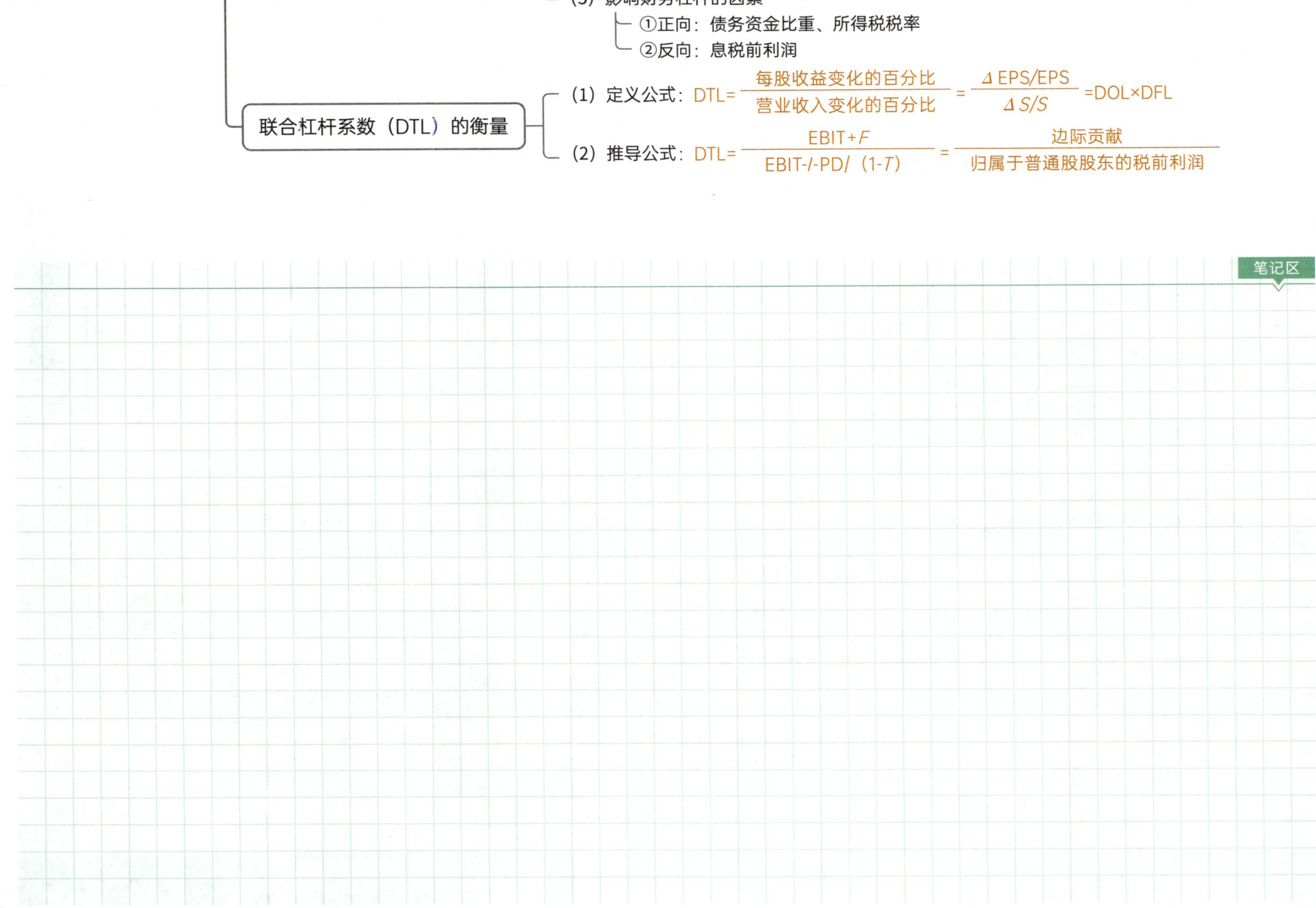
(5) 影响财务杠杆的因素
①正向：债务资金比重、所得税税率
②反向：息税前利润
联合杠杆系数（DTL）的衡量
(1) 定义公式：DTL=每股收益变化的百分比/营业收入变化的百分比=$\Delta EPS/EPS$/$\Delta S/S$=DOL×DFL
(2) 推导公式：DTL=$EBIT+F$/$EBIT-I-PD/(1-T)$=边际贡献/归属于普通股股东的税前利润
笔记区

第十六章 短期经营决策 （考 5 分）

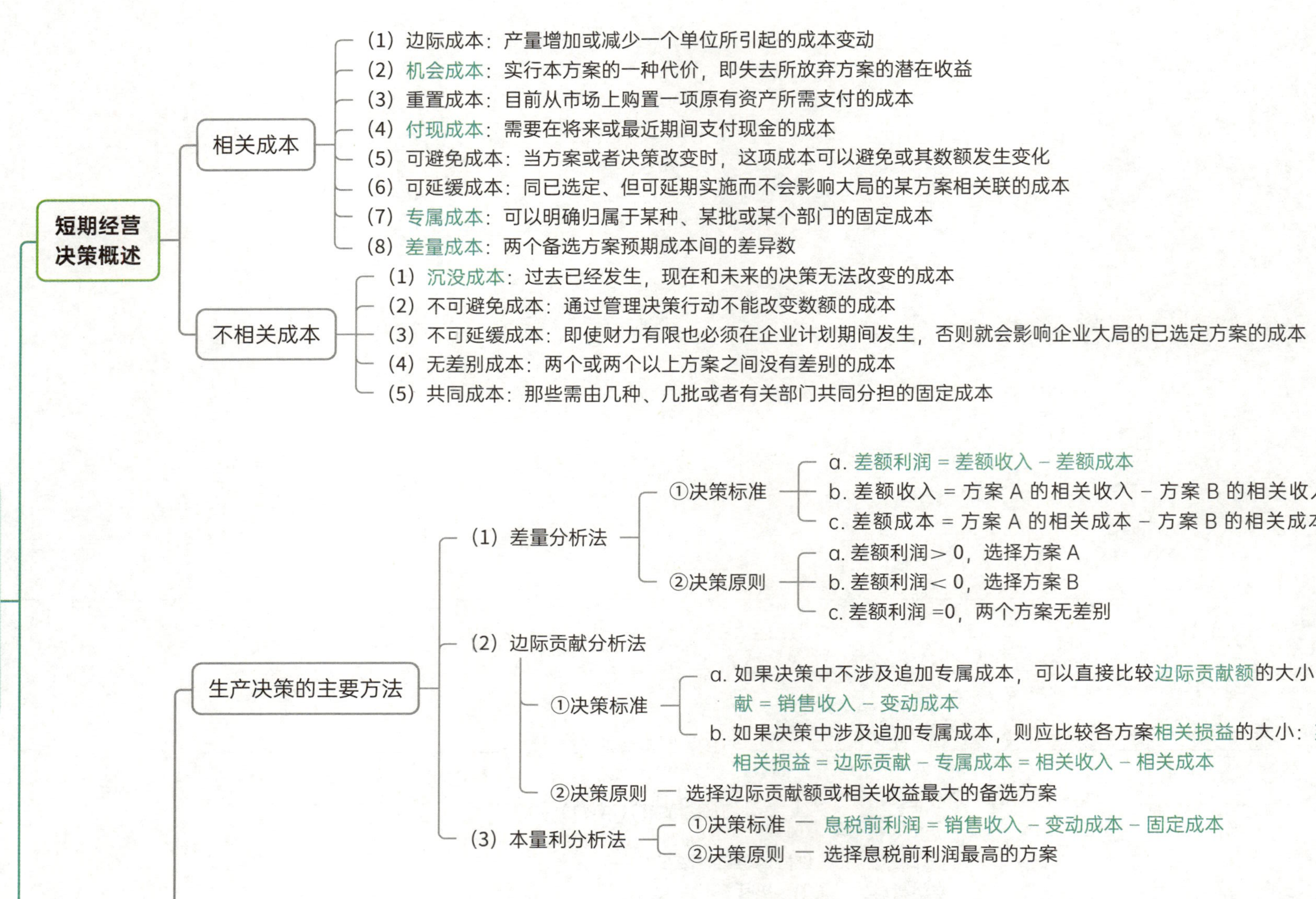

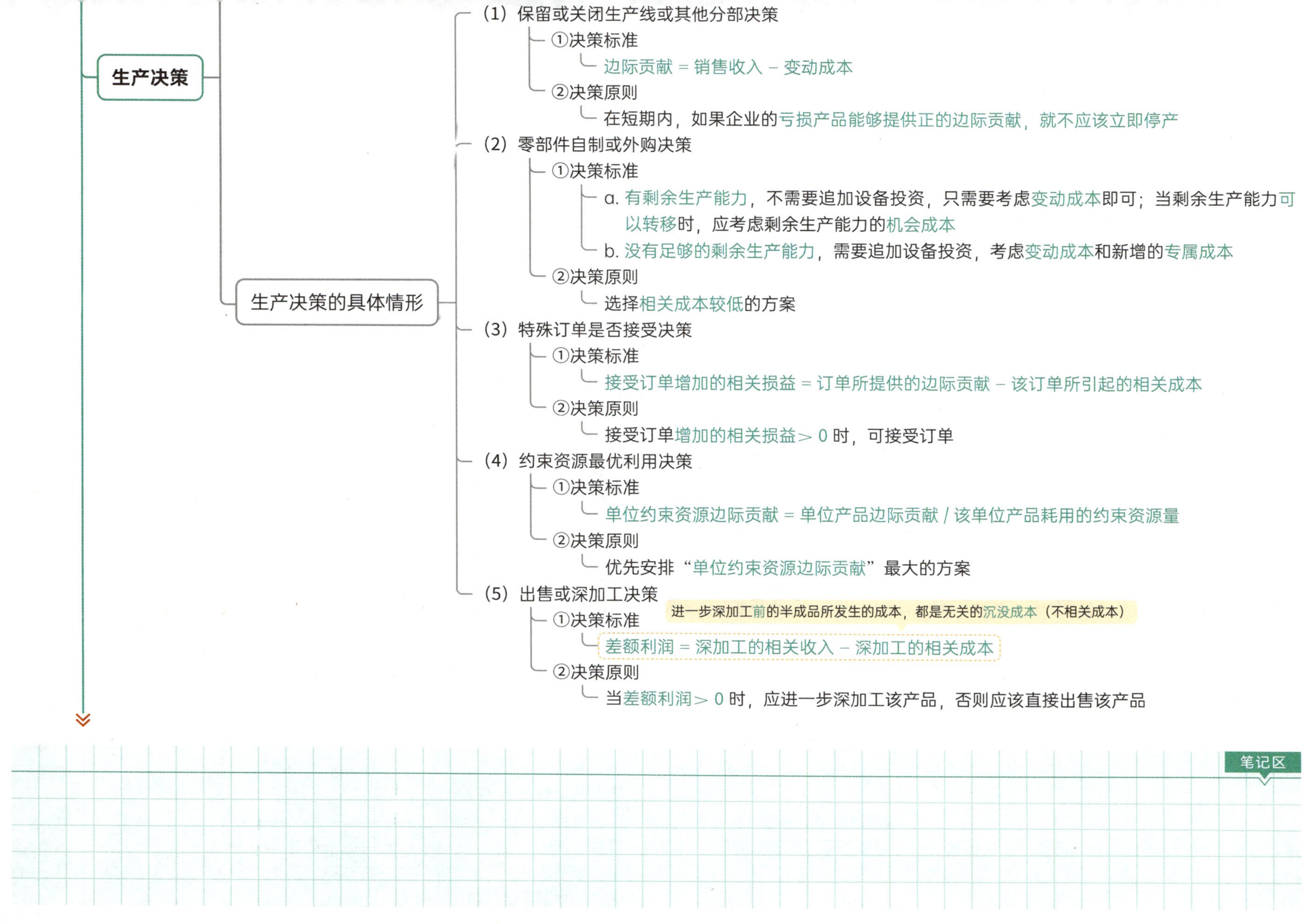

- 生产决策
  - 生产决策的具体情形
    - （1）保留或关闭生产线或其他分部决策
      - ①决策标准
        - 边际贡献 = 销售收入 − 变动成本
      - ②决策原则
        - 在短期内，如果企业的亏损产品能够提供正的边际贡献，就不应该立即停产
    - （2）零部件自制或外购决策
      - ①决策标准
        - a. 有剩余生产能力，不需要追加设备投资，只需要考虑变动成本即可；当剩余生产能力可以转移时，应考虑剩余生产能力的机会成本
        - b. 没有足够的剩余生产能力，需要追加设备投资，考虑变动成本和新增的专属成本
      - ②决策原则
        - 选择相关成本较低的方案
    - （3）特殊订单是否接受决策
      - ①决策标准
        - 接受订单增加的相关损益 = 订单所提供的边际贡献 − 该订单所引起的相关成本
      - ②决策原则
        - 接受订单增加的相关损益 > 0 时，可接受订单
    - （4）约束资源最优利用决策
      - ①决策标准
        - 单位约束资源边际贡献 = 单位产品边际贡献 / 该单位产品耗用的约束资源量
      - ②决策原则
        - 优先安排“单位约束资源边际贡献”最大的方案
    - （5）出售或深加工决策
      - ①决策标准（进一步深加工前的半成品所发生的成本，都是无关的沉没成本（不相关成本））
        - 差额利润 = 深加工的相关收入 − 深加工的相关成本
      - ②决策原则
        - 当差额利润 > 0 时，应进一步深加工该产品，否则应该直接出售该产品

笔记区

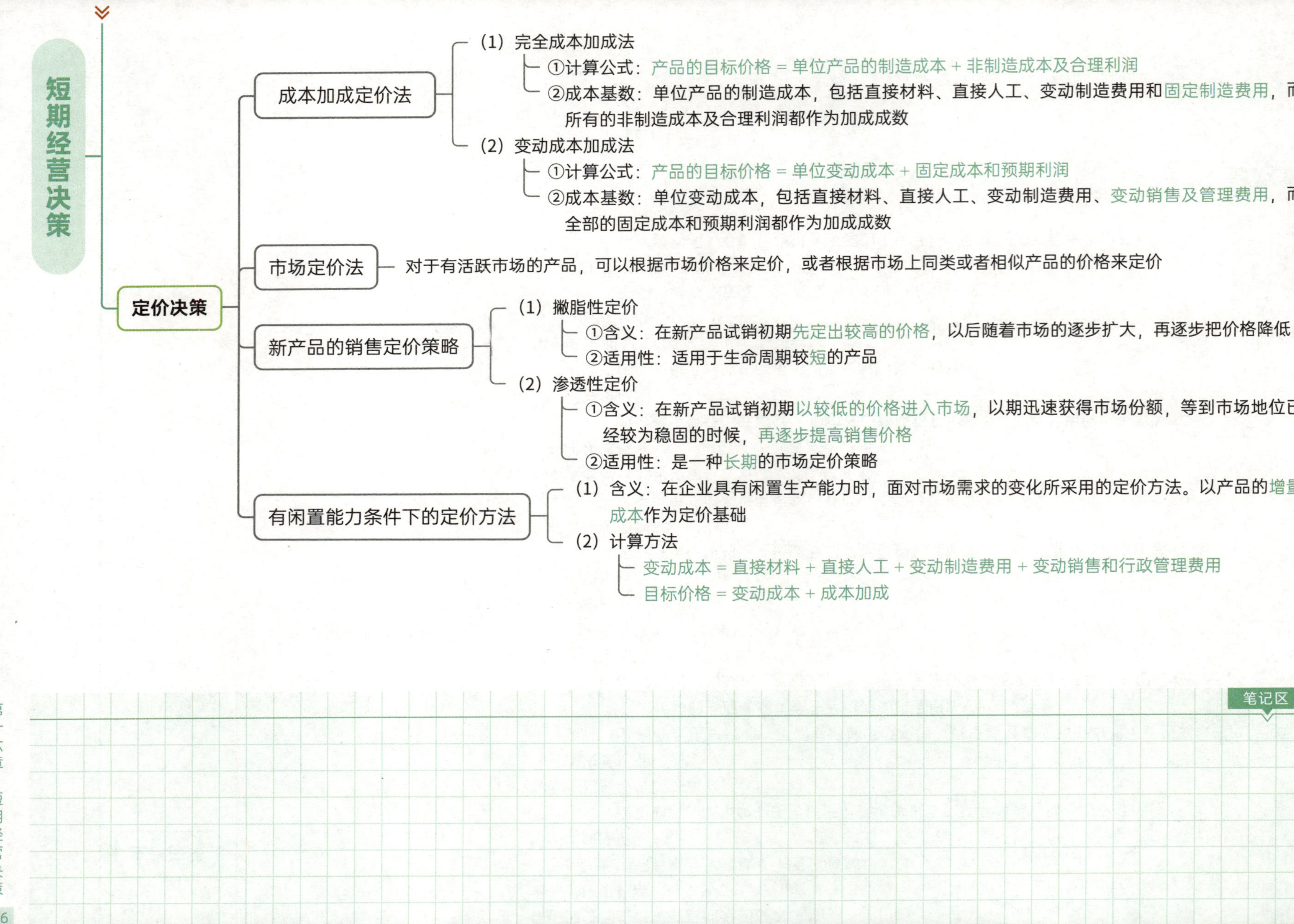
短期经营决策
定价决策
成本加成定价法
(1) 完全成本加成法
①计算公式：产品的目标价格 = 单位产品的制造成本 + 非制造成本及合理利润
②成本基数：单位产品的制造成本，包括直接材料、直接人工、变动制造费用和固定制造费用，而所有的非制造成本及合理利润都作为加成成数
(2) 变动成本加成法
①计算公式：产品的目标价格 = 单位变动成本 + 固定成本和预期利润
②成本基数：单位变动成本，包括直接材料、直接人工、变动制造费用、变动销售及管理费用，而全部的固定成本和预期利润都作为加成成数
市场定价法
对于有活跃市场的产品，可以根据市场价格来定价，或者根据市场上同类或者相似产品的价格来定价
新产品的销售定价策略
(1) 撇脂性定价
①含义：在新产品试销初期先定出较高的价格，以后随着市场的逐步扩大，再逐步把价格降低
②适用性：适用于生命周期较短的产品
(2) 渗透性定价
①含义：在新产品试销初期以较低的价格进入市场，以期迅速获得市场份额，等到市场地位已经较为稳固的时候，再逐步提高销售价格
②适用性：是一种长期的市场定价策略
有闲置能力条件下的定价方法
(1) 含义：在企业具有闲置生产能力时，面对市场需求的变化所采用的定价方法。以产品的增量成本作为定价基础
(2) 计算方法
变动成本 = 直接材料 + 直接人工 + 变动制造费用 + 变动销售和行政管理费用
目标价格 = 变动成本 + 成本加成
笔记区

第十七章 全面预算 （考5分）

全面预算

全面预算概述

全面预算的体系

（1）含义：全面预算是由资本预算、经营预算和财务预算等类别的一系列预算构成的体系，各项具体预算之间相互联系、关系明了

（2）基本编制思路

- ①编制起点：销售预算
- ②编制终点：资产负债表预算

（3）各预算之间的关系

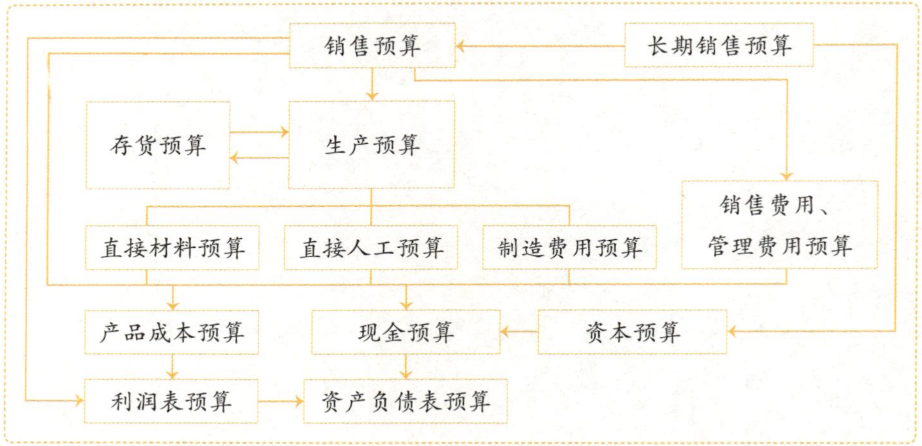

全面预算的分类

（1）按预算期分

- ①长期预算：如资本预算、长期资本筹措预算等
- ②短期预算：如直接材料预算、现金预算等

（2）按预算内容分

- ①专门预算：如制造费用预算等
- ②综合预算：资产负债表预算和利润表预算，是各种专门预算的综合

（3）按业务活动领域分

- ①投资预算：如资本预算
- ②营业预算：如销售预算、生产预算、成本预算等
- ③财务预算：如利润表预算、现金预算、资产负债表预算等

全面预算的作用

是各级各部门工作的具体奋斗目标、协调工具、控制标准、考核依据，在经营管理中发挥着重大作用

- **全面预算的编制方法**
  - 按出发点的特征不同
    - (1) 增量预算法（调整预算法）
      - ①含义
        - 以历史期实际经济活动及其预算为基础，结合预算期经济活动及相关影响因素的变动情况，通过调整历史期经济活动项目及金额形成预算的预算编制方法
      - ②前提
        - a. 现有的业务活动是企业所必需的
        - b. 原有的各项业务都是合理的
      - ③特点
        - a. 当预算期的情况发生变化时，预算数额会受到基期不合理因素的干扰，可能导致预算的不准确
        - b. 不利于调动各部门达成预算目标的积极性
    - (2) 零基预算法
      - ①含义
        - 不以历史期经济活动及其预算为基础，以零为起点，从实际需要出发分析预算期经济活动的合理性，经综合平衡，形成预算的预算编制方法
      - ②评价
        - a. 优点：不受前期费用项目和费用水平的制约，能够调动各部门降低费用的积极性
        - b. 缺点：编制工作量大
      - ③适用性
        - 适用于企业各项预算的编制，特别是不经常发生的预算项目或预算编制基础变化较大的预算项目
  - 按业务量的数量特征的不同
    - (1) 固定预算法（静态预算法）
      - ①含义
        - 在编制预算时，只根据预算期内正常、可实现的某一固定的业务量（如生产量、销售量等）水平作为唯一基础来编制预算的方法
      - ②特点
        - 适应性差、可比性差
      - ③适用性
        - a. 适用于经营业务稳定、产销量稳定，能准确预测产品需求及产品成本的企业
        - b. 用于编制固定费用预算

全面预算

全面预算的编制方法

按业务量的数量特征的不同

(2) 弹性预算法（动态预算法）

- ①含义
  - 在成本性态分析的基础上，依据业务量、成本和利润之间的联动关系，按照预算期内相关的业务量水平计算其相应预算项目所消耗资源的预算编制方法
- ②特点
  - a. 按一系列业务量水平编制，扩大了预算的适用范围
  - b. 按成本性态分类列示，在预算执行中可以计算一定实际业务量的预算成本，以便于预算执行的评价和考核
- ③适用性
  - a. 理论上，适用于编制全面预算中所有与业务量有关的预算
  - b. 实务中，主要用于编制成本费用预算和利润预算，尤其是成本费用预算
- ④方法
  - a. 公式法
    - Ⅰ. 方法：运用总成本性态模型 $y=a+bx$
    - Ⅱ. 优点：便于计算任何业务量的预算成本
    - Ⅲ. 缺点：阶梯成本和曲线成本只能用数学方法修正为直线，才能应用公式法
  - b. 列表法
    - Ⅰ. 方法：在预计的业务量范围内将业务量分为若干个水平，然后按不同的业务量水平编制预算
    - Ⅱ. 优点
      - · 不管实际业务量多少，不必经过计算即可找到与业务量相近的预算成本
      - · 混合成本中的阶梯成本和曲线成本，可按总成本性态模型计算填列，不必用数学方法修正为近似的直线成本
    - Ⅲ. 缺点
      - 在评价和考核实际成本时，往往需要使用插补法来计算实际业务量的预算成本，比较麻烦
- ⑤弹性预算差异
  - a. 作业量差异 = 弹性预算数 − 固定预算数，两者之间的差异是由于实际业务量水平和预算业务量水平不同而导致的
  - b. 收入和支出差异
    - Ⅰ. 收入差异：实际收入与当期实际业务量水平下应实现收入的差额
    - Ⅱ. 支出差异：实际成本与当期实际业务量水平下应发生成本的差额

- c. 基于作业量、收入和支出差异的业绩报告
  - Ⅰ. 相对于简单的比较实际结果与固定预算，弹性预算业绩报告能为管理者提供更多有用的信息
  - Ⅱ. 区分了业务量变动产生的影响与价格控制、经营管理所产生的影响，使得管理者能够采取更加具有针对性的方法来评估经营活动

按预算期的时间特征不同

- (1) 定期预算法
  - ①含义
    - 以固定不变的会计期间（如年度、季度、月份）作为预算期间编制预算的方法
  - ②评价
    - a. 优点：保证预算期间与会计期间在时期上配比，便于依据会计报告的数据与预算的比较，考核和评价预算的执行结果
    - b. 缺点：不利于前后各个期间的预算衔接，不能适应连续不断的业务活动过程的预算管理
- (2) 滚动预算法
  - ①含义
    - 在上期预算完成情况的基础上，调整和编制下期预算，并将预算期间逐期连续向后滚动推移，使预算期间保持一定的时期跨度
  - ②评价
    - a. 优点
      - Ⅰ. 能够保持预算的持续性，有利于结合企业近期目标和长期目标考虑未来业务活动
      - Ⅱ. 使预算随时间的推进不断加以调整和修订，能使预算与实际情况更相适应，有利于充分发挥预算的指导和控制作用
    - b. 缺点：编制工作量大
  - ③分类
    - a. 逐月滚动：编制的预算比较精确，但工作量较大
    - b. 逐季滚动：编制的预算比逐月滚动的工作量小，但精确度较差
    - c. 混合滚动：同时以月份和季度作为预算的编制和滚动单位的方法

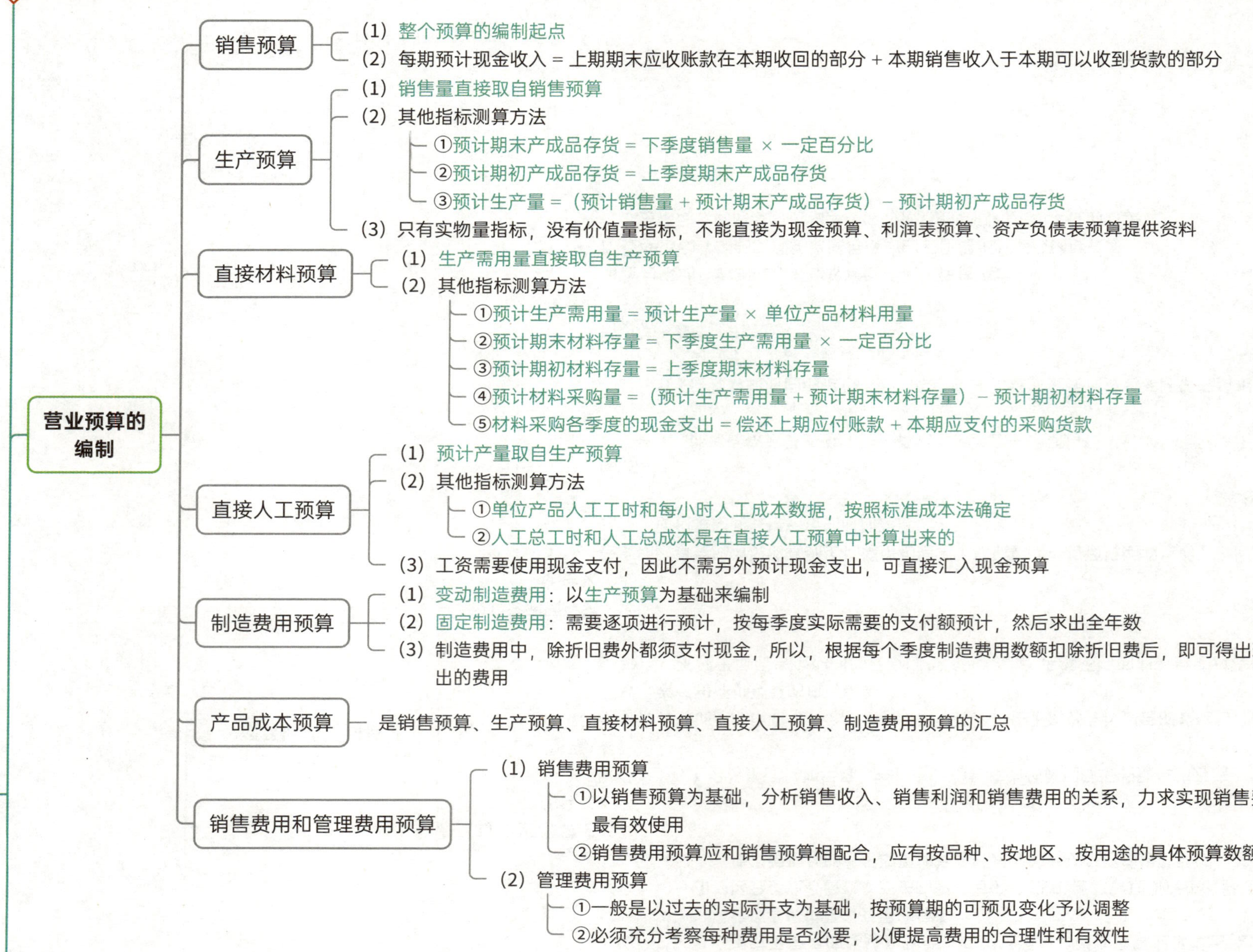
全面预算
营业预算的编制
销售预算
(1) 整个预算的编制起点
(2) 每期预计现金收入 = 上期期末应收账款在本期收回的部分 + 本期销售收入于本期可以收到货款的部分
生产预算
(1) 销售量直接取自销售预算
(2) 其他指标测算方法
①预计期末产成品存货 = 下季度销售量 × 一定百分比
②预计期初产成品存货 = 上季度期末产成品存货
③预计生产量 = (预计销售量 + 预计期末产成品存货) − 预计期初产成品存货
(3) 只有实物量指标，没有价值量指标，不能直接为现金预算、利润表预算、资产负债表预算提供资料
直接材料预算
(1) 生产需用量直接取自生产预算
(2) 其他指标测算方法
①预计生产需用量 = 预计生产量 × 单位产品材料用量
②预计期末材料存量 = 下季度生产需用量 × 一定百分比
③预计期初材料存量 = 上季度期末材料存量
④预计材料采购量 = (预计生产需用量 + 预计期末材料存量) − 预计期初材料存量
⑤材料采购各季度的现金支出 = 偿还上期应付账款 + 本期应支付的采购货款
直接人工预算
(1) 预计产量取自生产预算
(2) 其他指标测算方法
①单位产品人工工时和每小时人工成本数据，按照标准成本法确定
②人工总工时和人工总成本是在直接人工预算中计算出来的
(3) 工资需要使用现金支付，因此不需另外预计现金支出，可直接汇入现金预算
制造费用预算
(1) 变动制造费用：以生产预算为基础来编制
(2) 固定制造费用：需要逐项进行预计，按每季度实际需要的支付额预计，然后求出全年数
(3) 制造费用中，除折旧费外都须支付现金，所以，根据每个季度制造费用数额扣除折旧费后，即可得出现金支出的费用
产品成本预算
是销售预算、生产预算、直接材料预算、直接人工预算、制造费用预算的汇总
销售费用和管理费用预算
(1) 销售费用预算
①以销售预算为基础，分析销售收入、销售利润和销售费用的关系，力求实现销售费用的最有效使用
②销售费用预算应和销售预算相配合，应有按品种、按地区、按用途的具体预算数额
(2) 管理费用预算
①一般是以过去的实际开支为基础，按预算期的可预见变化予以调整
②必须充分考察每种费用是否必要，以便提高费用的合理性和有效性

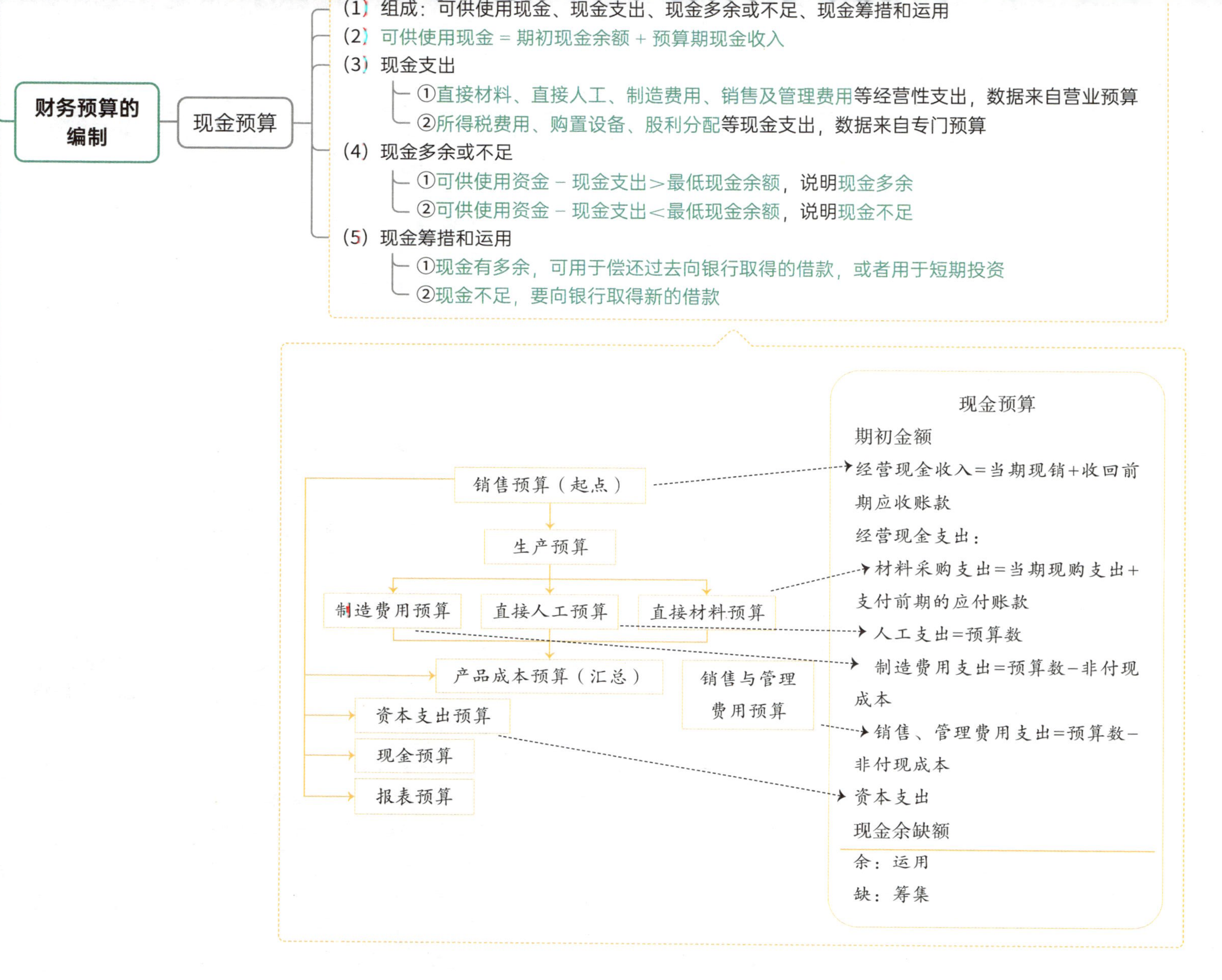
财务预算的编制
现金预算
（1）组成：可供使用现金、现金支出、现金多余或不足、现金筹措和运用
（2）可供使用现金 = 期初现金余额 + 预算期现金收入
（3）现金支出
①直接材料、直接人工、制造费用、销售及管理费用等经营性支出，数据来自营业预算
②所得税费用、购置设备、股利分配等现金支出，数据来自专门预算
（4）现金多余或不足
①可供使用资金 − 现金支出＞最低现金余额，说明现金多余
②可供使用资金 − 现金支出＜最低现金余额，说明现金不足
（5）现金筹措和运用
①现金有多余，可用于偿还过去向银行取得的借款，或者用于短期投资
②现金不足，要向银行取得新的借款
销售预算（起点）
生产预算
制造费用预算
直接人工预算
直接材料预算
产品成本预算（汇总）
销售与管理费用预算
资本支出预算
现金预算
报表预算
现金预算
期初金额
经营现金收入=当期现销+收回前期应收账款
经营现金支出：
材料采购支出=当期现购支出+支付前期的应付账款
人工支出=预算数
制造费用支出=预算数−非付现成本
销售、管理费用支出=预算数−非付现成本
资本支出
现金余缺额
余：运用
缺：筹集

全面预算

财务预算的编制

利润表预算

主要内容	数据来源
销售收入	取自销售预算
销货成本	取自产品成本预算
毛利	毛利 = 销售收入 − 销货成本
销售费用和管理费用	取自销售费用和管理费用预算
借款利息	取自现金预算
利润总额	利润总额 = 毛利 − 销售费用和管理费用 − 借款利息
所得税费用	在利润预测时估计的，并已列入现金预算
净利润	净利润 = 利润总额 − 所得税费用

资产负债表预算

重点项目	数据来源
现金	取自现金预算
应收账款	取自销售预算
直接材料	取自直接材料预算
产成品	取自产品成本预算
固定资产	参考现金预算、制造费用预算以及销售费用和管理费用预算
应付账款	均取自直接材料预算
未分配利润	参考现金预算和利润表预算

笔记区

第十八章 责任会计 （考4分）

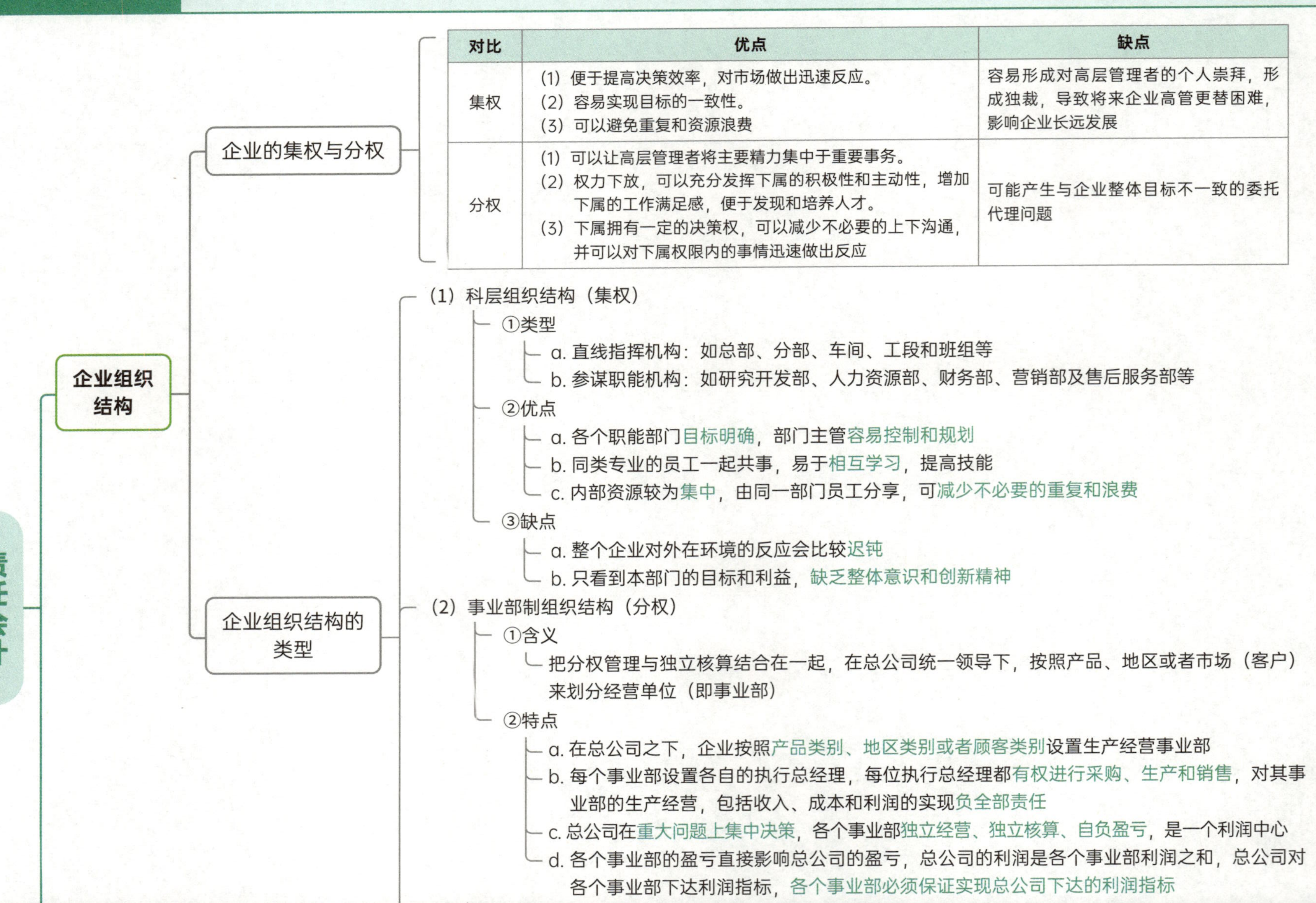

责任会计

企业组织结构

企业的集权与分权

对比	优点	缺点
集权	（1）便于提高决策效率，对市场做出迅速反应。 （2）容易实现目标的一致性。 （3）可以避免重复和资源浪费	容易形成对高层管理者的个人崇拜，形成独裁，导致将来企业高管更替困难，影响企业长远发展
分权	（1）可以让高层管理者将主要精力集中于重要事务。 （2）权力下放，可以充分发挥下属的积极性和主动性，增加下属的工作满足感，便于发现和培养人才。 （3）下属拥有一定的决策权，可以减少不必要的上下沟通，并可以对下属权限内的事情迅速做出反应	可能产生与企业整体目标不一致的委托代理问题

企业组织结构的类型

（1）科层组织结构（集权）

①类型

a. 直线指挥机构：如总部、分部、车间、工段和班组等

b. 参谋职能机构：如研究开发部、人力资源部、财务部、营销部及售后服务部等

②优点

a. 各个职能部门目标明确，部门主管容易控制和规划

b. 同类专业的员工一起共事，易于相互学习，提高技能

c. 内部资源较为集中，由同一部门员工分享，可减少不必要的重复和浪费

③缺点

a. 整个企业对外在环境的反应会比较迟钝

b. 只看到本部门的目标和利益，缺乏整体意识和创新精神

（2）事业部制组织结构（分权）

①含义

把分权管理与独立核算结合在一起，在总公司统一领导下，按照产品、地区或者市场（客户）来划分经营单位（即事业部）

②特点

a. 在总公司之下，企业按照产品类别、地区类别或者顾客类别设置生产经营事业部

b. 每个事业部设置各自的执行总经理，每位执行总经理都有权进行采购、生产和销售，对其事业部的生产经营，包括收入、成本和利润的实现负全部责任

c. 总公司在重大问题上集中决策，各个事业部独立经营、独立核算、自负盈亏，是一个利润中心

d. 各个事业部的盈亏直接影响总公司的盈亏，总公司的利润是各个事业部利润之和，总公司对各个事业部下达利润指标，各个事业部必须保证实现总公司下达的利润指标

(3) 网络组织结构（高度分权）

①含义

由众多独立的创新经营单位组成的彼此有紧密联系的网络

②特点

a. 分散性：由为数众多的小规模经营单位构成的企业联合体，这些经营单位具有很大的独立性

b. 创新性：最高管理层的权力主要集中在驱动创新过程，创新活动已由过去少数高层管理人员推动转变为企业基层人员的重要职责

c. 高效性：行政管理和辅助职能部门被精简，基层企业可以自主地根据具体的市场情况组织生产经营活动，快速对市场做出反应

d. 协作性：独立的小规模经营单位的资源是有限的，在生产经营中必须大量依赖与其他单位的广泛合作

责任成本

责任成本的定义

(1) 含义 — 特定责任中心的全部可控成本

(2) 可控成本（同时符合）

- ①可预测：成本中心有办法知道将发生什么性质的耗费
- ②可计量：成本中心有办法计量它的耗费
- ③可调控：成本中心有办法控制并调节它的耗费

责任成本与变动成本、制造成本

维度	责任成本计算（责任成本法）	变动成本计算（变动成本法）	制造成本计算（完全成本法）
计算目的	评价成本控制业绩	经营决策	确定产品存货成本和销货成本
成本对象	责任中心	产品	产品
成本范围	各责任中心的可控成本	直接材料、直接人工和变动制造费用	直接材料、直接人工和全部制造费用
共同费用的分摊原则	按可控原则分配，谁控制谁负责，可控变动间接费用和可控固定间接费用都要分配给责任中心	按受益原则分配，谁受益谁承担，只分摊变动制造费用	按受益原则分配，谁受益谁承担，要分摊全部的制造费用

制造费用的归属和分摊方法

(1) 直接计入责任中心：机物料消耗、低值易耗品的领用等

(2) 按责任基础分配：动力费、维修费等

(3) 按受益基础分配：按装机功率分配电费等

(4) 归入某一个特定的责任中心：车间的运输费用和试验检验费用

(5) 不能归属于任何责任中心的固定成本，不进行分摊：车间厂房的折旧

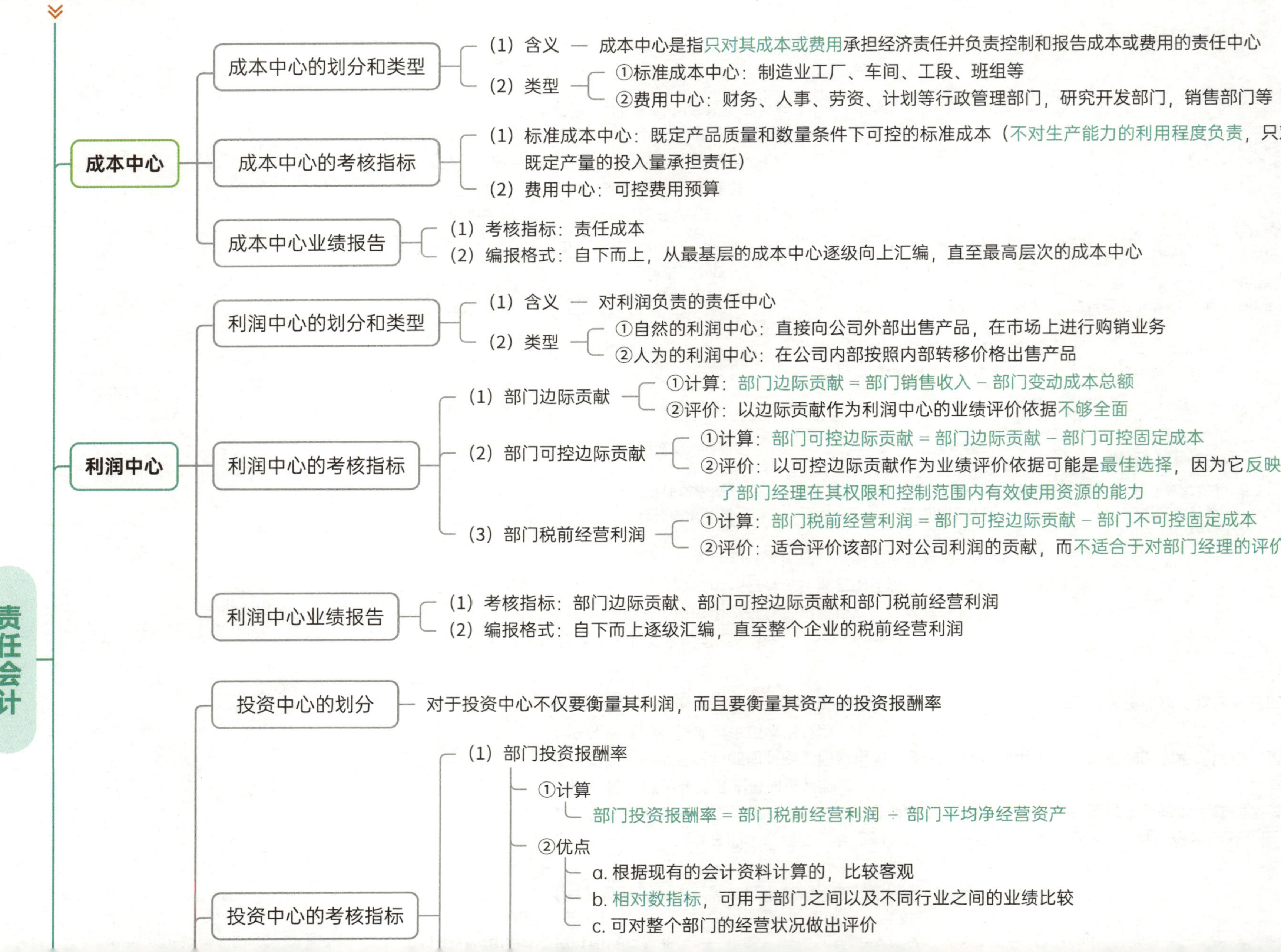
责任会计
成本中心
成本中心的划分和类型
(1) 含义 — 成本中心是指只对其成本或费用承担经济责任并负责控制和报告成本或费用的责任中心
(2) 类型
①标准成本中心：制造业工厂、车间、工段、班组等
②费用中心：财务、人事、劳资、计划等行政管理部门，研究开发部门，销售部门等
成本中心的考核指标
(1) 标准成本中心：既定产品质量和数量条件下可控的标准成本（不对生产能力的利用程度负责，只对既定产量的投入量承担责任）
(2) 费用中心：可控费用预算
成本中心业绩报告
(1) 考核指标：责任成本
(2) 编报格式：自下而上，从最基层的成本中心逐级向上汇编，直至最高层次的成本中心
利润中心
利润中心的划分和类型
(1) 含义 — 对利润负责的责任中心
(2) 类型
①自然的利润中心：直接向公司外部出售产品，在市场上进行购销业务
②人为的利润中心：在公司内部按照内部转移价格出售产品
利润中心的考核指标
(1) 部门边际贡献
①计算：部门边际贡献 = 部门销售收入 − 部门变动成本总额
②评价：以边际贡献作为利润中心的业绩评价依据不够全面
(2) 部门可控边际贡献
①计算：部门可控边际贡献 = 部门边际贡献 − 部门可控固定成本
②评价：以可控边际贡献作为业绩评价依据可能是最佳选择，因为它反映了部门经理在其权限和控制范围内有效使用资源的能力
(3) 部门税前经营利润
①计算：部门税前经营利润 = 部门可控边际贡献 − 部门不可控固定成本
②评价：适合评价该部门对公司利润的贡献，而不适合于对部门经理的评价
利润中心业绩报告
(1) 考核指标：部门边际贡献、部门可控边际贡献和部门税前经营利润
(2) 编报格式：自下而上逐级汇编，直至整个企业的税前经营利润
投资中心的划分 — 对于投资中心不仅要衡量其利润，而且要衡量其资产的投资报酬率
投资中心的考核指标
(1) 部门投资报酬率
①计算
部门投资报酬率 = 部门税前经营利润 ÷ 部门平均净经营资产
②优点
a. 根据现有的会计资料计算的，比较客观
b. 相对数指标，可用于部门之间以及不同行业之间的业绩比较
c. 可对整个部门的经营状况做出评价

投资中心

部门经理会放弃高于公司要求的报酬率而低于目前部门投资报酬率的机会，或者减少现有的投资报酬率较低但高于公司要求的报酬率的某些资产，使部门的业绩获得较好评价，但却损害了公司整体利益

(2) 剩余收益

①计算

部门剩余收益 = 部门税前经营利润 − 部门平均净经营资产应计报酬
= 部门税前经营利润 − 部门平均净经营资产 × 要求的税前投资报酬率
= 部门平均净经营资产 × （部门投资报酬率 − 要求的报酬率）

②优点

a. 与增加股东财富的目标一致，可以使业绩评价与公司的目标协调一致，引导部门经理采纳高于公司要求的税前投资报酬率的决策

b. 允许使用不同的风险调整资本成本，灵活

③缺点

a. 绝对数指标，不便于不同规模的公司和部门的业绩比较

b. 依赖于会计数据的质量，如果会计信息的质量低劣，也会导致低质量的剩余收益和业绩评价

投资中心业绩报告

(1) 考核指标：投资报酬率、剩余收益

(2) 补充指标：现金回收率、剩余现金流量

三大责任中心的特征比较

责任中心	应用范围	权利	考核范围	考核指标
成本中心	最广	可控成本的控制权	可控成本、费用	标准成本中心：既定产品质量和数量条件下的可控标准成本。 费用中心：可控费用预算
利润中心	较窄	有权对其供货的来源和市场的选择进行决策（经营决策权）	成本（费用）、收入、利润	部门边际贡献、部门可控边际贡献、部门税前经营利润
投资中心	最小	经营决策权、投资决策权	成本（费用）、收入、利润、投资效果（率）	部门投资报酬率、部门剩余收益

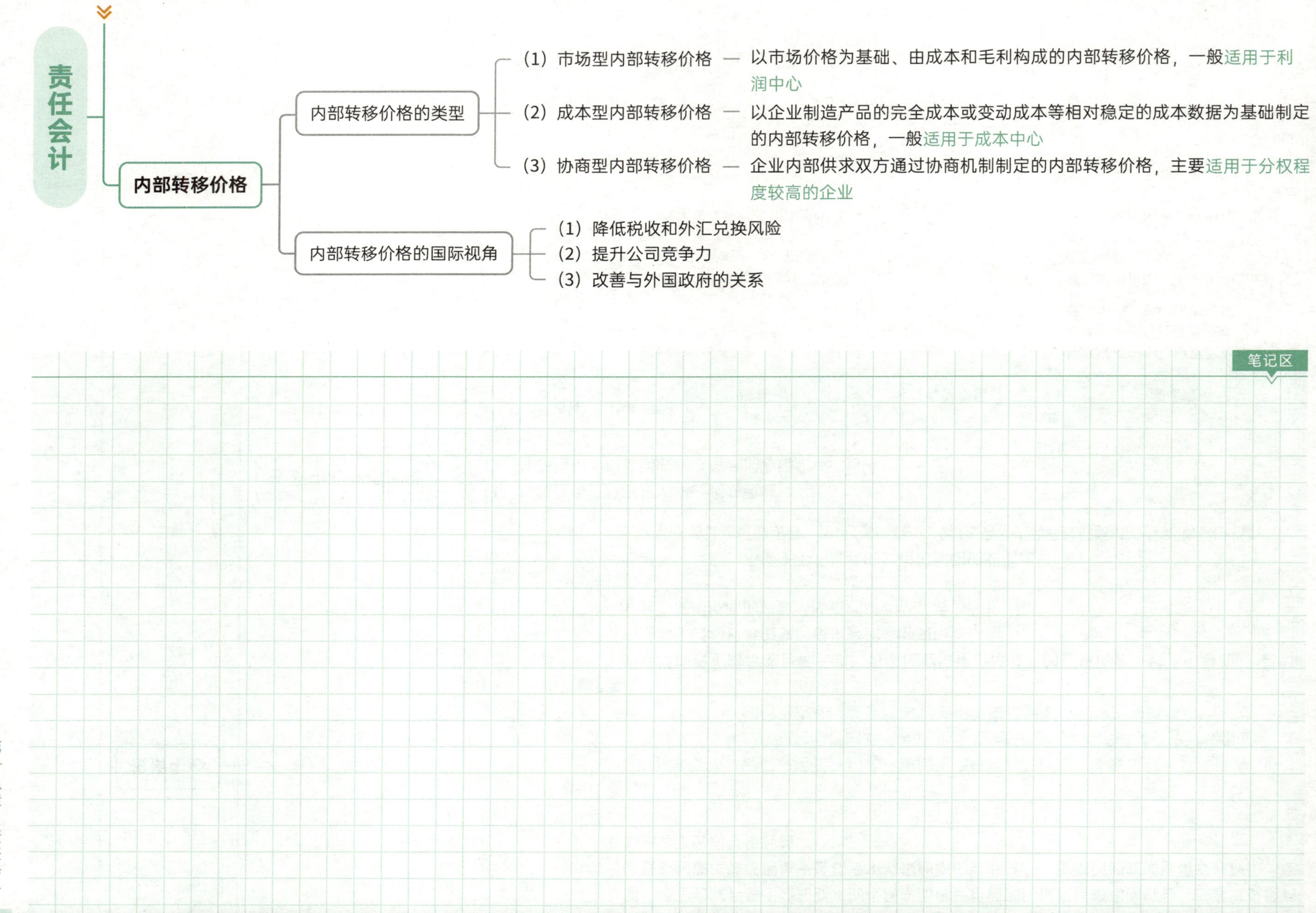
责任会计
内部转移价格
内部转移价格的类型
（1）市场型内部转移价格 — 以市场价格为基础、由成本和毛利构成的内部转移价格，一般适用于利润中心
（2）成本型内部转移价格 — 以企业制造产品的完全成本或变动成本等相对稳定的成本数据为基础制定的内部转移价格，一般适用于成本中心
（3）协商型内部转移价格 — 企业内部供求双方通过协商机制制定的内部转移价格，主要适用于分权程度较高的企业
内部转移价格的国际视角
（1）降低税收和外汇兑换风险
（2）提升公司竞争力
（3）改善与外国政府的关系
笔记区

第十九章 业绩评价

（考4分）

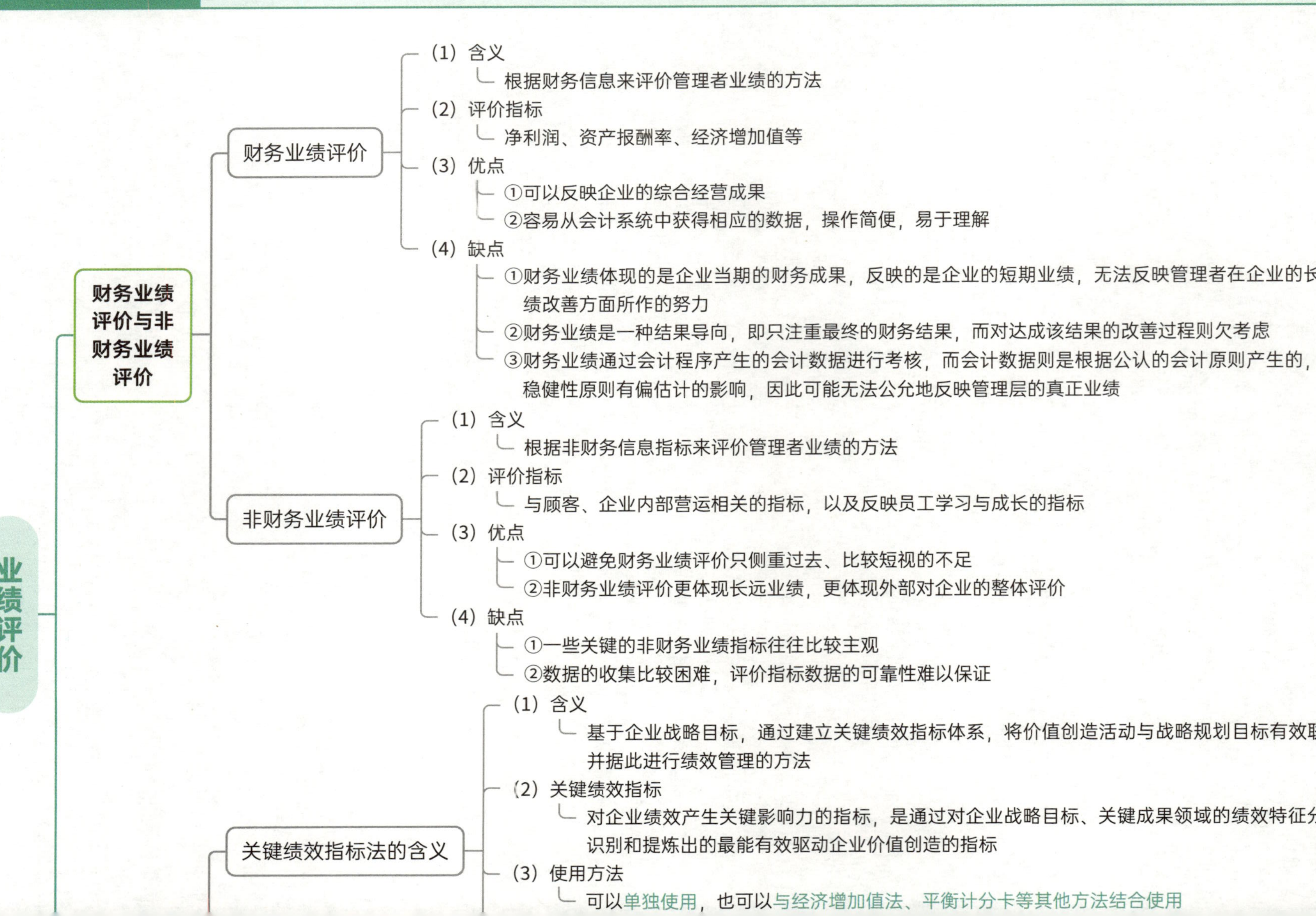

业绩评价
财务业绩评价与非财务业绩评价
财务业绩评价
(1) 含义
根据财务信息来评价管理者业绩的方法
(2) 评价指标
净利润、资产报酬率、经济增加值等
(3) 优点
①可以反映企业的综合经营成果
②容易从会计系统中获得相应的数据，操作简便，易于理解
(4) 缺点
①财务业绩体现的是企业当期的财务成果，反映的是企业的短期业绩，无法反映管理者在企业的长期业绩改善方面所作的努力
②财务业绩是一种结果导向，即只注重最终的财务结果，而对达成该结果的改善过程则欠考虑
③财务业绩通过会计程序产生的会计数据进行考核，而会计数据则是根据公认的会计原则产生的，受到稳健性原则有偏估计的影响，因此可能无法公允地反映管理层的真正业绩
非财务业绩评价
(1) 含义
根据非财务信息指标来评价管理者业绩的方法
(2) 评价指标
与顾客、企业内部营运相关的指标，以及反映员工学习与成长的指标
(3) 优点
①可以避免财务业绩评价只侧重过去、比较短视的不足
②非财务业绩评价更体现长远业绩，更体现外部对企业的整体评价
(4) 缺点
①一些关键的非财务业绩指标往往比较主观
②数据的收集比较困难，评价指标数据的可靠性难以保证
关键绩效指标法的含义
(1) 含义
基于企业战略目标，通过建立关键绩效指标体系，将价值创造活动与战略规划目标有效联系，并据此进行绩效管理的方法
(2) 关键绩效指标
对企业绩效产生关键影响力的指标，是通过对企业战略目标、关键成果领域的绩效特征分析，识别和提炼出的最能有效驱动企业价值创造的指标
(3) 使用方法
可以单独使用，也可以与经济增加值法、平衡计分卡等其他方法结合使用

- (4) 应用对象
  - 可以是企业，也可以是企业所属的单位（部门）和员工

关键绩效指标法

制定绩效计划

- (1) 构建关键绩效指标体系
  - ①三个层次
    - a. 企业级关键绩效指标
    - b. 所属单位（部门）级关键绩效指标
    - c. 岗位（员工）级关键绩效指标
  - ②两类指标
    - a. 结果类指标：反映企业绩效的价值指标，主要包括投资报酬率、权益净利率、经济增加值、息税前利润、自由现金流量等综合指标
    - b. 动因类指标：反映企业价值关键驱动因素的指标，主要包括资本性支出、单位生产成本、产量、销量、客户满意度、员工满意度等
  - ③要求
    - 含义明确、可度量、与战略目标高度相关
- (2) 分配指标权重
  - ①原则
    - 以企业战略目标为导向，反映被评价对象对企业价值贡献或支持的程度，以及各指标之间的重要性水平
  - ②方法
    - a. 单项关键绩效指标权重一般设定在 5% ~ 30% 之间
    - b. 对特别重要的指标可适当提高权重
    - c. 对特别关键、影响企业整体价值的指标可设立“一票否决”制度
- (3) 确定目标值
  - ①参考国家有关部门或权威机构发布的行业标准或参考竞争对手标准
  - ②参照企业内部标准，包括企业战略目标、年度生产经营计划目标、年度预算目标、历年指标水平等
  - ③如果不能按照前面两种方法确定，可根据企业历史经验值确定

关键绩效指标法的评价

- (1) 优点
  - ①使企业业绩评价与企业战略目标密切相关，有利于企业战略目标的实现
  - ②通过识别价值创造模式把握关键价值驱动因素，能够更有效地实现企业价值增值目标
  - ③评价指标数量相对较少，易于理解和使用，实施成本相对较低，有利于推广实施
- (2) 缺点
  - 关键绩效指标的选取需要透彻理解企业价值创造模式和战略目标，有效识别企业核心业务流程和关键价值驱动因素，指标体系设计不当将导致错误的价值导向和管理缺失

业绩评价

平衡计分卡框架

（1）四个维度

①图示

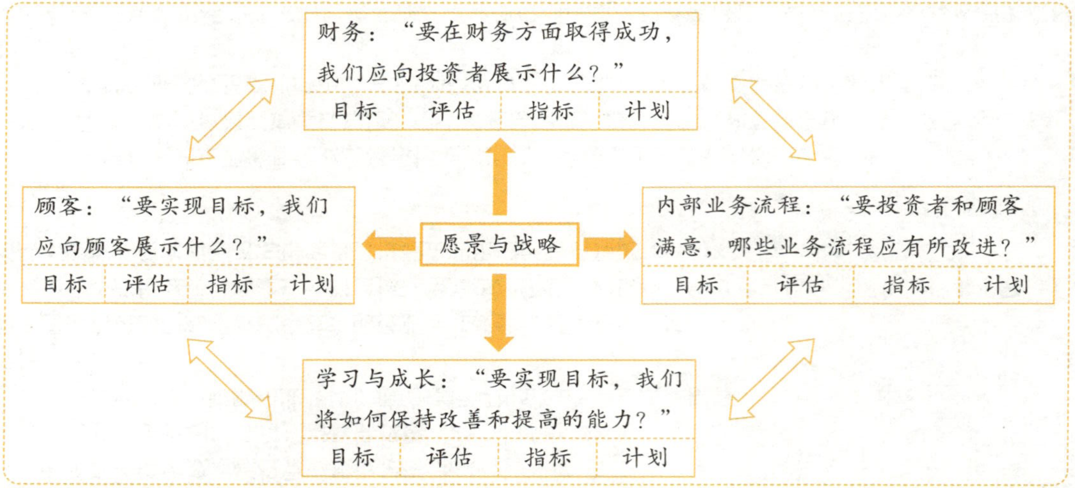

- 财务：“要在财务方面取得成功，我们应向投资者展示什么？”（目标、评估、指标、计划）
- 顾客：“要实现目标，我们应向顾客展示什么？”（目标、评估、指标、计划）
- 内部业务流程：“要投资者和顾客满意，哪些业务流程应有所改进？”（目标、评估、指标、计划）
- 学习与成长：“要实现目标，我们将如何保持改善和提高的能力？”（目标、评估、指标、计划）
- 中心：愿景与战略

②具体内容

维度	解决问题	指标
财务维度	股东如何看待我们	投资报酬率、权益净利率、经济增加值、息税前利润、自由现金流量、资产负债率、总资产周转率等
顾客维度	顾客如何看待我们	市场份额、客户满意度、客户获得率、客户保持率、客户获利率、战略客户数量等
内部业务流程维度	我们的优势是什么	交货及时率、生产负荷率、产品合格率、存货周转率、单位生产成本等
学习与成长维度	我们是否能继续提高并创造价值	员工保持率、员工生产率、培训计划完成率、员工满意度、新产品开发周期、人力资本准备度、信息资本准备度、组织资本准备度等

（2）四个平衡

①外部与内部的平衡

②成果与驱动因素的平衡

③财务和非财务的平衡

④短期和长期的平衡

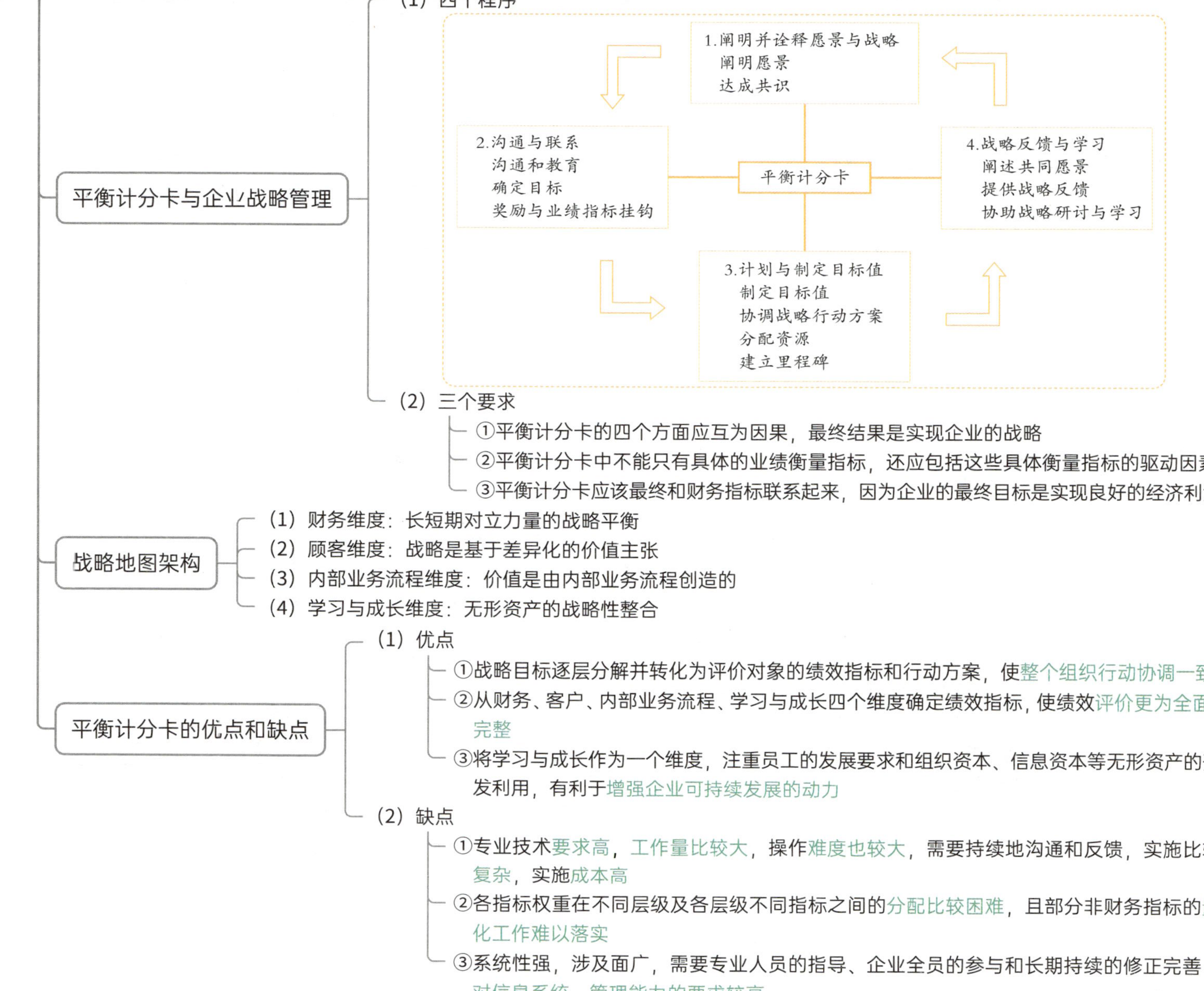
平衡计分卡与企业战略管理
（1）四个程序
1.阐明并诠释愿景与战略
阐明愿景
达成共识
2.沟通与联系
沟通和教育
确定目标
奖励与业绩指标挂钩
平衡计分卡
4.战略反馈与学习
阐述共同愿景
提供战略反馈
协助战略研讨与学习
3.计划与制定目标值
制定目标值
协调战略行动方案
分配资源
建立里程碑
（2）三个要求
①平衡计分卡的四个方面应互为因果，最终结果是实现企业的战略
②平衡计分卡中不能只有具体的业绩衡量指标，还应包括这些具体衡量指标的驱动因素
③平衡计分卡应该最终和财务指标联系起来，因为企业的最终目标是实现良好的经济利润
战略地图架构
（1）财务维度：长短期对立力量的战略平衡
（2）顾客维度：战略是基于差异化的价值主张
（3）内部业务流程维度：价值是由内部业务流程创造的
（4）学习与成长维度：无形资产的战略性整合
平衡计分卡的优点和缺点
（1）优点
①战略目标逐层分解并转化为评价对象的绩效指标和行动方案，使整个组织行动协调一致
②从财务、客户、内部业务流程、学习与成长四个维度确定绩效指标，使绩效评价更为全面、完整
③将学习与成长作为一个维度，注重员工的发展要求和组织资本、信息资本等无形资产的开发利用，有利于增强企业可持续发展的动力
（2）缺点
①专业技术要求高，工作量比较大，操作难度也较大，需要持续地沟通和反馈，实施比较复杂，实施成本高
②各指标权重在不同层级及各层级不同指标之间的分配比较困难，且部分非财务指标的量化工作难以落实
③系统性强，涉及面广，需要专业人员的指导、企业全员的参与和长期持续的修正完善，对信息系统、管理能力的要求较高

业绩评价

经济增加值

经济增加值的概念

- （1）含义
  - 指从税后净营业利润中扣除全部投入资本的资本成本后的剩余收益
- （2）计算
  - 经济增加值 = 调整后税后净营业利润 − 调整后平均资本占用 × 加权平均资本成本
    - ①税后净营业利润 = 税后经营净利润，衡量的是企业的经营盈利情况
    - ②平均资本占用反映的是企业持续投入的各种债务资本和股权资本
    - ③加权平均资本成本反映的是企业各种资本的平均资本成本率
- （3）不同的经济增加值
  - ①基本的经济增加值
    - a. 计算
      - 基本的经济增加值 = 税后净营业利润 − 报表平均总资产 × 加权平均资本成本
    - b. 评价
      - Ⅰ. 由于“经营利润”和“总资产”是按照会计准则计算的，它们歪曲了公司的真实业绩
      - Ⅱ. 对于会计利润来说是个进步，因为它承认了股权资金的资本成本
  - ②披露的经济增加值
    - a. 计算
      - 披露的经济增加值 = 调整后税后净营业利润 − 加权平均资本成本 × 调整后的平均资本占用
    - b. 调整项目
      - Ⅰ. 研究与开发费用
      - Ⅱ. 战略性投资
      - Ⅲ. 为建立品牌、进入新市场或扩大市场份额发生的费用
      - Ⅳ. 折旧费用
    - c. 调整方法
      - 按照复式记账原理同时调整。例如，将研发费用从当期费用中减除，必须相应增加平均资本占用

简化的经济增加值的计算

(1) 含义

- 经济增加值是指经核定的企业税后净营业利润减去资本成本后的余额

(2) 计算

- 经济增加值 = 税后净营业利润 − 资本成本
  = 税后净营业利润 − 调整后资本 × 平均资本成本率
  - ①税后净营业利润 = 净利润 +（利息支出 + 研究开发费用调整项）×（1−25%）
    - a. 利息支出指企业财务报表中“财务费用”项下的“利息支出”
    - b. 研究开发费用调整项指企业财务报表中“期间费用”项下的“研发费用”和当期确认为无形资产的开发支出
    - c. 企业经营业务主要在国（境）外的，25% 的企业所得税税率可予以调整
  - ②调整后资本 = 平均所有者权益 + 平均带息负债 − 平均在建工程
    - a. 带息负债是指企业带息负债情况表中带息负债合计
    - b. 在建工程指财务报表中符合主业规定的“在建工程”
  - ③平均资本成本率 = 债权资本成本率 × 平均带息负债 /（平均带息负债 + 平均所有者权益）×（1−25%）+ 股权资本成本率 × 平均所有者权益 /（平均带息负债 + 平均所有者权益）
    - a. 债权资本成本率 = 利息支出总额 / 平均带息负债 =（费用化利息 + 资本化利息）/ 平均带息负债
    - b. 股权资本成本率
      - Ⅰ. 充分竞争行业和领域的商业类企业：6.5%
      - Ⅱ. 关系国家安全、国民经济命脉的商业类企业：5.5%
      - Ⅲ. 公益类企业：4.5%
      - Ⅳ. 军工、电力、农业等资产通用性较差的企业：下浮 0.5%

经济增加值评价的优点和缺点

(1) 优点

- ①经济增加值考虑了所有资本的成本，更真实地反映了企业的价值创造能力，实现了企业利益、经营者利益和员工利益的统一，激励经营者和所有员工为企业创造更多价值，能有效遏制企业盲目扩张规模以追求利润总量和增长率的倾向，引导企业注重价值创造
- ②经济增加值不仅仅是一种业绩评价指标，它还是一种全面财务管理和薪酬激励框架，经济增加值的吸引力主要在于它把资本预算、业绩评价和激励报酬结合起来了
- ③在经济增加值的框架下，公司可以向投资人宣传他们的目标和成就，投资人也可以用经济增加值选择最有前景的公司，经济增加值还是股票分析家手中的一个强有力的工具（便于投资人、公司和股票分析师之间的价值沟通）

业绩评价

经济增加值

经济增加值评价的优点和缺点

（2）缺点

①仅对企业当期或未来 1 ~ 3 年价值创造情况进行衡量和预判，无法衡量企业长远发展战略的价值创造情况

②经济增加值计算主要基于财务指标，无法对企业的营运效率与效果进行综合评价

③不同行业，不同发展阶段、不同规模等的企业，其会计调整项和加权平均资本成本各不相同，计算比较复杂，影响指标的可比性

④如何计算经济增加值尚存许多争议（净利润的调整、资本成本的确定等），这些争议不利于建立一个统一的规范

绩效棱柱模型

含义

（1）从企业利益相关者角度出发，以利益相关者满意为出发点，以利益相关者贡献为落脚点，以企业战略、业务流程、组织能力为手段，用棱柱的五个构面构建三维绩效评价体系，并据此进行绩效管理的方法

（2）绩效棱柱模型用棱柱构面所解决的主要问题

构面	解决的主要问题
利益相关者满意构面	谁是企业的主要利益相关者，他们的愿望和要求是什么
企业战略构面	企业应该采用什么战略来满足利益相关者需求，同时也满足企业自己要求
业务流程构面	企业需要哪些关键业务流程才能执行战略
组织能力构面	企业需要哪些能力才能开展和改善企业业务流程
利益相关者贡献构面	培育和发展组织能力，企业需要利益相关者为企业做出哪些贡献

应用

（1）绩效棱柱模型根据不同利益相关者设置利益相关者满意、企业战略、业务流程、组织能力和利益相关者贡献五个构面的评价指标体系

（2）绩效棱柱模型指标体系示例

评价指标	利益相关者				
	投资者	员工	客户	供应商	监管机构
利益相关者满意评价指标	总资产报酬率	员工满意度	客户满意度	逾期付款次数	社会贡献率
	净资产收益率	工资收入增长率	客户投诉率		资本保值增值率
	派息率	人均工资			
	资产负债率				
	流动比率				
企业战略评价指标	可持续增长率	员工职业规划	品牌意识	供应商关系质量	政策法规认知度
	资本结构	员工福利计划	客户增长率		企业的环保意识
	研发投入比率				

续表

评价指标	利益相关者				
	投资者	员工	客户	供应商	监管机构
业务流程评价指标	标准化流程比率	员工培训有效性	产品合格率	采购合同履约率	环保投入率
	内部控制有效性	培训费用支出率	准时交货率	供应商的稳定性	罚款与销售比率
组织能力评价指标	总资产周转率	员工专业技术水平	售后服务水平	采购折扣率水平	节能减排达标率
	管理水平评分	人力资源管理水平	市场管理水平	供应链管理水平	
利益相关者贡献评价指标	融资成本率	员工生产率	客户忠诚度	供应商产品质量水平	当地政府支持度
		员工保持率	客户毛利水平	按时交货率	税收优惠程度

优缺点

(1) 优点：坚持主要利益相关者价值取向，使主要利益相关者与企业紧密联系，有利于实现企业与主要利益相关者的共赢，为企业可持续发展创造良好的内外部环境

(2) 缺点：涉及多个主要利益相关者，对每个主要利益相关者都要从五个构面建立指标体系，指标选取复杂，部分指标较难量化，对企业信息系统和管理水平有较高要求，实施难度大、门槛高

笔记区